기초성경공부

Basic Bible Doctrine

[2권]

김경환 목사 지음

BBCI

들어가는 말

지금까지 한국 교회에는 미국 바이블 빌리버 침례교회에서 양육을 받고 안수받아 사역을 하는 목회자가 없었기 때문에 성도들이 체계적으로 성경적 기초 교리를 공부할 수 있는 교재가 부재했다. 필자가 뉴햄프셔에 있는 바이블 빌리버 침례교회에서 파송받아 엘에이에 와서 한인들 중심으로 교회를 시작했을 때, 가장 시급한 것이 기초 교리 공부를 가르치는 것이었다. 은혜복음으로 구령한 성도들이 전에 다녔던 교회들에서 많은 잘못된 교리와 위험한 이단 교리의 누룩들에 젖어 있었기 때문에 기초부터 다시 쌓지 않으면 순수한 믿음을 갖고 영적 성장을 이룰 수 없었기 때문이다.

교리 공부는 처음 구원받은 성도에게 가장 중요하다. 그 이유는 수많은 사탄의 종들이 거짓 교리들을 가르치기 때문에 성경 지식이 없으면 구원받자마자 마귀의 미혹에 빠져 제대로 주님을 섬길 수 없을 뿐 아니라 마귀의 일을 성령의 역사라고 착각하고 열심히 하다가 파멸에 이르기 때문이다.

이 책은 구원받은 첫 주부터 한 장씩 순서적으로 배워 나가면 시간이 지남에 따라 알맞은 수준과 주제로, 쉽게 읽으며 공부할 수 있도록 짜여져 있다.

한 장씩 공부한 내용들을 겸손한 마음으로 순종하고 믿음으로 실천하다 보면 어느덧 영적으로 무장되어 훌륭한 그리스도의 군사로서 영적 전쟁에서 승리하는 자신을 발견할 것이다. 건물을 지을 때 가장 중요한 것이 기초를 단단히 쌓는 것이다. 이 책을 읽는 독자들은 하나님 말씀의 기초부터 차근히 공부해 앞으로 믿음생활을 할 때 어떠한 풍파가 오더라도 쓰러지지 않고 주님 만날 때까지 우뚝 서 있기를 바란다.

이 책을 모든 구원받은 성도들께 바친다.

2024년 1월
BBCI
담임목사 김경환

Contents

* 본 저서에 인용된 구절은 <한글킹제임스성경>입니다.

1
거듭남

거듭남이란 중생(regeneration), 즉 다시 태어난다(born-again)는 의미이다. 구원받았다는 것을 거듭났다고 하기도 하지만, 엄밀히 말하면 구원과 거듭남은 동일하지 않다. 하나님께서 인간에게 주신 '구원'의 방법은 시대별로 다르지만, '거듭나는' 것은 오늘날 우리가 살고 있는 시대인 교회시대에만 주어진 것이기 때문이다. 이 점을 정확히 알지 못하기 때문에 대부분의 교회들이 구약시대의 구원과 신약시대의 구원을 동일한 것으로 혼동하여 행위에 의한 구원을 가르치고 있다. 구약시대에 구원받은 사람들은 거듭났던 것이 아니다. 그러나 현재 교회시대에는 구원을 받는 동시에 거듭나게 된다.

거듭남이란 무엇인가?

요 3:3-9 『예수께서 대답하여 그에게 말씀하시기를 "진실로 진실로 내가 너에게 말하노니, 사람이 거듭나지 아니하면 하나님의 나라를 볼 수 없느니라." 고 하시더라. 니코데모가 주께 말씀드리기를 "사람이 늙으면 어떻게 태어날 수 있나이까? 사람이 자기 어머니의 태에 두 번째 들어갔다가 태어날 수 있나이까?" 라고 하니 예수께서 대답하시기를 "진실로 진실로 내가 너에게 말하노니, 사람이 물과 성령으로 태어나지 아니하면 하나님의 나라에 들어갈 수 없느니라. 육신으로 난 것은 육이요, 또 성령으로 난 것은 영이니라. 내가 너에게 '너희는 거듭나야만 한다.' 고 말한 것을 이상히 여기지 말라. 바람이 임의로 불어서 네가 그 소리를 들어도 어디서 와서 어디로 가는지 알지 못하듯이 성령으로 난 사람은 모두 그와 같으니라." 고 하시더라.』

성경에 해박한 바리새인이었던 니코데모에게 예수님께서는 "사람이 거듭나지 않으면 하나님의 나라를 볼 수 없다" 고 하셨다. 그는 거듭남이라고 하는 새로운 말씀을 전혀 알아듣지 못하고 4절에서 다시 질문한다. "사람이 육신으로 두 번 태어날 수 있습니까?" 라는 그의 반문에 예수님께서는 "물과 성령으로 태어나지 않으면 하나님의 나라에 들어갈 수 없으며 육신으로 난 것은 육이요, 또 성령으로 난 것은 영" 이라고 하신다. 이에 니코데모는 9절에서 어떻게 이런 일들이 있을 수 있는지를 묻는다.

그렇다면 본문에서 예수님께서 말씀하시는 물에 의한 탄생은 무엇이고 성령으로 태어나는 것은 무엇인가? 많은 사람들이 본문의 물을 '물로 받는 침례(세례)' 또는 '하나님의 말씀' 을 뜻하는 것으로 해석한다. 그러나 답은 6절에 있다. 6절에서 "육신으로 난 것은 육" 이라는 말씀을 통해 물에 의한 출생이 우리의 첫 번째 출생인 육신의 탄생을 말씀하는 것을 알 수 있다. 또한 성령으로 난 것은 영이라는 말씀은 두번째 출생인 영의 거듭남을 말씀하는 것이다.

물이 육신의 탄생과 연관된 것을 알 수 있게 해 주는 것이 창세기 1장이다.

창 1:20,21 『하나님께서 말씀하시기를 "물들은 생명이 있는 동물들과 땅 위 하늘의 넓은 창공에 나는 새를 풍성히 내라." 하시며, 하나님께서 큰 고래들과 물들에서 풍성하게 나온 움직이는 모든 생물을 그 종류대로, 날개 있는 모든 새들을 그 종류대로 창조하시니라. 하나님께서 보시니 그것이 좋았더라.』

살아 있는 모든 생명이 물에서 나왔다고 말씀하는 위 구절에서 요한복음 3:6의 물이 육신의 탄생을 뜻하는 것을 알 수 있다. 이렇듯 사람은 첫번째 탄생인 육신의 탄생 후에 두번째 탄생인 성령으로 다시 태어나야 한다.

성령으로 태어나야 하는 이유

엡 2:1-6 『허물과 죄들 가운데서 죽었던 너희를 그가 살리셨으니, 전에는 너희가 그것들 가운데서 이 세상의 풍조를 따르고 공중 권세의 통치자, 곧 지금 불순종의 자녀들 안에서 역사하는 영을 따라 행하였으니 그들 가운데서 우리 모두가 이전에는 우리 육신의 정욕들 가운데서 행하였으며 육신과 마음의 욕망들을 이루어 다른 자들과 마찬가지로 본래 진노의 자녀였느니라. 그러나 자비가 풍성하신 하나님께서 우리를 사랑하신 그의 큰 사랑으로 인하여 죄들 가운데서 죽었던 우리를 그리스도와 함께 살리셨으니 (너희가 은혜로 구원을 받은 것이니라.)』

이 땅에서 살아 움직이는 사람들일지라도 하나님께서 보시기에 거듭나기 전 인간의 모습은 죽어 있는 것이다. "허물과 죄들 가운데 죽었던 너희를 그가 살리셨으니" (1절). 죄들 가운데 죽었던 것은 우리의 '영' 이다. 그래서 2절에서 "불순종의 자녀들 안에서 역사하는 영을 따라 행하였던" 너희라고 하신 것이다.

2,3절에서 "세상의 풍조를 따르고…행하였으며" 라는 말씀은 구원받기 전에 우리가 더러운 영, 마귀의 영을 따라 사는 진노의 자녀였던 사실을 말씀한다. 6절의 "천상에 함께 앉히셨으니" (과거시제)라는 말씀은 우리들이 구원을 받았을 때 주님께서는 우리를 그리스도와 함께 살리실 뿐 아니라 그리스도 예수 안에서 천상에 함께 앉히셨다는 것이다. 이것이 과거시제인 것은 그 일이 우리가 구원을 받았을 때 이미 일어난 일이기 때문이다.

거듭나는 것이 중요한 이유는 누구든지 거듭나지 않으면 결국 멸망당하게 되기 때문이다. 교회시대에는 구원을 받았을 때 성령님께서 그 사람 안에 들어오셔서 그 영을 거듭나게 하신다.

그러면 우리가 구원을 받았다고 할 때 무엇이 구원을 받은 것인가?

벧전 1:9 『이는 너희 믿음의 결과, 곧 너희 혼들의 구원을 받음이니라.』

인간은 몸, 혼, 영으로 이루어진 존재이다. 그 중에서 믿음의 결과로 구원을 받는 것은 혼이다. 회개하는 마음으로 예수 그리스도를 구주로 믿음으로써 우리의 혼이 지옥 불의 고통으로부터 구원을 받는 것이다. 한편 우리의 몸은 예수 그리스도께서 오실 때 구속을 받는다. 그 전까지 우리의 몸은 아직 구속받지 못한 상태이다.

롬 8:21-23 『피조물 자체도 그 썩어짐의 속박으로부터 해방되어 하나님의 자녀의 영광스러운 자유에 이를 것이기 때문이라. 모든 창조물이 이제까지 함께 신음하며 고통받는 것을 우리가 아노니 그들뿐만 아니라 성령의 첫열매들을 가진 우리까지도 속으로 신음하며 양자 되는 것, 곧 우리 몸의 구속을 기다리고 있느니라.』

거짓 목사들은 위 구절에서 우리의 몸은 "구속을 기다리고 있다" 는 말씀을 가지고 우리가 아직 구원을 받지 못했으며 구원을 이루어가야 한다, 즉 열심히 종교적인 행위를 함으로써 구원을 받아야 한다고 속인다. 그러나 몸의 구속은 예수 그리스도께서 오실 때 이루어지는 미래의 일이다. 다음 구절이 이를 잘 말해준다.

빌 3:21 『그가 만물을 자신에게 복종시키는 그 능력의 역사로 인하여 우리의 천한 몸을 그분의 영광스러운 몸같이 변모시키시리라.』

요일 3:2 『우리가 어떻게 될 것인지는 아직 나타나지 아니하였으나 그가 나타나시면 우리가 그와 같이 되리라는 것을 아노니, 이는 우리가 그분 그대로 그분을 볼 것이기 때문이라.』

우리의 몸이 영광스러운 몸으로 변모되는 것이 몸의 구속이며, 이 몸은 부활하신 후 주님께서 제자들에게 나타나셨을 때와 같은 몸이다. 구원이라는 주제를 가지고 우리의 '몸, 혼, 영'에 대해 이야기했는데, 구원, 즉 거듭남의 결과로 우리는 궁극적으로 몸, 혼, 영이 모두 구원받는 것이다.

어떻게 거듭나는 것인가?

성령으로 거듭나야 된다는 말씀에 대해 많은 사람들은 '초자연적인 방법' 내지 '기적적인 체험' 등이 필요한 것으로 착각하고 그런 방식으로 성령을 받으려 하고 있다. 이것은 우리를 미혹하고 속이는 무서운 일들인데, 많은 이들이 기도원에서 뜨거운 체험을 경험하려 하거나 그런 경험을 한 것이 남들보다 특별히 믿음이 좋아서 '성령을 받은' 것이라고 착각한다. 그러나 그런 체험은 성령과 무관하고, 오히려 미혹의 영이 속이기 위해 주는 것이다. 그러면 우리는 어떻게 거듭나는 것인가?

벧전 1:23 – 하나님의 말씀으로 『너희가 거듭난 것은 썩어질 씨로 된 것이 아니라 썩지 아니할 씨로 된 것이니 살아 있고 영원히 거하는 하나님의 말씀으로 되었느니라.』

거듭나는 것은 부흥회에서 목사에게 안수를 받음으로 일어나는 일이 아니고, 기도원에서 기도하다가 어떤 느낌을 받는 체험으로 이루어지는 것도 아니다. 우리는 오직 '하나님의 말씀으로' 거듭나는 것이다.

벧전 1:3,4 – 예수 그리스도의 부활(복음)로 『하나님, 곧 우리 주 예수 그리스도의 아버지를 송축하리로다. 그분은 그의 풍성하신 자비하심을 따라 죽은 자들로부터의 예수 그리스도의 부활로 인하여, 우리를 거듭나게 하사 산 소망을 갖게 하셨으며 너희를 위하여 하늘에 썩지 않고 더럽지 않고 쇠잔하지 않는 유업을 간직해 두셨으니』

약 1:18 – 진리의 말씀으로 『그분 자신의 뜻으로 우리를 진리의 말씀으로 낳으셔서 우리로 그의 피조물들 가운데 첫열매들에 속한 자들이 되게 하셨으니』

오늘날 많은 교인들에게 어떻게 구원받았는지를 물어보면 자신이 가진 '체험이나 느낌'을 이야기한다. 이런 체험과 느낌이 우리를 거듭나게 하는 것인가? 위의 구절들을 보았을 때 이런 체험이 곧 구원받는 것이라고 믿는 것은 지옥으로 가게 하는 것이다. 반복하지만, 거듭남은 오직 하나님의 말씀으로써 이루어지는 것이다.

딛 3:5-7 『우리가 행한 의로운 행위에 의하지 않고 그의 자비하심에 따라 중생의 씻음과 성령의 새롭게 하심으로 우리를 구원하셨으니 이 성령을 예수 그리스도 우리 구주를 통하여 우리에게 풍성히 부어 주셨느니라. 이는 우리가 그의 은혜로 인하여 의롭게 되어 영원한 생명의 소망을 따라 상속자들이 되게 하려 하심이라.』

우리가 한 의로운 행위에 의하지 않고 주님의 보혈을 믿을 때 거듭나고 구원을 받는 것인데, 이렇게 쉽게 거듭날 수 있는 것을 거짓 목사들은 체험이나 느낌을 가져야 한다고 말하여 구원받는 것을 어렵게 만들어 교인들이 이를 좇아 열심히 믿다가 결국 지옥으로 가게 만든다.

정리하면, 성령으로 거듭난다는 것은 우리가 하나님의 말씀에 기록된 복음, 즉 그리스도의 죽으심과 장사되심과 부활하심(고전 15장)을 믿을 때 성령님께서 우리 안에 들어오셔서 우리의 죽은 영을 살리시는 것이다.

왜 사람들은 거듭남을 혼동하는가?

성경을 나누어서 보지 않고 과거에 일시적으로 주어진 말씀을 현재 교회시대에 억지로 끼워 맞추어 보기 때문이다. 사도행전 1:4에서 예수 그리스도께서 승천하시고 제자들에게 "기다리라" 고 하시는데, 그 이유는 위로자 성령님께서 오시고 능력을 받은 후에 하나님의 사역을 하라고 하시는 것이다(행 1: 8).

주님의 말씀대로 사도행전 2장에서 오순절날 성령님이 오셨다. 그러나 사도행전 2장은 2,000년 전에 일시적으로 일어난 일들을 기록한 것이다. 그 오순절날에 임했던 성령은 당시의 유대인들을 위한 표적이었으며, 오늘날은 베드로전서 1:23의 말씀대로 하나님의 말씀으로 거듭나는 것이다.

사도행전 2장의 오순절 사건은 성령이 무엇인지 모르고 성령이 어떻게 오시는지도 몰랐던 때에 하나님께서 유대인들에게 성령께서 가시적으로 임하시는 것을 보여주신 것이다. 사도행전에 성령께서 가시적으로 임하시는 모습이 네 번 기록되었는데, 사도들의 시대에 이처럼 가시적으로 성령께서 임하신 것은 오늘날 교회시대에 성령께서 보이지 않게 우리 안에 들어오시는 것, 즉 거듭나는 것과 다르다.

사도행전 1:8에서 주님은 성령께서 임하시면 예루살렘과 온 유대와 사마리아와 땅 끝까지 주님께 증인이 되리라고 하셨다. 이 복음이 최초로 전해지는 곳이 예루살렘이다.

1) 유대인에게 성령이 임하는 장면(행 2:1-4)

1,2절에서 오순절날 유대인들이 다시 한 장소에 모이고 3,4절에서 성령님이 오신다("불 같은 모양으로 갈라진 혀들이 나타나…").

변개된 개역한글판성경에는 "불 같은 모양의 갈라진 혀들"이 '불의 혀'로 변개되어 있다. 이 때문에 거짓 목사들이 성령을 받게 한다면서 '불 받으라,' '불 침례를 받으라'고 하는데, 불 침례는 성령침례를 거절했을 때 받는 지옥 불의 침례를 말한다.

이렇게 최초로 성령을 받는 모습이 사도행전 2:1–4의 기록이다. 이 소문이 퍼지자 각국에 퍼져 살던 유대인들이 예루살렘에 모여 제자들이 방언, 즉 자기 나라 말로 설교하는 것을 듣고 놀라고 이상히 여기게 되는데(5–8절), 이때 베드로가 이들에게 설교를 시작한다.

그때 이 유대인들은 자신들이 메시아를 죽인 것에 찔림을 받아 '형제 여러분, 우리가 어찌하여야 하리이까?' 라고 묻자 베드로는 답변으로 성령을 받는 방법을 설교한다. 즉 회개하고 "예수 그리스도의 이름으로 침례를 받을 때" 성령을 받는다는 것이다. 여기서 주목할 것은 그가 삼위일체의 이름이 아니라 예수 그리스도의 이름으로 받는 침례를 말했다는 점이다. 또한 성령을 받는 조건으로 침례를 받으라고 한 것이다. 이것을 현재 교회시대에 성령을 받는 방법으로 따라하는 것은 잘못된 것이다.

그러면 사도행전 2:38에서 성령을 받는 것이 당시 일시적으로만 주어졌던 것임을 어떻게 알 수 있는가? 바로 복음이 전파되는 경로 중 두 번째 장소인 사마리아 성읍에서 일어난 일을 통해 알 수 있다. 사마리아에서는 성령께서 전혀 다른 방식으로 믿는 자들에게 임하시기 때문이다.

2) 사마리아 성읍에서 성령이 임함(행 8:5-17)

5절에서 빌립이 사마리아 성읍에 내려가 그리스도를 전파하고, 6절에서 무리가 빌립의 말에 경청한다. 그런데 12절에서 빌립이 전파한 것을 그들이 믿고 침례를 받았을 때 사도행전 2:38과 같이 성령이 임하셨는가? 그렇지 않다. 그들이 믿고 침례를 받았으나 성령을 받지 못했으며, 14절에서 예루살렘에 있던 사도들이 사마리아인이 하나님의 말씀을 받았다는 것을 듣고 베드로와 요한을 보내어 그들이 성령을 받도록 기도하고 17절에서 '안수' 했을 때 성령을 받았다. (오늘날 거짓 목사들이 이것을 가지고 성령 받으라고 '안수' 를 한다.) 사도행전 2장과 8장에서 성령을 받는 방법은 이처럼 서로 다르다.

그러면 성령이 가시적으로 임하신 세번째 장면을 사도행전에서 찾아보기로 한다.

3) 코넬료의 집에서 이방인들이 성령을 받는 모습(행 10:34-48)

하나님께서 44절에서 베드로의 설교가 채 끝나기도 전에 듣는 이들에게 단체적으로 성령이 임하게 하시고 46절에서 성령을 받은 이방인들이 방언으로 말하게 하신 이유는 무엇인가? 45절에 베드로와 함께 온 유대인들로 하여금 이방인들에게도 성령이 임하는 것을 깨닫게 하기 위한 것이다. 이처럼 방언은 믿지 않는 자(불신자가 아니라 유대인을 뜻함)를 위한 것이다.

44절에서 전파되는 말씀을 듣는 중에 성령이 임하고 48절에서 침례를 베푸는데, 성령을 받은 후 침례를 받는다는 점에서 이전에 성령이 오순절날에 임한 모습과 다른 것을 알 수 있다. 하나님께서 성령이 임하시는 모습들을 이렇게 여러 가지로 성경에 기록하신 것은 이를 통해 우리가 거짓 목사의 거짓 가르침을 분별할 수 있도록 하신 것이다.

성경적인 침례교회를 제외한 모든 교단들이 사도행전 2:38을 구원론으로 가르치는데, 이는 물침례(세례) 즉 행위에 의한 구원을 전함으로써 사람들을 지옥으로 보내는 것이다.

주님께서 말씀하신 대로 성령께서 오신 후에 유대인, 사마리아인, 이방인들이 복음을 받아들이고 성령을 받는 일들이 생긴다. 그 후 사도행전 16:30에서 빌립보 간수가 "내가 구원을 받으려면 어떻게 해야 하나이까?" 라고 물을 때 사도 바울은 주 예수 그리스도를 믿으면 구원을 받는다고 전한다. 여기서는 앞의 세 번의 예와 같이 성령이 가시적으로 임하지 않고 오늘날 우리들이 구원받는 것처럼 오직 믿음으로만 구원을 받는 확실한 체계가 세워진다. 이렇게 사도행전에는 모두 네 번에 걸쳐 성령을 받는 모습이 각각 다르게 나온다. 따라서 목사들이 안수를 받아야 성령 받는다,

방언을 받아야 성령 받는다고 할 때 속지 말아야 한다.

4) 에베소에 있었던 제자들이 성령을 받는 모습(행 19:1-6)

바울이 성령이 있다는 것조차 모르던 에베소에 있었던 제자들에게, 믿은 후에 성령을 받았냐고 묻는 장면이다(2절). 무슨 침례를 받았냐고 바울이 물을 때 이들은 "요한의 침례"를 받았다고 말한다(3절). 이들은 예수 그리스도의 이름으로나 주의 이름으로 주는 침례가 아닌, 요한의 침례를 받은 자들이다.

4절에서 바울은 침례인 요한의 침례가 이스라엘 민족의 회개의 침례라고 설명하며, 이들에게 다시 복음을 전하고 이들은 5절에서 주 예수의 이름으로 침례를 받는다. 그리고 6절에서 바울이 그들에게 안수하자 그들이 성령을 받고 방언하며 예언한다.

이렇게 네 번에 걸쳐 성령께서 가시적으로 임하시는 모습들은 유대인들이 믿지 않기 때문에 주어진 것이었으며, 성령이 있다는 것조차도 모르는 그들에게 당시에 하나님께서 보여주신 일시적인 일들이었다. 많은 목사들이 이러한 사도행전의 구절들을 제대로 이해하지 못하고 그것을 오늘날 구원받는 방법으로 가르치기에 많은 교인들이 소위 '방언'이 터지거나 누군가에게 가서 안수를 받는 등의 체험을 가져야 성령이 임하는 것으로 잘못 알고 있다. 사도행전에서 가시적으로 성령이 임하신 경우에는 모두 집단적으로 성령을 받았다.

오늘날 개개인이 성령을 받는 것은 하나님의 말씀을 믿을 때이다. 하나님의 말씀을 믿을 때란 복음을 받아들일 때(고전 15:1-4, 성경대로 그리스도께서 우리의 죄들로 인해 죽으시고, 장사되시고, 부활하심) 구원을 받을 뿐만 아니라 성령님이 그 사람 안에 들어가셔서 거듭나게 되는 것이다. 성령을 받는 것은 믿음으로써 받는 것인데, 믿음은 하나님의 말씀을 들음으로써 갖게 된다.

갈 3:2 『내가 너희에게서 알고자 하는 것은 오직 이것이니 너희가 율법의 행위로 성령을 받았더냐? 아니면 믿음을 들음으로써냐?』

갈 3:14 『이는 아브라함의 복이 예수 그리스도로 말미암아 이방인들에게 미치게 함이며 또 우리로 하여금 믿음으로 말미암아 성령의 약속을 받게 하려는 것이라.』

믿음으로 말미암아 성령의 약속을 받는 것이지 율법을 지키거나 의로운 행위를 함으로써 받는 것이 아니다.

한번 임하신 성령이 다시 떠나실 수 있는가?

'당신은 구원을 받았지만 성령 체험이 없다' 고 하며 구원과 성령의 오심을 분리해서 속이는 자들이 있다. 이런 자들은 자신에게 안수받고 성령을 받으라고 한다. 그러나 로마서 8:9은 성령님이 없다면 그 사람은 구원받은 사람이 아니라고 말씀한다. 즉, 안수를 받는다고 성령을 받는 것이 아니다.

롬 8:9 『그러나 하나님의 영이 너희 안에 거하시면 너희가 육신 안에 있지 아니하고 성령 안에 있나니 이제 누구든지 그리스도의 영이 없으면 그의 사람이 아니니라.』

위의 구절로 성령이 없으면 구원을 받은 것이 아님을 확실하게 알 수 있고, 구원을 받았는데 또 다시 성령을 받아야 한다는 것은 모두 거짓임을 알 수 있다.

엡 1:13,14 『너희도 진리의 말씀, 곧 너희 구원의 복음을 듣고서 그분을 신뢰하였으니 또 너희가 그분을 믿고서 약속의 그 성령으로 인침을 받은 것이니라. 이는 값 주고 사신 그 소유를 구속하기까지 우리의 유업의 보증이 되사 그의 영광을 찬양케 하려 하심이니라.』

우리는 주님을 믿고서 약속의 그 성령으로 인침을 받았는데, 인침이란 봉함(seal)을 뜻한다. 교회시대에 구원받은 자들은 성령으로 인치심을 받았기에 성령께서 떠나시지 않는다. 이렇게 구원받은 자들 안에 성령님이 계시기 때문에 구원받은 자들을 성전이라고 하는 것이다.

엡 3:16 『하나님께서 그의 영광의 풍요함을 따라 그의 성령을 통하여 너희 속 사람 안에서 능력으로 너희를 강건하게 하시고』

성령님께서는 구원받은 자를 속 사람 안에서 능력으로 강건하게 하신다. 구약시대처럼 우리가 죄를 짓는다고 해서 떠나시는 것이 아니다.

고전 3:16,17 『너희가 하나님의 성전인 것과 하나님의 영께서 너희 안에 거하시는 것을 알지 못하느냐? 만일 누구든지 하나님의 성전을 더럽히면 하나님께서도 그 사람을 멸하시리라. 이는 하나님의 성전은 거룩하며 너희는 그 성전이기 때문이라.』

하나님의 영이 구원받은 자 안에 계시기 때문에 구원받은 자들이 성전이라는 말씀이다. (성전은 구약의 개념처럼 교회 건물이 아니다.) 구원받은 자들의 몸이 성령님이 거하시는 성전이기에 이 성전을 더럽힐 때 하나님께서 그 사람을 멸하시는 것이다. 여기서 멸한다는 말씀은 구원을 잃어버린다는 것이 아니라 육신이 병들고 죽게 되는 하나님의 징계를 말한다.

고전 6:15,17 『너희의 몸이 그리스도의 지체인 줄을 알지 못하느냐? 내가 그리스도의 지체를 가지고 창녀의 지체로 만들겠느냐? 결코 그럴 수 없느니라. … 그러나 주와 합하는 자는 한 영이니라.』

구원받은 자는 그리스도의 지체이고(15절) 주와 합하는 자는 한 영(17절)이다. 구원받은 자들은 그리스도와 한 영이 되어서 천상에 앉아 있는 것이다(엡 2:6, 그리스도 예수 안에서 천상에 함께 앉히셨으니).

정리하면, 구원과 거듭남은 단번에 이루어지고 동시에 이루어지지만, 각각 다른 부분을 말씀하시는 것이다. 구약 성도들은 거듭나지 않고 구원받았기 때문에 성령님께서 셋째 하늘로 데려가지 못하고 지하세계인 아브라함의 품, 낙원에 머물도록 하신 것이다. 주님께서 십자가에 달린 한 행악자에게 "오늘 네가 나와 함께 낙원에 있으리라" (눅 23:43)고 하셨고, 에베소서 4장에서 사흘 낮과 사흘 밤 동안 지하에 계시면서 사로잡힌 자를 사로잡아 가셨다고 말씀하는 데서 주님이 낙원을 셋째 하늘로 옮기셨다는 것을 알 수 있다. 구약에서 구원받은 성도에게 "혼이 너의 조상, 백성과 함께 합쳐지니라" 고 말씀하시는 것은 혼이 위로 올라가지 못하고 지하세계로 가기 때문이다(예 – 창 35:29의 이삭, 창 25:8의 아브라함).

아담이 하나님의 형상으로 태어났지만(창 1:26,27) 죄를 지었기 때문에 그 자손들은 아담의 형상을 따라 태어났다(창 5:3). 왜 하나님의 형상이 아닌 아담의 형상인가? 영이 죽었기 때문이다. 그렇기 때문에 구약의 성도가 하나님의 아들들이 되지 못하는 것이고, 신약에 와서 요한복음 1:12의 말씀대로 주님을 영접한 자, 즉 그의 이름을 믿는 자가 하나님의 아들이 되는 것이고, 이것이 하나님의 형상으로 다시 태어나는 것(거듭남)이다.

2

구원에 관한 용어들

성경에 나오는 구원에 관련된 용어들은 서로 비슷해서 혼동하기 쉽다. 성경에서 말씀하시는 구원과 관련된 용어들을 알면 성경적 교리들이 정립될 수 있으며, 성경을 공부하거나 읽을 때 잘 이해할 수 있다. 그러나 오늘날 수많은 목사들이 구원과 관련된 용어들을 가르치지 않고 있으며, 그 결과 교인들이 구원을 자신의 노력으로 얻으려 하고 있고, 세례 및 여러 가지 행위로 구원을 얻으려 하는 일들이 발생하고 있다.

1. 화목제물 (propitiation)

화목제물은 하나님께 받아들여지는 희생제를 말하며, 어떤 요건을 충족시키기 위해 치러진 값을 말한다. 공의로우신 하나님께서는 죄인들인 인간을 무조건 용서해 주시고 하늘나라에 가게 하실 수 없기에 어떤 요건을 충족시키는 것이 필요한데 그것이 바로 희생제물이다. 이러한 이유로 성경은 주 예수 그리스도께서 우리를 위한 화목제물이 되셨다고 말씀한다.

롬 3:25 『하나님께서는 그의 피를 믿는 믿음을 통하여 그를 화목제물로 세우셨으니 이는 하나님의 오래 참으심 가운데서 이전에 지은 죄들을 사하심으로 인하여 그의 의를 선포하려 하심이요,』

요일 2:2 『그는 우리의 죄들을 위한 화목제물이시니, 우리뿐만 아니라 온 세상의 죄들을 위한 것이니라.』

위의 말씀과 같이 모든 죄인들은 누구나 그 화목제물(예수 그리스도)을 믿고 구원을 받을 수 있다. 그러나 문제는 본인들이 이 화목제물을 거절하는 것이며, 그 결과 화목제물을 믿지 못함으로 구원을 받지 못하는 것이다. 이 구절의 "온 세상의 죄들을 위한 것" 이라는 말씀을 통해서 우리는 칼빈주의자들이 말하는 '무조건적 선택' 즉 어떤 사람은 선택되어서 죄사함을 받아 하늘나라에 가게 되고, 어떤 사람은 선택받지 못해 지옥에 간다고 하는 교리는 이단 중의 이단인 것을 알 수 있다.

요일 4:10 『여기에 사랑이 있으니, 우리가 하나님을 사랑한 것이 아니요 그분이 우리를 사랑하시고 그의 아들을 우리 죄들을 위하여 화목제물로 보내신 것이라.』

위 구절은 예수 그리스도께서 우리의 죄들을 위해 화목제물이 되셨음을 말씀하며, 예수 그리스도만이 우리 인간의 화목제물이 되실 수 있다. 그 이유는 그분만이 죄없이 태어나셨고 죄없이 사셨기 때문이다. 인간이 자식들을 사랑하기에 자식을 위해 제물이 되어 죽는다고 해서 화목제물이 될 수 있겠는가? 그렇지 않다. 모든 인간은 자기 자신의 죄들로 인해 죽는 죄인들이기 때문이다. 예수 그리스도께서 화목제물이 되시는 이유를 히브리서 4:15,16에 말씀하신다.

히 4:15,16 『이는 우리의 대제사장은 우리의 연약함을 동정할 수 없는 분이 아니요, 모든 점에서 우리와 마찬가지로 시험을 받으셨지만 죄는 없으신 분이기 때문이라. 그러므로 우리가 은혜의 보좌로 담대히 나아가자. 이는 우리가 자비를 얻고 필요한 때에 도우시는 은혜를 발견하기 위함이라.』

예수 그리스도의 아버지가 죄인인 인간이 아니기 때문이고, 예수 그리스도께선 죄 없이 태어나신 것뿐만 아니라, 우리와 똑같이 시험을 받으셨지만 시험을 이기셨기에 화목제물이 되실 수 있는 것이다.

2. 속죄 (atonement)

피의 속죄라고 하는데, 이 말의 뜻은 피를 흘려 주셔서 죄를 면하게 하신다는 것이다. 하나님께서는 예수 그리스도의 피를 통하여 인류의 죄들을 속해 주셨다. 이 예수 그리스도의 보혈은 하늘에 있는 하나님의 자비석에 뿌려졌으며, 이는 구약 때 죄를 범한 자가 그 죄를 용서받기 위해 제사장에게 동물을 가져와서 그 피를 성소에 뿌렸던 일시적 속죄와 구별되는 영원한 속죄이다.

히 9:11-12,14,24 『그러나 그리스도께서는 다가올 선한 것들의 대제사장으로 오셔서, 손으로 짓지 아니한, 곧 이러한 건물이 아닌 더 크고 더 온전한 성막을 통하여 염소와 송아지의 피로 아니하고 오직 자신의 피로 한 번 성소에 들어가셔서 우리를 위하여 영원한 구속을 이루셨느니라. 하물며 영원하신 성령을 통하여 흠없는 자신을 하나님께 드린 그리스도의 피가 어찌 죽은 행실에서 너희 양심을 정결케 하여 살아 계신 하나님을 섬기게 하지 못하겠느냐? … 이는 그리스도께서 실물의 모형인 손으로 만든 성소들에 들어가지 아니하시고, 바로 그 하늘 자체에 들어가셔서 우리를 위하여 하나님의 면전에 지금 나타나 계시기 때문이라.』

구약의 동물의 피로 속죄하는 것과 비교하시는 말씀이다. 주님께서는 자신의 피로 한 번 성소에 들어가셔서 우리를 위하여 영원한 구속을 이루셨으며(12절) 손으로 만든 성소가 아닌 하늘 자체에 들어가셨다(23,24절)고 말씀한다. (구약 때 속죄를 위해 동물의 피를 자비석에 뿌린 것이 이 모형이다. 레 16:15 참조) 속죄라는 단어는 주로 구약에 많이 나오며, 구약의 일시적인 속죄와 신약 때 그리스도의 보혈로 인한 영원한 속죄를 구별해야 한다.

레 23:27,28 - 속죄일 『이 일곱째 달 십일은 속죄일이 되리니 너희에게 거룩한 모임이 되리라. 너희는 너희 혼들을 괴롭게 하고 주께 불로 드리는 제사를 드릴지니라. 그 날에 너희는 아무 일도 하지 말지니 이는 그 날이 너희를 위하여 주 너희 하나님 앞에 속죄하는 속죄일임이라.』

구약의 속죄의 의미는 일시적으로 하나님께서 죄를 '덮어주셨다' 는 뜻이다. 반면에 예수 그리스도의 보혈은 죄를 임시로 덮어주는 용서가 아니라 완전히 제거하시는 용서이며(요 1: 29) 이 둘을 정확히 구분해야 한다.

롬 5:10,11 – 속죄를 얻게 하신 주 예수 그리스도 『우리가 원수 되었을 때에도 그의 아들의 죽음으로 인하여 하나님과 화해하게 되었으니 더욱더 화해하게 된 우리는 그의 생명으로 인하여 구원받게 되리라. 그뿐 아니라 이제 우리로 속죄를 얻게 하신 우리 주 예수 그리스도를 통하여, 하나님 안에서 또한 즐거워하느니라.』

위의 두 구절을 통해서 알 수 있듯이 동물의 피와 예수 그리스도의 보혈을 구분해야 한다. 구약에서의 속죄는 죄를 덮는 것이나, 신약에서는 화해(reconciliation)라는 뜻이 있다. 동물의 피와 예수 그리스도의 피가 다른데, 더 자세히 표현하면 동물의 피는 영원하지 못한 것이고, 예수 그리스도의 피는 하나님의 피이기에 영원한 것이다.

행 20:28 – 하나님의 피 『그러므로 너희 자신을 조심하고 모든 양떼에게도 그리하라. 이들을 위하여 성령께서는 너희를 감독자들로 세우셨으며 하나님께서 자신의 피로 사신 하나님의 교회를 돌보게 하셨느니라.』

계 1:5 – 자신의 피로 죄들을 씻기심 『신실한 증인이시며 죽은 자들 가운데서 첫째로 나시고, 땅의 왕들의 통치자이신 예수 그리스도로부터 은혜와 평강이 너희에게 있을지어다. 우리를 사랑하시어 자신의 피로 우리의 죄들에서 우리를 씻기시고』

3. 의롭게 됨 (칭의, justification)

칭의란 하나님께서 죄인들을 보시고 죄가 없다 하시며 의롭다고 판단하시는 법적 행위이다. 이 판결이 어떻게 가능한가? 십자가에서 완성하신 예수 그리스도의 사역이 있었기에 이 판결이 가능하게 되었다. 세상의 법정에서도 재판관의 판결은 번복될 수 없듯이, 의롭다고 하시는 하나님의 판결은 그 누구도 이의를 제기할 수 없는 판결이 된다.

행 13:39 – 믿는 자는 의롭게 됨 『너희가 모세의 율법으로는 의롭게 되지 못하였던 그 모든 일에 있어서도 믿는 자는 모두 그분을 통하여 의롭게 된다는 것이니라.』

롬 5:1 – 믿음으로 의롭게 됨 『그러므로 우리가 믿음으로 의롭게 되었으니 우리 주 예수 그리스도를 통하여 하나님과 화평을 갖느니라.』

롬 8:30 『그리하여 예정하신 이들을 또한 부르시고 부르신 이들을 또한 의롭게 하시고 의롭게 하신 이들을 또한 영화롭게 하셨느니라.』

예수 그리스도의 십자가의 사역으로 하나님께서 우리를 의롭다고 판단하시는 것인데, 그러면 의롭다고 하시는 근거는 무엇인가? 그 답은 우리가 예수 그리스도의 의를 전가받았기 때문이다.

롬 4:22–24 – 의로 여겨짐 『그러므로 그에게는 믿음이 의로 여겨졌느니라. 이제 그에게 의로 여겨졌다고 기록된 것은 아브라함만을 위한 것이 아니요, 의롭다고 여김을 받을 우리들 때문이기도 하니 곧 예수 우리 주를 죽은 자들로부터 살리신 그분을 믿는 자들이라.』

어떻게 전가되는가? 그리스도께서 우리들의 모든 죄를 자신에게 옮기시어 짊어지심으로써, 즉 의로운 자가 불의한 자의 죄를 대신 짊어지심으로써 전가된 것이다. 정리하면, 하나님께서 우리 인간의 죄와 지옥의 형벌을 하나님의 아들 예수 그리스도께로 돌리신 것이고, 이 결과 믿는 자들이 예수 그리스도의 의를 전가받고서 의롭게 여겨진 것이다.

고후 5:21 – 우리를 위하여 죄로 삼으심 『하나님께서 죄를 알지도 못하는 그를 우리를 위하여 죄로 삼으신 것은 우리로 하여금 그 안에서 하나님의 의가 되게 하려 하심이라.』

이 구절은 예수 그리스도께서 우리를 위해 죄가 되셨기에 믿는 자들을 의롭다고 하신다는 말씀이다. 이렇듯 구원에 관련된 용어들이 비슷해서 혼동하기 쉽지만 각 단어들을 정확하게 이해하는 것은 구원받은 우리들에게 성경적 교리를 알고 진리를 깨닫게 해주기 때문에 매우 중요하다. 그러나 오늘날 거짓 목사들은 이런 용어를 제대로 가르치고 사용하지 않고 있으며, 그 결과 교회는 다니고 있지만 구원받지 못한 교인들은 구원의 교리도 모르고 어떻게 구원받는지 알지 못한 채 무조건 열심히 교회에 다니고 헌금을 많이 내는 것 등의 행위로써 구원받는 것으로 착각하고 있는 상황이다.

4. 구속 (redemption)

구속이란 값을 치르고 자유를 주셨다는 것이며, 노예를 값을 주고서 풀어주는 것과 같은 의미이다. 성경적으로 '구속되었다' 라는 것은 화목제물인 예수 그리스도께서 값을 치르고 우리를 해방시켜 주신 것이다. 십자가 전의 구속은 임시적으로 동물의 피로 죄를 덮어주신 것으로, 십자가 이전에는 완전한 구속이 없었다.

롬 3:24 『그리스도 예수 안에 있는 구속을 통하여 그의 은혜로 값없이 의롭게 되었음이라.』

갈 3:13 『그리스도께서 우리를 위하여 저주가 되셔서 율법의 저주로부터 우리를 구속하셨으니 기록되기를 "나무에 매달린 자는 누구나 저주받은 자라." 고 하였도다.』 (고후 5:21에서는 죄가 되심)

성경은 예수 그리스도의 구속은 세상의 것, 곧 썩어서 없어질 것이 아닌 영원한 것이라고 말씀한다.

벧전 1:18 『이는 너희가 아는 바와 같이, 너희가 너희 조상들로부터 전통으로 이어받은 너희의 허망한 행실에서 은이나 금 같은 썩어질 것들로 구속된 것이 아니라,』

구원받은 자들은 구속을 받은 것이며, 이 구속은 혼의 완전한 구속이다. 그러나 많은 사람들이 로마서 8:23의 "몸의 구속을 기다리고 있느니라" 는 구절을 인용하면서 구속은 미래의 일이지 지금 구속(구원)받은 것은 아니라고 잘못 믿고 있다. 이런 이유로 이들은 구원을 이루어가기 위해 사회 봉사, 교회 봉사 등 자신의 행위, 곧 자신의 의로 구원을 이루어가려고 하고 있다. 그러나 로마서 8:23의 몸의 구속은 구원받은 자가 앞으로 영광스러운 몸으로 변하게 되는 몸의 구속을 말씀하시는 것이지 구원받기 위해 열심히 선한 행위를 하면서 구속을 기다려야 한다는 말씀이 아니다.

5. 죄 사함 (remission)

구원에 관련된 용어 중에서 가장 혼동되는 단어가 '구속과 죄 사함' 이다. 죄 사함의 뜻은 피를 통하여 죄를 사함받는 것으로, 구속과는 다른 의미를 지닌다.

히 9:22 『율법에 따르면 거의 모든 것이 피로써 정결케 되나니, 피흘림이 없이는 죄사함이 없느니라.』

구약 때는 제사장이 백성의 죄를 위해 동물의 피를 뿌리는 것으로(21,22절의 율법) 죄사함을 받았다. 이렇기 때문에 이 단어가 구약적 맥락에서 사도행전 2장에 나온다. "죄들을 사함받은 것으로 인하여…" (행 2:38). 이 구절의 죄 사함은 과거시제로 구약 때 유대인들이 동물의 피로 죄 사함 받은 것을 말하며, 여기서 베드로는 예수 그리스도를 처형한 유대인들에게 회개하고 예수 그리스도의 이름으로 침례를 받으면 성령을 받는다고 설교하고 있다.

한편 화목제물에서 살펴보았듯, 동물의 피는 임시적인 것이지 완전한 구속이 아니다. 그래서 구약성도가 죽으면 곧바로 셋째 하늘에 가지 못하고 지하세계인 낙원에 간 것이다(누가복음 16장의 부자와 나사로의 예).

행 10:43 – 신약에서의 죄사함 『그분에 대하여 모든 선지자도 증거하기를 "누구든지 그를 믿는 자는 그의 이름으로 말미암아 죄들의 사함을 받으리라." 고 하였느니라.』

똑같은 설교자 베드로가 설교하는 모습이지만(행 2:38, 10:43) 이 두 구절의 '죄사함' 은 다르다. 사도행전 10:43의 "죄들의 사함을 받으리라" 는 2장과 같은 과거시제가 아닌 미래시제인 반면, 사도행전 2:38의 "죄들을 사함받은 것으로 인하여" 는 과거시제이다. 사도행전 10장은 이방인들이 죄사함 받는 것을 말씀하는데, 이는 지금 교회시대 우리들이 믿을 때 죄사함을 받는 것과 같다. 그러나 사도행전 2장의 설교는 그리스도를 처형한 유대인들을 대상으로 하고 있다. 이러한 이 두 구절의 차이점을 정확히 구분해야 한다. 신약에서 예수 그리스도께서는 죄를 완전히 제거하러 오셨다.

요 1:29 『그 다음 날 요한이 예수께서 자기에게 오시는 것을 보고 말하기를 "보라, 세상 죄를 제거하는 하나님의 어린양이라.』

반면 구약에서는 아래 구절에서 보듯 죄를 제거하지 못한다고 말씀한다.

출 34:7 『자비를 수천 대까지 간직하며 죄악과 허물과 죄를 용서하나 범법자가 결코 깨끗게 되지는 아니하리니 그 조상들의 죄악을 그 자손들과 그 자손들의 자손들 삼사 대까지 미치게 하느니라." 하시니라.』

6. 성화 (거룩하게 됨, sanctification)

성화란 죄와 더러움으로부터 분리됨과 동시에 하나님을 섬기기 위해 구분되는 것을 뜻하는 것으로, 성화란 단지 '죄로부터 분리되는 것으로 끝나는 것이 아니라 하나님을 위해서 구별되는 것' 까지를 포함한다. 죄를 안 짓는 것뿐만 아니라 하나님을 위해서 사는 것이 성화인 것이다.

그러면 우리가 '주님을 영접했을 때 바로 거룩하게 되는 것' 이라고 공부했는데 성화의 정의가 '죄를 짓지 않을 뿐만 아니라 하나님을 위해 사는 것' 이라는 미래 진행형의 개념이라고 하면 혼동을 가져올 수 있다. 여기서 성화란 실질적으로 '과거, 현재, 미래' 로 나누어진다는 것을 이해해야 한다.

행 20:32 – 과거의 성화 『이제 형제들아, 내가 너희를 하나님과 그분의 은혜의 말씀에 의탁하노니 그 말씀이 능히 너희를 굳게 세워 줄 것이며 또 거룩하게 된 모든 사람 가운데서 너희에게 유업을 줄 것이라.』

이 구절에서 시제를 보면, 우리가 구원을 받은 과거 시점에 이미 거룩하게 된 것을 알 수 있다. 구원받은 자들은 '구원받았을 때 거룩하게 되었다.' 그러나 구원받았다고 해서 우리의 남은 생애 동안 죄 없이 살 수 있는가? 그렇지 않다. 거룩하게 사는 것은 우리들의 책임이며, 이 책임을 다하지 않으면 구원받은 후에도 성화된 삶을 살 수 없다.

롬 6:1-3,4,6 – 현재의 성화 『그런즉 우리가 무슨 말을 하리요? 은혜가 넘치게 하려고 죄에 거하겠느냐? 결코 그럴 수 없느니라. 죄에게 죽은 우리가 어떻게 더 이상 그 가운데 살겠느냐? … 그러므로 우리가 죽음 안으로 침례를 받아 그와 함께 장사되었으니 이는 아버지의 영광으로 인하여 그리스도께서 죽은 자들로부터 일으켜지심과 같이 우리도 또한 생명의 새로움 가운데서 행하게 하려 함이니라. … 우리가 이것을 아나니 곧 우리 옛 사람이 그와 함께 십자가에 못박힌 것은 죄의 몸을 멸하여 더 이상 우리가 죄에게 종 노릇 하지 않게 하기 위함이니라.』

"죄에 거하겠느냐?" (1절) "죄에 죽은 우리가 어떻게 더 이상 그 가운데 살겠느냐?" (2절)라는 말씀은 구원받은 자의 육신이 그리스도와 함께 장사되었다고 말씀한다. 우리가 죄에는 죽었기 때문에 더 이상 죄에 종 노릇하지 않는 거룩한 삶을 살 수 있음을 말씀하는 것이다. 현재의 성화는 삶 가운데서 죄에 대해 승리하는 거룩한 삶을 사는 것을 말한다.

롬 6:5 – 미래의 성화 『만일 우리가 그의 죽으심의 모양으로 함께 심겨졌다면 또한 그의 부활하심의 모양과 같이 되리라.』

위 구절은 구원받은 자들이 주님께서 오실 때 주님의 부활하신 모양과 같이 된다고 말씀한다. 정리하면, 거룩함이란 죄로부터 돌이켜 하나님을 섬기는 것을 뜻하는 것으로, 죄로부터 돌이키지 못하는 자들은 거룩하다고 할 수 없다.

7. 화해 (reconciliation)

롬 5:10 『우리가 원수 되었을 때에도 그의 아들의 죽음으로 인하여 하나님과 화해하게 되었으니 더욱더 화해하게 된 우리는 그의 생명으로 인하여 구원받게 되리라.』

화해는 관계를 회복시키는 것을 뜻한다. 인간의 죄로 인해 하나님과 끊어졌던 관계가 회복되는 것이 화해이다. 로마서 5:1의 "아들의 죽음으로 인하여 하나님과 화해" 한다는 것은 죄인이었던 자들이 예수 그리스도를 통해 하나님과 단절되었던 관계에서 화해하게 되었음을 말씀하는 것이다. 사도 바울은 우리가 화해의 직분을 가졌다고 말한다.

고후 5:18-20 『모든 것이 하나님께로부터 났으며 그분께서는 예수 그리스도를 통하여 스스로 우리와 화해하셨고 화해의 직분을 우리에게 주셨으니 즉 하나님께서 그리스도 안에 계셔서 세상을 자신과 화해하게 하시며 그들의 죄과를 그들에게 돌리지 아니하시고 우리에게 화해의 말씀을 맡겨 주신 것이라. 그러므로 이제 우리는 그리스도를 대신한 대사들로서 하나님께서 우리를 통하여 너희를 권면하신 것같이 우리도 그리스도를 대신하여 너희에게 간구하노니 너희는 하나님과 화해하라.』

구원받은 우리는 화해의 직분을 가진 자들로서 세상 사람들을 하나님과 화해하게 만드는 그리스도의 대사들이 되어야 한다. "그리스도 안에 계셔서 세상을 자신과 화해하게" 한다는 말씀은 세상의 다른 종교를 통해서가 아닌 오직 예수 그리스도만을 통해서 하나님 아버지와 화해할 수 있음을 알려 준다.

8. 양자됨 (입양, adoption)

갈 4:5-7 – 아들의 신분을 얻게 됨 『율법 아래 있는 자들을 구속하셔서 우리로 아들의 신분을 얻게 하려 하심이라. 너희가 아들들이므로 하나님께서 자기 아들의 영을 너희 마음속에 보내시어 아바, 아버지라 부르짖게 하셨느니라 그러므로 너는 더 이상 종이 아니요 아들이니 아들이면 그리스도를 통한 하나님의 상속자 니라.』

위 구절은 이방인들을 하나님의 가족으로 입양시켜 주심을 말씀하는데, 구원받은 자들이 아들의 신분을 얻게 된 것을 알 수 있다.

엡 1:4-5,7 『하나님께서 세상의 기초를 놓으시기 이전에 우리로 사랑 안에서 그분 앞에 거룩하고 흠 없게 하시려고 그리스도 안에서 우리를 택하시어 하나님의 기쁘신 뜻에 따라 예수 그리스도를 통하여 우리를 자신의 자녀로 입양할 것을 예정하셨으니 … 그 사랑하시는 이 안에서 우리가 그의 은혜의 풍성함을 따라 그의 보혈을 통하여 구속, 곧 죄들의 용서함을 받았느니라.』

"그리스도 안에서 택하시어," "예수 그리스도를 통하여" 자신의 자녀로 입양하셨다는 말씀으로, 참고적으로 예수 그리스도 안으로 들어오거나 들어오지 않는 것은 개인의 의지에 의한 선택이다. 위의 말씀에서 우리를 '그리스도 안에서 택하시고, 예수 그리스도를 통하여 자녀로 입양할 것을 예정하셨고, 그 사랑하시는 이 안에서 받아들이시고, 구속하셨다' 고 하시는데, 칼빈주의자들은 "예수 그리스도 안으로"를 해석하지 못하고 '무조건적 선택,' '저항할 수 없는 은혜' 등을 가르치는 비성경적 예정론으로 많은 사람을 지옥으로 몰고 가고 있다.

이렇게 구원에 관련된 용어 8가지를 살펴보았다. 이 8가지 용어들은 모두 서로 연결되어 있다. 이 용어들의 뜻을 바로 알고서 성경을 읽고 공부할 때 진리를 깨달을 수 있으며, 더 나아가 복음을 증거하는 데 좋은 도구가 될 것이다.

3
삼위일체

삼위일체의 의미는 '한 분의 하나님이 세 인격체로 존재하신다' 는 뜻이다. 분명히 주는 한 분인데 세 인격체가 계신 것이다. 그리스도인들도 삼위일체에 대해 '어떻게 세 분이 한 분이시고 한 분이 세 분인가' 하는 생각을 가질 수 있으며, 이는 믿지 않는 이들이나 이단에 속한 자들에게 흔히 질문받는 교리이다. 많은 사람들이 삼위일체에 대해 시비를 걸고 논쟁을 요구하는데, 그리스도인들은 이를 올바로 알고 성경으로 증명할 수 있어야 한다.

특히 한국교회들은 삼위일체를 믿는다 하고 예수 그리스도께서 '아들 하나님' 이시라고 말은 하지만 그분이 '구약의 여호와 하나님께서 육신의 몸으로 오신 분' 이신 것을 모르고 있다. 그 큰 이유 중 하나가 기존의 개역한글판성경에는 삼위일체를 증거하고 예수 그리스도의 신성을 증거하는 중요 구절들이 변개되어 있기 때문이다. 바이블 빌리버들은 바른 성경을 통해 삼위일체의 하나님에 대해 공부하고 가르치며 설교한다.

이번 과에서는 먼저 삼위일체 교리를 부정하는 어떤 이단들이 있는지를 보면서 이들이 주장하는 것과 성경을 비교해서 그들의 주장이 잘못된 것임을 알고, 성경에서 말씀하시는 삼위일체 교리를 살펴보려 한다.

1. 삼위일체 교리를 부인하는 이단들

첫 번째로 살펴볼 이단 교리는 아리안주의로, 이는 럿셀주의라고도 한다. AD 250년경 생겨난 이 가르침은 AD 336년에 이단으로 결정되었다(AD 325년 니케아 공회 때). 창조되지 않은 신이 하나님 아버지이고, 예수 그리스도는 창조된 신이라고 주장한 이들은 오늘날로 말하자면 여호와의 증인들과 같은 교리를 믿었다. 하나님 아버지, 하나님 아들, 성령 하나님이 한 분이신 것을 믿지 않은 이들은 오직 한 분 하나님이 계신데 그분이 하나님 아버지이고, 하나님의 아들은 피조된 신이며, 성령 하나님은 예수 그리스도로부터 나온 것으로 설명하고, 세 분 하나님께서 동일한 분이 아닌 수직적 계급 관계를 가진 것으로 가르쳤다.

삼위일체 교리는 종교개혁자들도 정확하게 풀 수 없었고, 이는 존 칼빈도 마찬가지였다. 따라서 삼위일체를 말하나 제대로 증거하거나 믿지 못했다. 성경마저 변개되었기에 이 교리를 부정하는 이단들에게 증명할 수 없는 어려운 교리가 되었다. 아리안주의자들이 주장하는 '두 하나님'의 이론과 그들이 인용하는 구절을 성경의 가르침과 비교해 보자.

요 1:18 – 아버지의 품 안에 계신 독생자 『아무도 어느 때나 하나님을 본 사람이 없지만 아버지의 품 안에 계신 독생자, 그가 하나님을 분명히 밝히셨느니라.』

이 구절은 하나님께서 인간으로 나타나셔서 아들이 되셨다고 말씀한다(히 1:5). 그렇기 때문에 그리스도께서 '독생자' 이신 것이지 변개된 성경에 나오는 것처럼 '독생하신 하나님' 이 아니다. 이 구절이 변개되었기 때문에 아리안주의자들, 그리고 오늘날의 여호와의 증인들은 예수 그리스도를 피조된 신으로 가르치고 삼위일체 교리를 부인하는 것이다. 이들에게 "경건의 신비는 논쟁의 여지없이 위대하도다. 하나님께서는 육신으로 나타나셨고, 성령으로 의롭게 되셨으며…" 라고 기록된 디모데전서 3:16을 보여주어도 개역한글판성경에는 "하나님" 이라는 단어가 "그" 로 변개되어 있기 때문에, 그들은 변개된 구절을 들어 예수 그리스도가 피조된 신이라며 반박한다. 그러나 예수 그리스도의 탄생은 인간의 몸을 입으신 육신의 탄생일 뿐이며, 그리스도께서는 시작도 끝도 없이 영원 가운데 계신다는 점에서 아버지 하나님과 동일하시다.

삼위일체 교리를 부인하기 위해 성경을 변개시킨 또 한 가지 예는 바로 하나님의 호칭인 "주" 에서 찾아볼 수 있다. 구약에서 여호와 하나님께서 주(LORD)로 칭함을 받으셨고 신약에서 예수 그리스도께서 주(Lord)로 칭함을 받으심으로써 구약의 여호와 하나님과 신약의 예수 그리스도께서 동일하신 주 하나님이신 것을 알 수 있다. 그러나 변개된 개역한글판성경은 주(LORD)를 '여호와' 로 바꿈으로써 구약의 여호와 하나님과 신약의 주 예수 그리스도를 완전히 다른 존재로 인식하게 만들었다. 이렇게 변개된 성경은 여호와 하나님이 '아버지 하나님' 이고 예수 그리스도는 '피조된 신' 이라고 하며 삼위일체 교리를 부인하기에 편리하게 되었다.

삼위일체를 부인하는 두번째 이단으로 'JESUS ONLY' 라는 그룹이 있다. 이들은 요한복음 14:9의 "나를 본 자는 아버지를 보았다" 라는 말씀을 인용하면서 하나님 아버지의 이름도 예수, 성령 하나님의 이름도 예수라고 한다. 그러나 예수님과 성령님, 아버지 모두 "주" 이시고, 아버지와 성령님, 예수님은 하나님이시지만 성경 그 어디에서도 아버지를 예수로 기록하지 않고 있으며 또한 성령이 예수로 불리지도 않는다.

성경에서 성령님은 위로자, 하나님의 영, 진리의 영 등 여러 이름으로 불리고, 아버지는 여호와, 주 하나님, 하나님이라고 불리시지만 예수로 언급된 적이 없음을 볼 때 이들이 말하는 대로 세 위격 모두가 예수라는 것은 잘못된 것임을 알 수 있다.

성경에 근거하여 이 두 이단들의 주장은 명백하게 틀린 것이다. 분명한 것은 한 분 하나님께서 세 인격으로 존재하시며 각각의 이름을 가지고 계신다는 사실이다. 성경에서 삼위일체이신 하나님을 증거하는 구절들을 찾아 보자.

2. 삼위일체이신 하나님을 증명하는 말씀들

히브리어로 하나님을 "엘로힘" 이라고 하는데 이 이름 자체가 복수형(엘의 복수형)으로 되어 있어 삼위일체이신 하나님을 증거한다.

창 1:26 – 우리의 형상대로 『하나님께서 말씀하시기를 "우리의 형상대로 우리의 모습을 따라 사람을 만들자. 그리하여 그들로 바다의 고기와 공중의 새와 가축과 모든 땅과 땅 위를 기어다니는 모든 기는 것을 다스리게 하자." 하시니라.』

"우리" 라는 단어를 볼 때 복수이신 하나님이신 것을 알 수 있다. 이 구절로 한 분 하나님께서 세 인격을 가지셨음을 이해할 수 있다.

창 3:22 – 우리 중 하나와 같이 되어 『주 하나님께서 말씀하시기를 "보라, 그 사람이 우리 중 하나와 같이 되어 선과 악을 알게 되니, 이제 혹 그가 자기 손을 내밀어서 생명 나무의 과실도 따서 먹고 영원히 살까 함이라." 하시니라.』

창 11:6,7 – 우리가 내려가서 『주께서 말씀하시기를 "보라, 백성이 하나요 그들 모두가 한 언어를 가졌기에 이런 일을 시작하였으니, 이제는 그들이 하기로 구상한 일은 아무것도 막을 수 없을 것이라. 가자, 우리가 내려가서 거기에서 그들의 언어를 혼란시켜 그들이 서로의 말을 알아듣지 못하게 하자." 하시고』

위의 세 구절에서 말씀하시듯이 “우리” 라는 단어에서 세 분 하나님이 계심을 알 수 있다. 또 반대로 구약에서 주님은 “한 분 주” 라고 하시는데(신 6:4) 이 한 분 하나님의 신격이 세 분 하나님이심을 알려 주시는 구절이 있다. 이 말씀을 통해서 우리들은 세 인격이신 삼위일체 하나님을 증거할 수 있다.

롬 1:20 – 신격(GODHEAD) 『세상의 창조 때부터 그분에 속한 보이지 않는 것들이 분명히 보여졌고 심지어는 그분의 영원한 능력과 신격까지도 만들어진 것들에 의해 알려졌으므로 그들이 변명하지 못하느니라.』

이 신격이 몸의 형태로 나타나셨다고 골로새서 2:9에서 말씀하신다. 그분은 신격의 모든 충만함이 몸의 형태로 거하시는 예수 그리스도시다.

골 2:9 『그분 안에는 신격의 모든 충만함이 몸의 형태로 거하시나니』

위 구절은 예수 그리스도 안에 삼위일체 하나님(신격)께서 몸의 형태로 나타나셨음을 말씀하며 예수 그리스도께서 하나님이심을 증거한다. 이렇게 성경은 ‘한 분 주만 계시다’ 고 말씀하는 동시에 이 신격에 대하여 말씀하고, ‘이 신격은 복수’ 인 것을 관련구절들을 통해서 알 수 있다.

로마서 1:19,20의 말씀처럼 보이지 않는 하나님의 신격은 우리 주변에 있는 만물을 통해 나타나 있으며 이들은 하나님께서 계심을 증거하고 있다.

첫째로 태양의 예를 들 수 있다. 태양은 '빛, 열, 화학선' (알파, 베타, 감마선)을 내보내지만 하나의 통일체이다. 이 태양은 보이기는 하지만 느낄 수는 없는 빛이 있는데 이는 육신으로 나타나신 아들 하나님, 예수 그리스도를 나타내고, 보이지는 않지만 느낄 수 있는 열선은 성령 하나님을 나타내며, 보이지도 않고 느낄 수도 없는 화학선은 아버지 하나님을 나타낸다. 이처럼 삼위일체 하나님을 태양의 예를 통해 배울 수 있다.

둘째 예는 물이다. 물은 원소 기호로 H2O로 표기하는데, 이는 3개의 분자 즉 수소 분자 둘, 산소 분자 하나로 이루어진 하나의 통일체이지 각각 분리된 것이 아니다. 또 물은 하나이지만 세 가지 형태로 나타나는데 고체 형태인 얼음, 액체 형태인 물, 기체 형태인 수증기가 그것이다. 이렇듯 피조된 만물을 통해 하나님의 삼위일체를 배울 수 있다.

셋째로 우리는 인간의 몸을 통해 신격을 이해할 수 있다. 우리 인간은 하나님의 형상으로 태어났기에(창 1:26) 우리의 모습도 삼위일체, 즉 하나님의 세 인격체와 같이 '몸, 혼, 영' 으로 이루어져 있다.

살전 5:23 – 영, 혼, 몸으로 이루어진 인간 『화평의 하나님 바로 그분께서 너희를 온전히 거룩하게 하시고 너희의 온 영과 혼과 몸이 우리 주 예수 그리스도께서 오실 때까지 책망할 것이 없게 보존되기를 하나님께 기도하노라.』

몸은 예수 그리스도의 모형(볼 수 있는 존재), 혼은 하나님 아버지의 모형(볼 수도 느낄 수도 없는 존재), 영은 성령 하나님의 모형(보이지 않으나 느낄 수 있는 존재)이다. 이렇게 피조된 만물들을 통해서 신격을 설명할 수 있고 이해할 수 있다.

3. 삼위일체 교리에 대한 성경적 근거

마태복음 3장에서 예수님께서 침례받으시는 장면에서 우리는 삼위일체 하나님을 볼 수 있다. 여기서 아버지 하나님께서 "내 사랑하는 아들" 이라고 음성으로 말씀하시고, 아들이신 예수 그리스도께서 침례를 받으시며, 성령께서 비둘기같이 내려오셔서 임하신다.

마 3:16,17 『예수께서 침례를 받으시고 곧 물 속에서 올라오시니, 보라, 하늘들이 그분께 열렸고, 그가 하나님의 영이 비둘기같이 그분 위에 임하심을 보더라. 보라, 하늘에서 한 음성이 있어 말씀하시기를 "이는 내 사랑하는 아들이요, 그 안에서 내가 매우 기뻐하노라." 고 하시더라.』

또한 마태복음 28장에서 예수 그리스도께서 제자들에게

주시는 명령에서, 그들이 침례를 줄 때 아버지와 아들과 성령의 이름으로 침례를 주라고 말씀하실 때 세 분의 이름을 언급하면서도 복수인 "이름들"이 아닌 단수인 "이름"이라고 하신 데서 이 세 분이 한 분 하나님이심을 알 수 있다.

마 28:19 『"그러므로 너희는 가서 모든 민족들을 가르치고, 아버지와 아들과 성령의 이름으로 침례를 주며』

하나님의 보좌와 어린양의 보좌를 말씀하실 때 "보좌들"이 아닌 단수인 "보좌"로 말씀하신 것으로 삼위일체 하나님이심을 알 수 있다.

계 22:1 『또 그가 나에게 하나님과 어린양의 보좌에서 흘러나오는 수정처럼 맑은 생명수의 정결한 강을 보여 주더라.』

하나님께서는 사역을 위해서 세 인격체로 활동하셨고, 지금도 활동하고 계신다. 고린도전서 15장은 이 삼위일체 하나님이 영원세계에서 다시 합쳐지실 것을 말씀한다.

고전 15:24,27,28 『그후에는 끝이 오리니 주께서 모든 정사와 모든 권세와 능력을 폐하시고 그 왕국을 하나님, 곧 아버지께 바칠 때라. … 만물을 그의 발 아래 복종시켰다고 하셨으니 만물이 그의 아래 복종하였다고 말씀하실 때 만물을 그의 아래 복종시켰던 그분은 제외된 것이 분명하도다. 만물이 그분께 복종할 때에 그때 아들 자신도 만물을 자기에게 복종케 하신 그분께 복종하시리니 이는 하나님께서 만물 안에서 모든 것이 되시려 하심이라.』

예수 그리스도께서 모든 것을 폐하시고 왕국을 아버지 하나님께 바치시며(24절) 자신도 아버지 하나님께 복종하심으로써 삼위일체 하나님께서 영원세계에서 합쳐지심을 볼 수 있다. 영원세계에서는 이 세 분이 함께 계셨을 것이고, 사역을 위해서 세 분이 활동하시며, 영원세계에서 다시 합쳐지시는 것이다.

삼위일체 교리는 어려운 교리이나 하나님께서 이를 성경으로 우리에게 계시하셨기 때문에 우리는 하나님의 말씀인 성경을 통해 삼위일체 하나님을 믿어야 한다.

4. 삼위일체이신 하나님을 말씀하시는 구절들

고후 13:14 『주 예수 그리스도의 은혜와 하나님의 사랑과 성령의 교제가 너희 모두와 함께 있을지어다. 아멘』

요 14:16 『또 내가 아버지께 기도하겠고, 그분께서 또 다른 위로자를 너희에게 주시리니 그가 너희와 함께 영원히 거하시리라.』

요일 5:7 『이는 하늘에서 증거하시는 이가 세 분이시니, 아버지와 말씀과 성령이시요, 이 세 분은 하나이심이라.』

롬 1:7 『하나님의 사랑을 받고 성도로 부르심을 받은 로마에 있는 모든 사람에게 편지하노니, 하나님 우리 아버지와 주 예수 그리스도로부터 은혜와 평강이 너희에게 있을지어다.』

히 1:8 – 아들을 하나님이라고 하심 『그러나 아들에게 말씀하시기를 "오 하나님이여, 주의 보좌는 영원무궁하며 주의 왕국의 홀은 의의 홀이니이다.』

행 5:3,4 – 성령을 하나님이라고 하심 『그러자 베드로가 말하기를 "아나니아야, 어찌하여 사탄이 너의 마음을 가득 채워 성령께 거짓말하게 하며, 또 토지 대금 일부를 감추느냐? 땅이 그대로 있을 때도 네 것이 아니었느냐? 또 팔린 뒤에도 네 권한대로 할 수 없더냐? 어찌하여 이 일을 하려고 마음을 먹었느냐? 네가 사람에게 거짓말을 한 것이 아니라 하나님께 하였느니라." 고 하니』

5. 삼위일체 하나님께서 함께 사역하심을 말씀하시는 구절들

하나님께서 사역을 하실 때 삼위가 함께 사역하심을 성경은 많은 곳에서 말씀하신다.

요 1:1–3 – 창조 사역 『태초에 말씀이 계셨고, 그 말씀이 하나님과 함께 계셨으니, 그 말씀은 하나님이셨느니라. 그 말씀이 태초에 하나님과 함께 계셨느니라. 만물은 그에 의하여 지은 바 되었으며, 이미 지음받은 것 가운데 그가 없이 지어진 것은 아무것도 없더라.』

창 1:1-2 『태초에 하나님께서 하늘과 땅을 창조하셨느니라. 땅은 형체가 없고 공허하며 어두움이 깊음의 표면에 있으며 하나님의 영은 물들의 표면에서 거니시더라.』

마찬가지로 예수 그리스도의 탄생에서도 삼위께서 사역하신 것을 볼 수 있다.

요 3:16 – 성육신 『하나님께서 세상을 이처럼 사랑하셔서 그의 독생자를 주셨으니, 이는 그를 믿는 사람은 누구든지 멸망하지 않고 영생을 얻게 하려 하심이니라.』

눅 1:35 『그 천사가 대답하여 그녀에게 말하기를 "성령께서 너에게 임하실 것이며, 가장 높으신 분의 능력이 너를 덮으리니, 그러므로 너에게서 탄생하실 그 거룩한 이는 하나님의 아들이라 불리리라.』

구속에 있어 아들 하나님은 자신을 드리는 핵심적인 역할을 하셨고, 아버지 하나님께서는 아들을 우리를 위하여 죄로 삼으셨으며, 성령 하나님께서도 구속 사역에 참여하셨다.

고후 5:21 『하나님께서 죄를 알지도 못하는 그를 우리를 위하여 죄로 삼으신 것은 우리로 하여금 그 안에서 하나님의 의가 되게 하려 하심이라.』

히 9:14 – 성령을 통하여 자신을 드리심 『하물며 영원하신 성령을 통하여 흠 없는 자신을 하나님께 드린 그리스도의 피가 어찌 죽은 행실에서 너희 양심을 정결케 하여 살아 계신 하나님을 섬기게 하지 못하겠느냐?』

딛 3:5 – 성령의 새롭게 하심으로 우리를 구원하심 『우리가 행한 의로운 행위에 의하지 않고 그의 자비하심에 따라 중생의 씻음과 성령의 새롭게 하심으로 우리를 구원하셨으니』

엡 1:13 – 구원을 받을 때 성령께서 인치심 『너희도 진리의 말씀, 곧 너희 구원의 복음을 듣고서 그분을 신뢰하였으니 또 너희가 그분을 믿고서 약속의 그 성령으로 인침을 받은 것이니라.』

그리스도인이 주님과 갖는 교제에 있어서, 우리가 기도할 때 예수 그리스도의 이름으로 성령님의 인도함을 받아 하나님 아버지께 기도드리는 데서 또 한번 삼위일체 하나님을 알 수 있다.

엡 2:18 『이는 그를 통하여 우리 둘이 한 성령으로 아버지께 나아감이라.』

이처럼 삼위일체이신 하나님께서는 서로 분리된 신이 아닌, 하나로 활동하신다. 이 말은 아버지 하나님께 해당되는 속성이 아들과 성령님에게 모두 해당되는 것이다. 그러나 세 분이 다 "주" 이시지만 불리는 각각의 호칭은 다르다. (예를 들면 위로자, 그리스도의 영, 여호와이레, 여호와닛시, 아들, 예수, 그리스도 등)

정리하면, 삼위일체를 믿지 않고서는 구원을 받을 수 없다. 대부분의 교회에서는 예수 그리스도를 하나님의 아들로서만 말할 뿐, 그분이 육신으로 나타나신 아버지 하나님이신 것을 가르치지 않는다. 하나님의 아들이 곧 하나님이심을 믿지 않는 것이다. 머리와 지식으로는 삼위일체를 말하지만 '예수 그리스도께서 여호와 하나님이신가?' 라고 물어보면 정확한 답변을 하지 못한다. 그러나 이사야서 9:6은 "이는 우리에게 한 아이가 태어났고 우리에게 한 아들이 주어졌음이니 정부가 그의 어깨 위에 있을 것이요, 그의 이름은 경이로운 분이라, 상담자라, 능하신 하나님이라, 영원하신 아버지라, 화평의 통치자라 불리리라." 고 말씀한다.

아버지는 창조주시며 구약성경의 여호와로 우리와 같은 육체의 모양을 입고 하나님의 아들, 예수 그리스도로서 나타나셨다. 예수님은 성육신하신 신격으로 골로새서 2:9에서 살펴본 대로 신격의 모든 충만함이 육체로 그 분 안에 거하신다. 하나님은 세 인격으로 계신 한 분 하나님이시다.

우리는 어떻게 아버지 하나님께서 아들 하나님으로서 이 땅에 육신을 입고 오실 수 있는지, 그리고 어떻게 신격의 모든 충만함이 몸의 형태로 예수 그리스도 안에 거하시는지를 인간의 지식으로는 설명할 수 없다. 그러나 성경이 말씀하시기에 그것이 사실인 것을 알고 또한 믿는 것이다. 삼위일체는 위대한 신비이다. 삼위일체는 믿음으로써 알 수 있는 것이지 지식과 느낌으로는 이해할 수도, 깨달을 수도 없는 것이다.

4

성령님의 사역

현 시대에 가장 문제가 되고 있는 교리 중 하나가 성령 하나님에 대한 교리이다. 특히 성령이 최초로 임하셨던 사도행전 2장의 오순절 사건이 오늘날 성령을 받는 방법인 줄 알고 이를 따라하려 함으로써 결국 마귀에게 점령당하는 것이 이 시대 교회들의 현실이다. 그러나 성경에 의하면 오늘날 교회시대에 성령께서는 사도행전 2장에서처럼 임하시지 않는다. 따라서 뜨거운 체험을 했다거나 알아들을 수 없는 이상한 소리를 내는 것(소위 '방언')은 성령을 받은 것이 아니다. 이러한 것들은 성령님의 역사가 아닌 악한 영의 역사이다.

이러한 일들은 마귀의 영이 성령을 모방하는 것인데, 성경을 알지 못하면 하나님을 섬긴다고 하면서도 결국 마귀를 섬기게 된다. 이런 사람들은 지식에 따라 하나님을 섬기지 못하기에 하나님의 뜻과는 반대로 마귀의 뜻을 좇아가고 있는 것이다. 이런 이유로 우리는 반드시 성경을 올바로 공부해야 한다.

성령에 대하여 예수 그리스도께서 약속을 하셨다. "그러나 내가 진리를 너희에게 말하노니 내가 가는 것이 너희에게는 유익하니라. 만일 내가 가지 아니하면 위로자가 너희에게 오지 아니하시리라. 그러나 내가 떠나가면 내가 그분을 너희에게 보낼 것이라" (요 16:7). 침례인 요한도 성령님에 대해 언급했는데, 이것이 신약성경에 나오는 성령에 대한 첫 언급이다. 이후 예수님께서 3년 반 동안 사역하시고, 그 후에 성령님께서 오셔서 2,000년 동안 사역을 하셨는데, 성령님에 대해 성경적으로 알지 못하면 악령의 역사를 성령의 역사라고 착각하고 속게 된다.

이번 과를 통해 성령의 인격, 신성, 역사, 능력, 이름 등을 자세히 공부하고 성령님의 중요한 사역들을 바르게 앎으로써 성령의 사역과 악령의 사역을 바르게 분별할 수 있어야 한다.

요 1:31-34 『나는 그분을 알지 못하였지만, 그분을 이스라엘에게 알리려고, 내가 물로 침례를 주러 왔노라." 고 하더라. 또 요한이 증거하여 말하기를 "나는 성령께서 하늘로부터 비둘기같이 내려와, 그분 위에 머무시는 것을 보았노라. 나는 그분을 알지 못하였으나, 나를 보내시어 물로 침례를 주라고 하신 그분이, 내게 말씀하시기를 '성령이 내려와 그 위에 머무는 것을 보리니, 그가 성령으로 침례를 주는 이라.' 고 하시기에, 내가 보았고 이분이 하나님의 아들이심을 증거하노라." 고 하니라.』

위 구절에서 침례인 요한은 예수 그리스도를 이스라엘에 알리기 위해 침례를 베풀며, 그리스도께서 침례를 받으실 때 성령께서 주님께 임하시는 것을 볼 수 있다. 31절에서 "물 침례" 가 나오고 33절에서 "성령 침례" 가 나오는데 이 두 침례를 통하여 성령님의 사역이 무엇인지를 살펴보려 한다.

엡 4:4,5 『너희가 너희를 부르시는 한 소망 안에서 부르심을 받은 것처럼 한 몸과 한 분 성령이 계시니 한 분 주요, 한 믿음이며, 한 침례이고』

위 4절에서 한 몸과 한 분 성령이 계시는데, 이 한 몸과 한 성령이 5절에서 한 분 주요, 한 믿음이며, 한 침례라고 말씀하신다. 그러면 요한복음 1:31-34에서 "물 침례" 가 있고, 침례 요한이 주는 "유대인의 침례" 가 있는데(회개의 침례), 여기서 말씀하는 한 분 주와 한 믿음의 "한 침례" 는 무엇인가? 이 "한 침례" 를 알면 성령님께서 어떻게 역사하시는지를 알게 된다.

자신이 과거에 성령에 대해 어떻게 믿었든지 관계없이 이제부터는 성령에 대해 성경이 증거하시는 것만을 믿어야 한다. 많은 사람들이 성경에 없는 잘못된 지식을 버리지 않고, 자신이 본래 가지고 있는 성령에 대한 잘못된 지식을 고집하기 때문에 바른 성령님을 믿지 못하게 된다.

먼저 그리스도의 몸과 그 지체를 설명하는 말씀을 통해서 성령께서 주시는 침례를 살펴보기로 한다.

1. 성령 침례

고전 12:12-14 『몸은 하나인데 많은 지체가 있고 한 몸에 지체는 많아도 모두 한 몸인 것처럼 그리스도께서도 그러하시니라. 유대인이나 이방인이나, 종이나 자유인이나 한 성령에 의하여 우리 모두가 한 몸 안으로 침례를 받았으며 또 모두가 한 성령 안으로 마시게 되었느니라. 몸은 한 지체가 아니라 여러 지체로 되어 있으니』

12절에서 몸은 하나인데 몸에는 많은 지체가 있고, 그리스도께서도 이와 같다고 말씀한다. 또 13절에서 한 몸 안으로 침례를 받았는데 물로 받은 것이 아니라 성령에 의하여 침례를 받았다고 하심에 주목해야 한다. 침례라는 말은 잠기는(잠길 침) 예식이라는 뜻인데, 물 침례는 물 안으로 잠기는 것으로 그 의미는 죽었다가 살아남(물에서 올라옴)을 뜻하는 것이다.

13절에서 "한 몸 안으로 침례"를 받았다고 말씀하는데 이 한 몸은 누구인가? 문맥상 이 몸은 예수 그리스도이신 것을 알 수 있다. 그런데 중요한 것은 예수 그리스도 안으로 침례를 받는 것이 물 침례가 아니라는 점이다. 이 구절은 우리가 "성령"에 의하여 한 몸 안으로 들어간다고 말씀한다.

구원받은 자들은 그리스도 안으로의 침례를 받는데 성령에 의해서 그리스도 안으로 들어감으로써 그리스도의 각 지체가 되는 것이다. 이것이 영적 침례인 성령 침례이다. 성령이 임하시는 것은 '랄랄라' '셰셰셰' 등의 괴상한 소리의 방언을 하거나, 사도행전 2장의 모습과 같이 어떤 느낌과 체험을 갖는 것이 아니다.

“몸은 한 지체가 아니라 여러 지체로 되어 있으니” (14절)라는 말씀에서 그리스도의 몸의 지체(구원받은 성도)가 되는 것이 “성령 침례” 를 통하여 이루어지는 것을 알 수 있다. 이 성령침례는 눈에 보이지 않는 영적인 일이다. 우리가 죄를 회개하고 예수님을 영접하면 구원을 받는데, 구원받을 때 영적으로 많은 일들이 일어난다(구원받은 자들의 신분, 권한, 직책 등에 관해 38가지 일들이 일어남). 이런 일들은 성경을 공부하지 않으면 알 수 없는 것이다.

골 2:11,12 – 손으로 하지 아니한 할례 『또한 너희가 그의 안에서 손으로 하지 아니한 할례를 받았으니 곧 그리스도의 할례로 육신의 죄들의 몸을 벗어 버린 것이라. 너희가 침례로 그와 함께 장사되었고 또 하나님께서 그를 죽은 자들로부터 살리신 역사를 믿음으로 말미암아 너희도 그와 함께 살아났느니라.』

구약에서는 영적 할례의 모형으로 아브라함에게 손으로 하는 할례를 주시는데, 할례는 잘라내는 것을 의미한다. 이 구절은 예수 그리스도를 영접했을 때 성령께서 그 사람 안에 들어오셔서 “손으로 하지 아니한 할례” 를 주셔서 그가 육신의 죄들의 몸을 벗어버리게 하신다고 말씀한다. 곧 몸과 혼을 잘라내는(할례) 것이다.

이처럼 몸과 혼이 분리가 되었기에 구원받은 자가 구원받은 후 육신이 죄를 짓더라도 그리스도의 피로 죄 사함을 받았기에 하나님이 보시기에 의인이다. 다른 말로 하면 하나님께서는 '구원을 받은 혼' (몸에서 갈라진 혼)을 보시는 것이다. 구약 때와 같이 몸과 혼이 붙어 있다면 몸이 죄를 지었을 때 혼도 죄를 짓는 것이다. 골로새서 2:11,12의 말씀은 영적 할례인 그리스도의 할례로 우리에게 엄청난 축복을 주시는 말씀이다.

그리스도인이 '육신의 죄를 짓지만 하나님께서 그 혼을 지옥 불 속에 넣지 않으시는 것은' 한 번 구원 받았을 때 영원히 죄사함을 받았기 때문이다. 이것을 모르면 구원받고 죄를 지으면 구원을 잃어버린다고 하는 행위구원을 가르치게 된다. 반대로 바른 성경 지식을 갖고 나면 그 사람의 생활 자체가 달라진다(히 4:12).

"침례로 장사되었고 살리신 역사를 믿음으로…그와 함께 살아났느니라" (12절). 침례는 앞서 언급하였듯이 죽어서 장사되는 것의 모형이다. 예수 그리스도의 부활을 믿음으로써 구원받은 자들은 그리스도와 함께 살아났는데, 이 때 살아난 것이 죽었던 영이다. 이러한 성령침례의 사역을 하는 분이 성령님이다.

한편 12절의 침례는 물 침례가 아니며 문맥 어디에도 '물' 이란 말이 없다. '성령의 사역인 성령 침례' 는 '물 침례' 가 아니라는 것이 성경의 말씀임에도 불구하고 많은 교단들(카톨릭, 장로교 등)이 물을 뿌림으로써 죄가 용서되고, 세례를 받으면 구원을 받는 것으로 가르치고 있다. 침례란 단어를 세례로 바꾼 의도가 물로 '씻음으로써' 죄를 용서받는다는 침례 중생을 가르치기 위한 음모이다.

벧전 3:21 – 물 침례의 의미 『물은 예수 그리스도의 부활하심으로 인하여 이제 우리를 구원하는 모형이니, 곧 침례라. (이것은 육체의 더러움을 제거하는 것이 아니라 하나님을 향한 선한 양심의 응답이라.)』

물 침례는 우리를 구원하는 '모형' 이다. 그래서 침례는 구원받은 사람에게만 베푸는 것이고(선한 양심의 응답으로서), 물 침례는 육체의 더러움을 제거하는 것이 아니다. 반대로 골로새서 2:11은 성령 침례가 "육신의 죄들의 몸을 벗어버리는 것" 이라고 말씀한다. 또 선한 양심은 구원받지 못한 자는 가질 수 없는 것이다. 구원받은 자가 선한 양심을 갖게 되고, 자신이 구원받은 것을 하나님 앞에, 그리고 성도에게 간증하는 것이 물 침례를 받는 이유이다.

성경을 읽을 때 침례라는 단어가 나올 때마다 '물 침례' 로 해석하면 구원을 받을 수 없다. 물 침례를 받고 구원을 받으려는 것은 침례라는 행위로써 구원을 받으려는 이단 교리이기 때문이다.

다음은 성령 침례를 물 침례로 잘못 해석하는 대표적 구절들이다. 이 구절들이 언급하는 것이 과연 물 침례인지 아니면 성령 침례인지 살펴보자.

갈 3:27 『너희 가운데 그리스도 안으로 침례를 받은 사람은 그리스도로 옷입었느니라.』

위의 구절은 '카톨릭, 제도권 교회들이' 침례 중생을 주장하는 구절인데 앞 뒤 문맥 그 어디에도 물이란 단어는 없고, 대신 '그리스도 안으로' 받는 성령침례를 말씀하고 있다.

롬 6:3,4 『예수 그리스도 안으로 침례받은 우리가 그의 죽으심 안으로 침례받은 것을 알지 못하느냐? 그러므로 우리가 죽음 안으로 침례를 받아 그와 함께 장사되었으니 이는 아버지의 영광으로 인하여 그리스도께서 죽은 자들로부터 일으켜지심과 같이 우리도 또한 생명의 새로움 가운데서 행하게 하려 함이니라.』

이 구절 또한 물 침례를 말하는 것이 아니다. 1-12절의 문맥은 예수 그리스도께서 십자가에서 죽으셨을 때 구원받은 자들에게 영적인 역사가 일어남을 말씀하는 것이다. 주님께서 우리에게 성령 침례를 베풀어 주시면 우리의 혼과 몸은 그리스도의 할례로 갈라진다. 이때 우리의 영을 살리시고 혼은 죄 사함을 해 주심으로써 우리가 의인이 되어 지옥에 가지 않는 것이며, 우리의 몸은 주님과 같이 장사된 것이기에 몸을 죽은 것 같이 여겨서 생활 가운데 몸의 정욕 등 죄의 종이 되어서는 안 된다는 말씀이다.
이러한 성령 침례를 알 때 구원받은 자들을 "천상에 함께 앉히셨다"는 말씀을 이해할 수 있다.

엡 2:1-6 『허물과 죄들 가운데서 죽었던 너희를 그가 살리셨으니, … 죄들 가운데서 죽었던 우리를 그리스도와 함께 살리셨으니(너희가 은혜로 구원을 받은 것이니라.) 또 함께 일으키사 그리스도 예수 안에서 천상에 함께 앉히셨으니』

인간의 조상 아담으로 인해 '영'이 죽었던 자들이 구원을 받아 영이 살아났으며(1절), 이 구원은 물로 받은 것이 아니라 '은혜로' 받은 것이고(5절), 이 구원받은 자들이 그리스도 안에서 천상에 함께 앉혀진 것이다(6절). 이것이 미래가 아닌 과거시제로("앉히셨으니") 언급된 이유는 우리가 구원받을 때 영적으로 이미 이루어진 일이기 때문이다.

2. 내주하심

내주하심이란 성령님의 중요한 사역으로, 이 뜻은 '성령님께서 구원받은 자 안에 들어 오셔서 성령 침례를 베푸시고, 그 사람 안에서 떠나시지 않는다'는 것이다.

엡 1:13 『너희도 진리의 말씀, 곧 너희 구원의 복음을 듣고서 그분을 신뢰하였으니 또 너희가 그분을 믿고서 약속의 그 성령으로 인침을 받은 것이니라.』

구원받은 자들은 성령으로 인침을 받은 자들로서, 성령님은 구원받은 자 안에 한 번 들어오시면 떠나지 않으시기에 "인침을 받은 것"이라고 말씀한다. 로마서 8장에서는 하나님의 영, 그리스도의 영이신 성령님이 그 안에 내주하시는 자는 성령 안에 있는 자이고, 이 영이 자신 안에 없는 자는 그리스도인이 아니라고 말씀하신다.

롬 8:9 『그러나 하나님의 영이 너희 안에 거하시면 너희가 육신 안에 있지 아니하고 성령 안에 있나니 이제 누구든지 그리스도의 영이 없으면 그의 사람이 아니니라.』

이 말씀에서 주목해야 할 것은, 은사주의자들이 집회 때 '성령이여, 오소서!' '성령이여, 내게 임하소서!' 하는 것은 성령에 대해 전혀 알지 못하기 때문이라는 사실이다. 이런 모습들은 성령님이 안에 없기 때문에 불안한 마음에 사로잡혀 보이는 행동들이다. 성령님은 구원받은 자 안에 계시기 때문에 로마서 8:9에서 "그리스도의 영이 없으면 그의 사람이 아니니라." 고 하시는 것이다.

고후 1:22 『그분은 또한 우리를 인치시고 우리 마음속에 성령의 보증을 주셨느니라. 』

구원받은 자들의 마음 속에 성령의 보증을 주셨기에 구원받은 자들의 몸은 성전이라고 말씀한다.

고전 3:16,17 『너희가 하나님의 성전인 것과 하나님의 영께서 너희 안에 거하시는 것을 알지 못하느냐? 만일 누구든지 하나님의 성전을 더럽히면 하나님께서도 그 사람을 멸하시리라. 이는 하나님의 성전은 거룩하며 너희는 그 성전이기 때문이라.』

하나님의 영, 곧 성령이 그 안에 계신 자들의 몸은 하나님의 성전이라고 말씀한다.

고전 6:19,20 『또한, 너희 몸은 너희가 하나님으로부터 받은 바 너희 안에 계신 성령의 전인 것을 알지 못하느냐? 너희는 너희 자신의 것이 아니니라. 너희는 값을 치르고 산 것이니 그러므로 하나님의 것인 너희 몸과 너희 영으로 하나님께 영광을 돌리라.』

이렇게 구원받은 자들은 그 몸이 성전이고, 성령으로 영원토록 인치셨기에 성령님을 잃어버릴 수 없는 것이다(구약 때는 성령님이 내주하셨다가 범죄하면 떠나기도 하셨다). 구원받은 자들은 그 안에 성령님이 내주하시기 때문에 성령님을 슬프게 해서는 안 되며, 성령님께 복종하는 생활을 해야 한다(엡 4:30).

구원받은 자들은 생활 중에서 성령님께 복종하는지, 아니면 복종하지 않고 자기의 의지대로 하는지에 따라 성령으로 충만함과 충만하지 못함이 결정된다. 성경은 우리에게 성령충만하라고 말씀하신다.

3. 성령충만, 성령의 열매와 은사

구원은 단번에 받는 것이고, 구원받았을 때 성령침례를 받으며 성령님께서 그 사람 안에 내주하시지만, 성령충만함을 받는 것은 사람에 따라 다르다. 구원받은 후 우리는 성령으로 충만할 수도 있고, 그렇지 않을 수도 있다.

엡 5:18 『술 취하지 말라. 그것은 방탕한 것이니 오직 성령으로 충만하라.』

자신을 죄에 대하여 죽은 자로 여기고, 죄와 육신과 욕망에서 돌아서서 성령님께 복종하고 자신을 내어드릴 때 성령님께서 그 사람을 충만케 해 주신다. 구원을 받았다고 해서 자동적으로 성령 충만하게 되는 것이 아니다. 지속적으로 기도하고 하나님의 말씀에 순종하며 성령님께 복종할 때 성령 충만할 수 있는 것이다. 또한 "성령으로 충만하라" 는 말씀은 그리스도인에게 주시는 명령이다. 해도 되고 안 해도 되는 것이 아닌 명령임을 알아야 한다.

행 4:8-12 『그때 베드로가 성령으로 충만하여 그들에게 말하기를 "백성의 관원들과 이스라엘의 장로들이여, … 그러므로 다른 이에게는 구원이 없나니 이는 하늘 아래서 우리가 구원을 받을 수 있는 다른 이름을 인간에게 주신 적이 없음이라." 고 하더라.』

베드로는 성령으로 충만했을 때 병을 고치거나 기적을 행한 것이 아니라 하나님의 말씀을 전했다.

행 4:31 『그들이 기도를 마치자 그들이 함께 모여 있는 곳이 진동하더니 그들이 모두 성령으로 충만하여 담대하게 하나님의 말씀을 선포하더라.』

행 7:55,56 『그러나 그는 성령으로 충만하여 하늘을 주시하여 우러러보니 하나님의 영광과 예수께서 하나님의 오른편에 서신 것을 보고 말하기를 "보라, 하늘들이 열리고 인자가 하나님의 오른편에 서신 것을 보노라." 하니』

성령으로 충만했을 때 소위 '방언'을 하거나 병을 고친 것이 아니었음을 위 구절로 알 수 있다. 은사주의자들이 성령충만을 이야기하며 자신들끼리 모여 방언하고 병을 고친다고 하는 것은 성령님이 하시는 일이 아니다. 성령으로 충만한 그리스도인은 믿지 않는 자들에게 복음을 전하고 예수 그리스도를 증거한다.

갈 5:22,23 – 성령의 열매 『그러나 성령의 열매는 사랑과 기쁨과 화평과 오래 참음과 친절과 선함과 믿음과 온유와 절제니 그러한 것을 반대할 법이 없느니라.』

성령의 열매(사랑, 기쁨, 화평, 오래참음, 친절, 선함, 믿음, 온유, 절제)는 복수가 아니라 단수로 언급된다. 한 분 성령님께서 역사하시기 때문이다. 따라서 어떤 열매는 맺히고 어떤 열매는 안 맺히는 것이 아니라 모두 한꺼번에 맺히는 것이다.

고전 12:8-11- 성령의 은사 『어떤 사람에게는 성령을 통하여 지혜의 말씀을 주시고 또 어떤 사람에게는 같은 성령을 따라 지식의 말씀을, 또 어떤 사람에게는 같은 성령으로 믿음을, 어떤 사람에게는 같은 성령으로 병 고치는 은사들을, 또 어떤 사람에게는 기적들을 행함을, 어떤 사람에게는 예언함을, 어떤 사람에게는 영들을 분별함을, 또 어떤 사람에게는 여러 가지 방언들을 말함을, 어떤 사람에게는 방언들을 통역함을 주시느니라. 그러나 이 모든 일은 한 분이신 같은 성령께서 역사하시어 그분께서 원하시는 대로 각 사람에게 나누어 주시느니라.』

고린도전서 12:8-10에서 은사들을 말씀하시는데 이 은사는 한 분이신 성령께서 역사하셔서 주시는 것이다. 여기서 은사는 유대인에게 주신 표적의 은사와 오늘날 우리들이 소망하는 일반적 은사가 있음을 알 수 있다. 기적들을 행하는 은사, 병 고치는 은사, 방언 등은 초대교회 때 끝난 은사이며, 성경은 우리에게 일반 은사인 지혜의 말씀, 지식의 말씀, 사랑 등 "최상의 은사"를 사모하라고 하신다.

고전 12:31 『오히려 너희는 최상의 은사들을 열망하라. 이제 내가 너희에게 더 좋은 길을 보여 주리라.』

위에서 본 대로 고린도전서 12:8-10에서 은사를 나열하면서 방언은 맨 나중에 언급되었다. 방언은 최상의 것이 아니라 최하위의 은사로서 사도 바울은 방언에 대해 매번 부정적으로 이야기하고 있음을 주목해야 한다(고전 14:4–6,9,19,22,23).

롬 12:6–8 – 은사들 『그러므로 우리에게 주어진 은혜에 따라 가진 은사들이 다르니 예언이면 믿음의 분량대로 예언하고 또 섬김이면 섬기는 일로, 또 가르치는 자는 가르치는 일로, 또 권면하는 자는 권면하는 일로, 구제하는 자는 성실함으로, 지도하는 자는 근면함으로, 자비를 베푸는 자는 즐거움으로 할 것이니라.』

엡 4:11–13 – 성도들을 온전케 하심 『그가 어떤 사람들은 사도로, 어떤 사람들은 선지자로, 어떤 사람들은 복음 전도자로, 어떤 사람들은 목사와 교사로 주셨으니 이는 성도들을 온전케 하며 섬기는 일을 하게 하고 그리스도의 몸을 세우게 하여 우리 모두가 믿음의 하나됨과 하나님의 아들을 아는 지식의 하나 됨에 도달하게 하고, 온전한 사람이 되어 그리스도의 충만하심의 장성한 분량에까지 이르게 하려 하심이라.』

성령께서 은사를 주심으로써 성도들을 온전하게 하셔서 그리스도의 장성한 분량에까지 이르게 하려 하신다는 말씀이다. 한편 초대교회 당시에만 있었던 직분인 사도나 선지자와 오늘날에도 존재하는 복음전도자, 목사, 교사의 직분에 대한 은사는 구분해야 한다.

오늘날 많은 교인들이 성령님의 사역이라고 착각해서 마귀의 영을 좇아갈 뿐 아니라 하나님께 경배드리는 대신 마귀를 경배하는 일들을 하고 있다. 우리는 어느 것이 성령님이 하시는 일이고 어느 것이 악령이 하는 일인지를 성경을 통해 분별해야 한다.

5

두 성품

기초성경공부 1권에서 '성별된 삶,' '그리스도인의 죄' 를 공부하면서 그리스도인이 죄를 지어서는 안 되며, 죄를 짓게 되면 하나님의 징계가 있다는 기본적인 내용들을 다루었다. 이에 추가하여 이번 과에서는 구원받은 자들이 왜 죄를 짓는지에 대해서 살펴보려 한다.

결론부터 말하면 구원받은 자들에게는 두 성품이 존재하기 때문에 죄를 짓게 된다. 이 두 성품을 이해하지 못하면 '구원을 받았으면 의인이라고 했는데 왜 의인이 죄를 짓는가?' 하며 혼동을 하게 되고, 더 나아가 이상한 이단 교리에 속게 된다.

성경에서 말씀하시는 두 성품을 이해하지 못하여 생긴 대표적 두 부류의 이단 교리 중 첫번째가 '구원받은 사람은 완전히 바뀌어 죄를 짓지 않는다' 는 것이고, 두번째는 '구원을 받은 사람은 과거 현재 미래의 모든 죄를 사함받았기 때문에 아무렇게나 살아도 상관이 없다' 는 주장이다. 이들은 잘못된 교리로 인해 사회적으로도 문제를 일으킬 뿐 아니라 돈을 많이 벌고 잘 사는 것이 하나님의 일이라며 교인들을 사업에 이용하기도 한다. 이 두 부류의 이단들이 죄 사함의 교리를 극단적으로 왜곡해 잘못된 교리를 가르치는 것은 그리스도인의 두 성품에 대한 성경의 교리를 모르기 때문이다.

1. 그리스도인이 죄를 짓는 이유와 죄를 이기는 방법

지난 과에서 성령침례에 대해 공부하면서 구원은 받았어도 성경을 모르고 잘못 배운 성경 지식으로 인해서 마귀의 길을 좇아가면서도 자신은 하나님의 뜻에 따라 산다고 착각할 수 있음을 살펴보았다. 구원은 회개하고 예수 그리스도를 믿기만 하면 얻을 수 있지만 구원받았다고 해서 그리스도인으로서 모든 것이 다 완성된 것은 아니다.

구원받고 난 후 하나님의 말씀에 대한 지식을 갖고 믿음 생활을 해야 한다. 하나님의 말씀을 들음으로써 믿음이 성장할 때 그 믿음으로 이 세상을 이길 수 있기 때문이다. 대부분의 교회들이 하나님의 뜻대로 산다고 하면서도 하나님의 말씀을 올바로 가르치지 못하는 이유는 마귀에게 정복당해서 마귀의 길을 가기 때문이다. 그래서 그리스도인에게 성경 공부가 중요한 것이고, 성경 지식이 있을 때 믿음이 성장하고 분별력이 생겨 세상에서 승리할 수 있다. 성경 지식이 없으면 죄를 이길 수 없고 육신적 생활에 안주하며 마귀에게 속아 패배한 삶을 사는 그리스도인이 될 수밖에 없다.

고후 5:17 – 그리스도 안에 있으면 새로운 피조물 『그러므로 누구든지 그리스도 안에 있으면 새로운 피조물이라. 옛 것들은 지나갔으니, 보라, 모든 것이 새롭게 되었도다.』

지난 과에서 에베소서 4:4,5을 통해 공부했듯이 그리스도 안에 있는 자는 영적 침례인 "한 침례"를 받은 구원받은 자들로, 이들은 "한 몸"이고, "한 성령"에 의하여 "한 분 주" 안으로 들어간 자들이다. 이 구절에서 그리스도 안에 있는 자를 성경은 새로운 피조물이라고 말씀하시는데, 위 구절은 이 새로운 피조물에 대해 옛 것들은 지나갔으므로 모든 것이 새롭게 되었다고 설명한다.

반대로 구원받았다고 하면서 새로운 피조물이 되지 않았다면 그 사람은 입으로는 아무리 예수 그리스도를 영접했다고 할지라도 구원받은 자가 아닌 것이다. 즉 구원받고 난 후 새로운 피조물이 된 시점(증거들)이 없다면 구원받지 못한 사람이라는 말이다. 이것에 대한 좋은 예가 카톨릭인데, 이들은 고해성사, 미사 등의 의식을 따름으로써 구원을 얻을 수 있다고 한다. 이들에게 '당신은 언제 새로운 피조물이 되었습니까?' 라고 질문을 하면 대답을 하지 못한다. 이러한 카톨릭의 의식으로는 '자신이 변화된 시점(증거)' 이 없었기 때문이다.

그러나 그리스도 안으로 들어온 거듭난 사람들은 자신이 새로운 피조물이 된 것을 알 수 있다. 은사주의자들처럼 뜨거운 것이 몸에 들어온 체험이 있어서가 아니라 구원받기 전 자신이 갖고 있지 않았고 생각조차 하지 못했던 새 성품이 생겼기 때문이다. 새 성품이 생긴 증거들은 구원받고 난 후 세상에 대한 가치관이 완전히 바뀌고 믿음의 형제를 만나면 기쁘고 사랑하는 마음이 생기며, 하나님을 사랑하게 되고, 성경을 읽게 되고, 하나님께 경배 드리고 싶은 마음이 생기는 것 등이다.

벧후 1:2-4 『하나님, 곧 예수 우리 주를 아는 지식을 통해 너희에게 은혜와 평강이 더욱 많아지기를 바라노니, 즉 그의 신성의 능력이 생명과 경건에 속한 모든 것을 우리에게 주심에 따라 우리를 영광과 덕에 이르도록 부르신 분에 관한 지식을 통해 그리 되기를 바라노라. 이로써 우리에게 지극히 크고 귀한 약속들을 주심은 너희로 하여금 이 약속들을 통해서 정욕으로 인해 세상에 있게 된 타락을 피하여 하나님의 본성에 동참하는 자가 되게 하려 하심이라.』

위 구절과 같이 하나님의 본성(성품)에 동참하는 자가 될 수 있는 것은 구원받기 전에는 없었던 것이 생기는 것이다. 이는 위 구절이 말씀하는 대로 하나님, 곧 예수 그리스도를 아는 지식을 통해서 하나님의 능력이 생기는 것이며, 이와 반대로 하나님의 지식이 없으면 구원을 받았을지라도 영광과 덕에 이르지 못하고, 은혜와 평강을 얻지 못하게 된다.

2. 새로운 성품을 소유하면 죄를 짓지 않는가?

새로운 성품이 생긴 자는 죄를 지을 수 없는가? 물론 그리스도인은 죄를 지어선 안 된다. 그러나 구원을 받음으로 인해서 새 성품이 생겼어도 아담 안에 있는 옛 성품이 없어진 것이 아니다. 우리가 부활된 몸을 입기 전까지는 아담의 옛 성품을 소유하고 있기에 여전히 죄를 짓게 된다. 그러면 구원받은 사람과 구원받지 못한 사람의 차이점을 알아야 하는데, 구원받은 사람은 예수 그리스도 안에 있는 새 성품과 아담 안에 있는 옛 성품 둘 다 가지고 있어서 이 두 성품이 서로 반목하고 싸우고 있는 것이다. 반면 구원받지 못한 사람은 아담의 옛 성품만 가지고 있다.

이런 이유로 구원을 받았다고 하면서 육신과 성령간의 갈등이 전혀 없다면 그는 구원을 받은 사람이 아니며 자신이 정말 구원받았는지 확인해야 한다. 구원받기 전에는 마귀의 종이었기에 죄에 대한 어느 정도 양심의 가책이 있었지만 죄와 의 사이의 진정한 내적 갈등이 없다. 쾌락과 즐거움을 위한 육신의 일들을 좇으면서도 갈등이 없고, 이러한 일들이 인생의 가치이며, 명예, 권력, 돈을 위해서 목표를 정하는 것이 선이 된다. 이런 목표를 향해 앞만 보고 달리고, 그 과정에서 전혀 갈등은 없는 것이다. 그러나 구원받은 자들은 구원받고 난 후엔 갈등이 시작되고 육신과 성령(두 성품)간의 싸움이 시작되는데 이 갈등을 사도 바울은 이렇게 묘사한다.

롬 7:15-24 『내가 행하는 것을 내가 알지 못하노니 이는 내가 원하는 것은 행하지 아니하고 오히려 내가 미워하는 것을 행함이라. … 내 지체들 속에 있는 또 하나의 법이 내 생각의 법과 싸워 나를 내 지체들 속에 있는 죄의 법에게로 사로잡아오는 것을 보는도다. 오, 나는 비참한 사람이로다! 누가 이 사망의 몸에서 나를 구해 낼 것인가?』

자신이 행하는 것을 알지 못한다는 것은 그 행함을 알지 못하는 것이 아니라 옛 성품을 좇아가는 자신을 탓하는 자책이며 자신이 원하는 것을 행하지 않는다는 것은 새 성품이 원하는 것을 행하지 못함을 말한다. 이처럼 바울은 새 성품과 옛 성품 사이의 갈등을 말하고 있다.

두 성품간의 싸움의 예

흰 개(새 성품)와 검은 개(옛 성품)를 한 우리 안에 넣었을 때 계속 싸운다면 누가 이기겠는가? 답은 '잘 먹인 개가 이긴다' 이다. 흰 개를 잘 먹이면 흰 개가 이기는 것이고, 검은 개를 잘 먹이면 검은 개가 이길 것이다. 이 예에서 배우는 것은 새 성품인 흰 개를 이기게 하려면 흰 개에게 맞는 영적 양식을 먹여야 한다는 것이다. 즉 하나님의 말씀을 읽으면 읽을 수록 힘이 생겨 옛 사람을 이길 수 있다는 것이다. 그러나 육신의 정욕을 먹이게 되면(세상적인 TV, 영화, 세상적 책 등) 옛 사람이 강해져서 육신적으로 살게 되고 죄를 짓는 삶을 살 수밖에 없다. 이 예가 주는 교훈은 어느 성품이 우세하게 되는지는 구원받은 자의 선택에 달려 있다는 것이다. 구원받았다고 해서 자동적으로 새 성품을 좇아가게 되는 것이 아니다.

성령 안에서 행하라

갈 5:16,17 『내가 이것을 말하노니 성령 안에서 행하라. 그리하면 너희는 육신의 정욕을 이루지 아니하리라. 육신은 성령을 거슬러 욕심을 부리며 성령은 육신을 거스르나니 이들은 서로 반목하여서 너희가 하고자 하는 것을 하지 못하게 하느니라.』

위 구절은 성령 안에 있는 것으로 끝나는 것이 아니라 성령 안에서 행해야 한다고 말씀한다. 구원을 받았다고 해서 신비한 능력을 받아 죄를 무조건 이기게 되는 것이 아니다. 성경을 공부하고 하나님의 지식으로 채워 새 성품을 키움으로써(성령을 좇음) 옛 성품을 이길 수 있다.

Holiness 그룹에 속한 이들(성결주의자들)은 이 구절을 이해하지 못해서 구원을 받았는데도 화가 나고 질투하고 다툰다면 이는 구원을 받지 못한 것이기에 다시 구원을 받아야 한다고 말한다. 그들은 계속해서 집회나 부흥회에 참석해서 구원받았다고 하고, 집에 돌아와서 부부 싸움이라도 하게 되면 '아 나는 구원을 못 받은 것이구나' 하고 다시 구원을 받으러 집회에 참석한다.

분명히 알아야 할 것은 구원을 받았다고 해서 옛 성품이 완전히 없어진 것이 아니라는 사실이다. 옛 성품을 따르기로 결정하면 육신적이 되어 죄를 짓는 것이고 말씀에 의하여 새 성품을 따르면 승리를 얻게 된다. 이와 같은 그리스도인의 두 성품을 알지 못하기 때문에 구원을 받고서도 죄를 지으면 구원을 잃어버린다고 가르치는 교회들이 있는 것이다. 구원받은 사람에게 두 성품이 있다는 것을 모르는 자들은 자신들의 잘못된 교리를 주장하기 위해 성경마저 변개하기도 한다.

3. 두 성품을 알지 못해 오해하는 성경 구절들

첫 번째 예는 성경의 한 부분을 삭제함으로써 '구원받은 자들은 죄를 지을 수 없다' 고 주장하는 구절이다.

롬 8:1,2,4,13 『그러므로 이제 그리스도 예수 안에 있는 자들에게는 결코 정죄함이 없나니, 그들은 육신을 따라 행하지 아니하고 성령을 따라 행하느니라. 이는 그리스도 예수 안에 있는 생명의 성령의 법이 죄와 사망의 법에서 나를 해방시켰기 때문이라. 이는 율법의 의가 우리 안에서 이루어지게 하려 함이라. 우리는 육신을 따라 행하지 않고 성령을 따라 행하는 자들이라. 너희가 육신을 따라 살면 죽을 것이나 성령을 통하여 몸의 행실을 죽이면 살리라.』

<개역한글판성경> 등 변개된 성경들은 1절 전반부 "그러므로 이제 그리스도 예수 안에 있는 자들에게는 결코 정죄함이 없나니" 까지만을 1절로 만들고 후반부인 "그들은 육신을 따라

행하지 아니하고 성령을 따라 행하느니라." 를 삭제하고 있다. 그렇게 된 본문으로는 그리스도 예수 안에 있는 자들, 곧 구원받은 자들은 결코 죄를 짓지 않는다고 주장할 수 있는 것이다.

삭제된 후반부를 보면 정죄함이 없게 되는 조건이 '성령 안에 있는 것' 만이 아니라 성령을 따라 행하는 것임을 알 수 있다. 그러나 내용상 핵심 부분을 삭제함으로써 '구원받은 자는 성령 안에 있으니 죄를 지어도 괜찮다' 고 할 수 있게 되었다. 그리스도인은 누구나 성령 안에 있는 자들이다. 그러나 성령을 따를 때 죄를 짓지 않고 거룩하게 살 수 있는 것이고, 성령님의 인도를 거부하고 옛 성품을 좇아가게 되면 죄를 지어 육신적인 그리스도인이 된다는 것을 알아야 한다.

두 번째 예는 성경을 해석할 때는 관련 구절과 연결해서 해석해야 하는데 이를 무시하고 자신들의 교리를 주장하기 위하여 자의적인 해석을 하는 구절이다.

요일 3:9 – 하나님께로부터 태어난 자는 죄를 짓지 않는다
『하나님께로부터 태어난 사람은 누구나 죄를 짓지 아니하나니 이는 하나님의 씨가 그 사람 안에 거함이요, 또 죄를 지을 수 없는 것은 그가 하나님께로부터 태어났기 때문이라.』

구원받고 난 후 여러분은 죄를 지었는가? 죄를 지었다면 이 구절대로 여러분은 구원받지 못한, 하나님께로부터 태어난 자가 아닌 것이다. 그러나 이 구절은 '하나님으로부터 태어난 새 성품(새

사람)’ 을 말씀하는 구절이다. 이 답을 요한일서 1:8–10에서 찾을 수 있다.

요일 1:8,10 『만일 우리가 우리에게 아무 죄도 없다고 말하면 우리 자신을 속이는 것이요, 진리가 우리 안에 있지 아니하나 … 만일 우리가 죄를 짓지 아니하였다고 말하면 우리는 그분을 거짓말쟁이로 만드는 것이요, 그분의 말씀이 우리 안에 있지 아니하니라.』

이 두 구절 모두 사도 요한이 기록자인데, 동일한 저자 요한이 한 곳에선 구원받은 자가 “죄를 지을 수 없다” 고 하고(3장), 다른 데서는 구원받은 자가 “아무 죄가 없다고 하면 자신을 속이는 자요, 진리가 그 안에 있지 않다” 하고, 10절에선 “하나님을 거짓말쟁이로 만드는 것이요 그 사람 안에 하나님의 말씀이 없는 자” 라고 기록한 것을 어떻게 이해해야 하는가?

이 구절들이 혼동이 되자 그리스도인의 두 성품에 대해 알지 못하는 자들은 요한일서 1장은 구원받지 못한 자들에게 이야기하는 것이고, 요한일서 3장은 구원받은 자에게 말하는 것이라고 가르친다. 그러나 요한일서 1장과 3장은 모두 구원받은 자들에게 말씀하는 구절이다. 1장의 문맥을 보면 7절에서 “빛 가운데 행하여 교제하는 자” 는 구원받은 자들이고, 8절에서 “진리가 안에 있는 자들” 역시 구원받은 자들이기 때문이다.

요한일서 3:9은 ‘옛 성품과 새 성품에 대한 구절’ 로서, ‘옛 사람은 계속하여 죄를 짓게 하나, 새 성품의 사람은 죄를 지을 수 없다' 라는 것을 설명하는 말씀으로, 이 두 구절(요일 1:8,10, 3:9)은 옛 성품과 새 성품을 알 때 비로소 혼동하지 않게 된다.

정리하면, 앞에서 공부한 로마서 8:1–13, 갈라디아서 5:16,17, 골로새서 3:9–11 등의 말씀을 통해 성령으로 거듭난 성도들은 예수 그리스도 안에 있으며, 자신 안에 새 성품과 옛 성품이 있어 항상 반목하며 영적인 싸움을 싸운다는 교리를 알 수 있다.

4. 성경이 말씀하는 두 성품의 교리

우리가 구원받을 때 영적으로 어떤 일들이 일어나는지를 성경으로 살펴보자.

골 3:9–11 – 새롭게 된 새 사람을 입음 『서로 거짓말하지 말라. 너희가 그 행위와 함께 옛 사람을 벗어 버리고 그를 창조하신 분의 형상을 따라 지식 안에서 새롭게 된 새 사람을 입었으니 거기에는 헬라인이나 유대인이나, 할례자나 무할례자나, 야만인이나 스쿠디아인이나, 종이나 자유인이 없고 오직 그리스도만이 모든 것이요, 또 모든 것 안에 계시니라.』

하나님 보시기에 영적인 사건이 일어났는데, 이 사건은 우리가 구원을 받았을 때 성령께서 우리 안에 들어가심으로써 옛 사람을 벗어버리고(9절) 새롭게 된 새 사람을 입은(10절) 것이다.

갈 3:27,28 – 그리스도로 옷 입음 『너희 가운데 그리스도 안으로 침례를 받은 사람은 그리스도로 옷입었느니라. 유대인이나 헬라인도 없고 종이나 자유인도 없으며 남자와 여자도 없으니 이는 너희 모두가 그리스도 예수 안에서 하나이기 때문이라.』

그리스도로 옷입은 사람이란 새 성품으로 옷입은 자, 즉 그리스도 안으로 성령 침례를 받은 자를 말한다. 다시 정리하면 구원받은 자는 옛 사람을 벗어 버리고 새 사람을 입었는데 여전히 물리적인 몸(육신) 안에 있는 것이다. 육신이 죽을 때까지는 새 사람과 옛 사람 사이에서 지속적으로 선택하면서 살아야 한다.

롬 6:1–3 『그런즉 우리가 무슨 말을 하리요? 은혜가 넘치게 하려고 죄에 거하겠느냐? 결코 그럴 수 없느니라. 죄에게 죽은 우리가 어떻게 더 이상 그 가운데 살겠느냐? 예수 그리스도 안으로 침례받은 우리가 그의 죽으심 안으로 침례받은 것을 알지 못하느냐?』

성령 침례를 받은 자가 은혜를 넘치게 하려고 죄를 지을 수 없다는 말씀이다.

롬 6:4,6,11 『그러므로 우리가 죽음 안으로 침례를 받아 그와 함께 장사되었으니 이는 아버지의 영광으로 인하여 그리스도께서 죽은 자들로부터 일으켜지심과 같이 우리도 또한 생명의 새로움 가운데서 행하게 하려 함이니라 … 우리가 이것을 아나니 곧 우리 옛 사람이 그와 함께 십자가에 못박힌 것은 죄의 몸을 멸하여 더 이상 우리가 죄에게 종 노릇 하지 않게 하기 위함이니라. … 이와 같이 너희도 너희 자신을 정녕 죄에게는 죽은 자요, 예수 그리스도 우리 주로 말미암아 하나님께는 산 자로 여기라.』

생명의 새로움 가운데 행한다는 것은 새 성품 가운데 행함, 즉 성령을 따라 행함을 말씀한다(4절). 영적으로는 옛 사람이 십자가에 못 박혔지만 두 성품이 갈등하는 것을 말씀하며(6절) 결론적으로 옛 사람은 죽은 자로 여기고 새 사람으로 행하라는 말씀이다(11절), 12,13절은 몸의 정욕에 순종치 말고 자신의 지체를 하나님께 드리는 것 까지를 말씀하신다. 그리스도인은 이제 훈련이 필요한데 그 이유는 그리스도인 안에 아담의 옛 성품이 여전히 활동하기 때문이다.

엡 4:20,22–24 『그러나 너희는 그리스도를 그렇게 배우지 아니하였느니라. … 이전 행실에 관해서는 기만의 욕망에 따라 썩어진 옛 사람을 벗어 버리고 너희 생각의 영 안에서 새롭게 되어 하나님을 따라 의와 참된 거룩함 안에서 창조된 새 사람을 입으라.』

"그리스도를 그렇게 배우지 아니하였다" 는 말씀은 구원받은 자들은 19절의 육신의 불결함 가운데 행하지 말라는 것이고, 22–24절은 옛 사람을 벗어 버리고 새 사람을 입으라는 말씀이며,

25–29절에서는 거짓을 버리고 진리를 말하고, 죄를 짓지 말고, 마귀에게 틈을 주지 말라는 말씀이다. 이처럼 그리스도인에게는 훈련이 필요하다. 새 성품을 입는 것은 이론적으로 끝나는 것이 아니라 매일의 훈련이 필요한 것이다.

롬 13:12–14 『밤이 깊어 지났고 낮이 가까웠느니라. 그러므로 어두움의 행위를 벗어 버리고 빛의 갑옷을 입자. 낮에와 같이 단정히 행하고 흥청거리거나 술 취하지 말며 음란하거나 방탕하지 말며 다투거나 시기하지 말고 오직 주 예수 그리스도로 옷입고 정욕을 채우려고 육신을 위해 계획하지 말라.』

위 구절은 그리스도인이 '단정히 행하고, 흥청거리거나 술 취하지 말고, 음란하지 말고 방탕하거나 다투거나 시기하지 말고, 정욕을 채우지 말고, 육신을 위해 계획하지 말고, 오직 주 예수 그리스도로 옷입어야 한다' 고 말씀하신다. 그리스도인은 이를 이루기 위해 매일 스스로 훈련하고 영적 전쟁에 임해야 한다.

두 성품의 교리를 통해 우리가 알 수 있는 진리는, 구원을 받으면 그리스도인은 '새로운 피조물' 이 된다는 것이다. 그러나 모든 면에서 갑자기 새 사람이 강성해져서 승리하게 되는 것이 아니라 새 사람을 먹임으로써 강성해져야 한다. 옛 사람을 먹이면 육신의 정욕을 채우게 되어 옛 사람이 강성해지고 그로 인해 죄를 짓고 썩은 열매들을 거두게 된다. 어느 성품을 강하게 만들지는 자신의 결정에 달린 것이다.

6

왜 구원받은 후에도 문제가 생기는가?

구원을 받으면 모든 문제들이 해결되고 삶 가운데 고난도 없으며 바라는 것들이 모두 이루어지는가? 자신이 세상에서 이루고자 하는 일들과 직장, 가정(자녀, 배우자, 부모), 교회 등에서 모든 일이 다 잘 되어가고 있는가? 오늘날 대부분의 교회 목사들이 '구원받고 믿음이 좋으면(?) 모든 문제들이 다 해결되고 만사형통한다' 고 가르치고 있다.

'교회에 나오면, 구원을 받으면, 믿음이 좋으면' 모든 일들이 다 잘 된다는 것은 성경적으로 맞지 않는 말이며, 실제 생활의 경험을 통해서도 쉽게 드러나는 거짓말이다. 이러한 긍정적인 말들은 자신의 배를 채우려는 종교 사기꾼들이 사람들을 속이는 올무로 쓰는 속임수다. 구원을 받았다고 해서 지상에서의 삶의 모든 문제가 해결되는 것은 아니다.

구원받고 난 후 우리들은 삶 가운데 문제가 생기면 '나의 믿음에 어떤 문제가 있나?' 라고 생각하게 되고, 자신에게 발생한 문제들로 인해 하나님의 신실하심까지도 의심을 하게 된다. '그리스도인의 삶은 만사가 형통하다' 고 생각하는 것은 '이익이 경건' 이라고 잘못 가르친 결과이다.

딤전 6:5 『마음이 부패하고, 진리를 상실하며, 이익이 경건이라 생각하는 사람들 사이에 무익한 논쟁이 일어나느니라. 그런 데서 네 자신은 빠져 나오라.』

이 구절을 통해 거짓된 자들은 이익 자체를 경건이라고 생각함을 알 수 있다. 그런 자들은 "마음이 부패하고, 진리를 상실한" 자들이라고 성경은 정의하신다. 그리고 6절에서는 "만족할 줄 아는 경건"은 큰 이익이 된다고 말씀하며 만족함의 기준을 말씀하시는데 그 기준이 어느 정도의 집을 소유하고, 먹고 살 수 있는 직장을 갖고 있으면 만족할 줄 아는 경건이라고 하지 않고 "먹을 것과 입을 것이 있으면 이것들로 만족할 것이니라." 고 하셨다. 이것이 성경에서 말씀하시는 구원받은 자들이 가져야 할 삶의 만족의 기준이다.

그리스도인의 삶은 만사형통하는 삶이 아니다. 그래서 5절 후반부에서 "이익이 경건이라고 생각하는 사람들과 무익한 논쟁"에서 빠져나오라고 하시는 것이다. "그런 데서 네 자신은 빠져 나오라." 는 말씀을 주목해야 한다. 많은 사람들이 생각하듯 '내가 이런 불쌍한 사람들 가운데 있으면서 그들에게 진리를 전해야겠다' 고 하는 것이 옳지 않다는 말씀이다. 이 말은 그들과 전혀 상관치 말라는 것이 아니다. 그 사람들 가운데 있으면 자신은 원치 않지만 결국 그 무리가 믿고 실행하는 잘못된 교리에서 빠져나오지 못하기 때문에 자신이 먼저 빠져나와야 한다는 것이다.

그러면 왜 구원받은 자들에게 문제들이 발생하는가?

1. 하나님께서 자녀의 죄와 잘못으로 자신의 자녀를 징계하시기 때문에

구원을 받았다고 해서 모든 문제들이 해결되는 것이 아니다. 이것을 모르면 자신에게 문제가 생길 때마다 하나님을 원망하게 된다. 자신이 잘못해서 문제가 발생했을 때에도 그 일들로 인해 하나님을 원망하는 삶을 살게 되면 그 사람은 비참한 그리스도인의 생활을 할 수밖에 없다. 구원받은 후 문제가 생기는 이유들은 다음과 같다.

1) 이 세상의 신인 사탄이 주관하기 때문에

이 세상은 "세상의 신" (고후 4:4)인 사탄이 주관하고 있고 이 세상은 죄인들이 사는 장소이기에 구원받은 자가 이 세상을 살아갈 때 문제가 없을 수 없다. 구원받은 자들의 혼(자아)의 장애물은 죄 있는 육신, 세상의 체제, 그리고 사탄이다. 이 세 가지 장애물들이 구원받은 자들로 하여금 죄를 짓게 한다. 이 죄 때문에 문제가 생기는 것이고 죄로 인한 문제는 구원받은 자나 자연인에게나 동일하게 문제가 된다.

예를 들면 방탕한 생활(술, 담배, 마약 등)을 하게 되면 구원받은 자나 구원받지 않은 자 모두 방탕함의 대가를 치르게 된다. 또한 출세를 위해, 자신의 이득을 위해 남에게 해를 끼치는 죄를 짓는다면 죄의 삯은 사망이기에 질병과 죽음이 따르게 된다. 이러한 문제들이 구원을 받았다고 해서 없을 수 없는 것이고, 죄로 인해 구원받은 자들도 죄의 대가를 치르게 되는데 이것이 하나님의 징계이다. 그리스도인은 하나님의 자녀이기 때문에 징계를 받는 것이다.

2) 사랑하는 자를 징계하시는 하나님

히 12:5–7 『또 마치 자녀들에게 했던 것과 같이 너희에게 권면하신 말씀을 잊었으니, 곧 "내 아들아, 주의 징계를 경시하지 말고, 책망을 받을 때에 낙심하지 말라. 주께서 그의 사랑하시는 자를 징계하시고, 그가 받으시는 아들마다 매질하시느니라." 고 하신 것이라. 너희가 징계를 견디어 내면 하나님께서는 너희를 아들들로 대우하실 것이니, 아버지가 징계하지 않는 아들이 어디 있느냐?』

하나님께서는 자녀들이 '죄의 씨를 뿌린 것으로 인하여' 더 큰 죄를 짓고 멸망의 길로 들어서지 않게 하기 위해 징계를 하신다. (육신의 자녀가 작은 죄를 지었을 때, 후에 더 큰 죄를 짓고 감옥이나 죽음에까지 가는 것을 보지 않기 위해 그 작은 죄를 방관하지 않는 것과 같은 이치다.) 이렇듯 하나님께서 징계하실 때 구원받은 자들에게는 개인적으로 문제가 발생하게 된다. 위 구절은 이러한 하나님의 징계 때에 성도가 가져야 할 태도에 대해 말씀한다.

구원받은 자들은 징계를 받을 때 이를 무시하거나, 가볍게 생각하지 말고, 하나님을 두려워함으로 죄를 짓지 말아야 한다. 징계를 무시할 때 죄 속에서 계속 머물게 되어 더 큰 문제를 가져오기 때문이다.

책망을 받을 때에 낙심하지 말아야 한다. 문제가 생겼을 때 낙담하고 절망하면 아무것도 할 수 없으며, 이것은 마귀가 승리하는 것이다. 우리는 낙담하지 말고 죄를 자백하고 죄에서 돌아서야 한다. 한편 계속해서 죄 가운데 거하는데 하나님의 징계가 없다면 그 사람은 자신이 정말 구원받은 하나님의 자녀인지 확인해야 할 것이다(히 12:6,7).

3) 거룩하심의 참여자가 되도록

거룩하심의 참여자들이 되게 하기 위해 그리스도인에게 문제가 생긴다.

히 12:10,11 『그들은 정녕 자기들이 옳다고 생각한 대로 며칠 동안 우리를 징계하였지만, 하나님께서는 우리의 유익을 위하시고 또 우리로 그분의 거룩하심의 참여자들이 되도록 하시느니라. 징계가 당시에는 즐겁지 않고 슬픈 것 같으나 후에 그로 인하여 훈련된 자들에게는 화평한 의의 열매를 맺느니라.』

하나님께서는 죄와 맞서서 싸우되 "피 흘리기까지" 맞서지 못하고, 하나님의 말씀을 잊고(히 13:4,5) 죄를 지은 자녀를 징계하시며, 이로 인해 우리 삶에 어려운 문제들이 발생하는 것이다. 하나님께서는 자녀들이 더 큰 죄들을 짓지 않고 이 징계로 훈련되어 화평한 의의 열매를 맺을 수 있도록 우리를 징계하신다(11절).

2. 하나님의 말씀에 순종하는지를 시험하시기 위해

하나님께서는 자녀들이 하나님의 말씀에 순종하는지를 시험하실 때가 있는데, 이때 구원받은 자들은 문제를 겪게 된다. 그 예로 아브라함을 들 수 있다. 100세가 넘어 얻은 아들 이삭을 바치라고 하신 일은(창 22:2) 하나님께서 아브라함의 순종을 시험하신 것으로, 이때 아브라함에게 문제가 생긴 것이다. 두번째로 하나님께서 아브라함에게 고향을 떠나라(창 12:1)고 명하셨을 때 그의 믿음은 시험을 받은 것이고 친족이 있는 안정된 삶을 살던 땅을 두고 떠나는 것은 그의 생에 문제가 생긴 것이다. 이때 아브라함은 순종함으로써 하나님의 시험을 통과했다.

한편 하나님의 시험에 순종하지 않음으로써 아내를 잃을 뻔한 문제가 발생되기도 했다. 아브라함은 축복의 땅에 대한 약속을 잊고서 기근이 생기자 이집트로 내려가 아내도 잃고 생명도 잃을 위험에 처하게 된다. 이러한 모습들은 성도들이 하나님의 말씀을 순종하는지를 시험하시기 위해 하나님께서 성도들에게 어려움을 주심으로써 문제가 생기는 예들이다. 하나님께서 인간을 다루시는 방법을 아래의 구절들을 통해 살펴보려 한다.

신 8:2,3,5 『주 너의 하나님께서 이 사십 년 동안 광야에서 너를 인도하셨던 모든 길을 너는 기억하라. 이는 너를 겸손하게 하시고 시험하사 네가 주의 계명들을 지키는지 그렇지 않은지 네 마음속에 있는 것을 알려 하심이니라. 주께서는 너를 겸손하게 하시고 너를 배고프게 하셨으며 너도 모르고 네 조상도 모르는 만나로 너를 먹이셨으니, 이는 사람이 빵으로만 사는 것이 아니요 주의 입에서 나오는 모든 말씀으로 사는 것을 너로 알게 하려 하심이니라. … 너는 사람이 자기 아들을 징계하는 것같이 주 너의 하나님께서도 너를 징계하시는 것을 네 마음속에 생각할지니라.』

이스라엘 백성은 하나님께 불순종함으로 40년 동안 광야 생활을 하게 되는데, 이 문제는 죄로 인해 어려움이 온 것이고, 또한 주님께서는 광야 생활을 통해서 이스라엘 백성을 겸손하게 하시고 시험하셔서 주의 계명을 지키는지를 알려 하신 것이다.

1) 말씀에 순종하고 겸손하게 만들기 위해

구원받은 자들에게 문제가 생기는 이유는 여러 가지가 있다. 그 중 하나는 하나님의 말씀에 복종하고 겸손하게 만들기 위한 것이다. 따라서 징계를 경시하거나 징계로 인해 낙담하지 말아야 한다. 신약에서 사도 바울을 겸손하게 만들기 위해 육체의 가시를 주신 예에서도 동일한 교리를 배울 수 있다.

고후 12:7-9 『지극히 위대한 계시들의 풍성함으로 인하여 내가 자고하지 않도록 육체에 한 가시, 즉 사탄의 사자를 내게 주셨으니 그가 나를 쳐서 자고하지 못하게 하려 함이라. 이를 위하여 세번이나 그것을 내게서 제거해 달라고 주께 간구하였는데 주께서 내게 말씀하시기를 "내 은혜가 네게 충분하도다. 이는 내 능력이 약한 데서 온전하게 됨이니라." 고 하셨느니라. 그러므로 내가 오히려 매우 기쁘게 나의 약한 것들을 자랑하리니 이는 그리스도의 능력이 내게 거하게 하려 함이라.』

하나님께서 사도 바울에게 육체에 한 가시를 주신 것은 그를 겸손하게 하기 위해서였다. 만약 사도 바울에게 육체의 가시가 없었더라면 하나님의 사역을 신실하게 끝마치지 못할 수도 있었을 것이다. 셋째 하늘도 올라가 보았던 그는(고후 12:2) 온갖 기적(행 19:12)을 행할 수 있는 능력으로 인해 교만해질 수 있었을 것이다. 하나님께서는 이런 바울을 사용하시기 위해 육체의 가시를 제거해 달라는 그의 간구에도 불구하고(고후 12:8) 이를 허락하신 것이다(고후 12:9).

만약 질병을 갖고 있다면 그 질병으로 인해서 겸손해지게 되고 또 하나님을 의지할 수밖에 없게 된다. 이런 것들을 잘 아시는 하나님께서는 이러한 어려움을 통해 우리가 자신의 연약함을 깨닫고 하나님의 은혜를 알 수 있게 하신다.

2) 하나님의 말씀으로 사는 것을 배우도록

신 8:3 『주께서는 너를 겸손하게 하시고 너를 배고프게 하셨으며… 이는 사람이 빵으로만 사는 것이 아니요… 모든 말씀으로 사는 것을 너로 알게 하려 하심이니라.』

구원받은 우리에게 문제가 생길 때 '나에게 왜 이런 문제가 생길까?' 하고 혼란스러워할 필요가 없다. 자신에게 문제가 생길 때 하나님께서 약속하신 모든 약속의 말씀을 믿고 하나님을 의지해야 한다. 낙담하거나 절망하지 말고 하나님과의 교제를 통해 그 문제의 원인을 찾아내고(죄 또는 시험) 자백해야 한다. 신명기 8:6-9에서는 하나님의 말씀으로 살 때 풍요를 약속하셨다.

3) 하나님을 잊지 않도록

신 8:11-14 『오늘 네게 명령하는 주의 계명들과 명령들과 규례들을 지키지 않음으로 주 너의 하나님을 잊지 않도록 주의하라. 이는 네가 먹고 배부르고, 또 아름다운 집들을 짓고 그 안에 거하며 네 소떼와 양떼가 번성하고 네 은과 금이 증식되고 네가 가진 모든 것이 번성하면 네 마음이 높아져서 이집트 땅, 종의 집에서 너를 인도해 내신 주 너의 하나님을 네가 잊어버릴까 함이라.』

위의 구절과 같이 하나님께서는 우리들의 옛 성품을 아시기에 우리가 주의 계명들과 명령들과 규례들을 지켜서 하나님을 잊지 않도록 하기 위해 어려운 문제들을 주시는 것이다.

4) 선을 행하도록

신 8:16,17 『주께서는 광야에서 네 조상이 알지 못하는 만나로 너를 먹이셨으니, 이는 주께서 너를 겸손하게 하시고 시험하시어 종국에 가서는 네게 선을 행하려 하심이며 또 네가 네 마음에 말하기를 "내 능력과 내 손의 힘이 내게 이 재물을 가져왔노라." 하지 못하게 하려는 것이라.』

하나님께서는 자녀들이 선을 행하게 하시려고 문제를 주신다. 이렇듯 위의 구절을 통해서 '예수 그리스도를 믿으면 모든 것이 번성하고 형통한다' 고 하는 목사들의 가르침은 거짓임을 알 수 있다.

우리 인간들을 잘 아시는 주님은 자만과 양식의 충분함이 죄라고 하신다(겔 16:49). 타락은 갑자기 오지 않는다. 타락이 오기 전에 배가 부르고, 할 일이 없어 게을러지면 그 다음에 오는 것이 쾌락을 생각하고 죄를 짓게 되는 것이다. 이러한 인간의 문제를 아시는 하나님께서 우리로 하여금 '고난의 길' 을 통과하게 하시는 것이다.

우리는 고난을 통과하여 겸손하게 될 때 하나님의 사역을 감당할 수 있다. 반대로 고난을 통과하지 않고 배부르고 번성하게 되면 하나님을 잊어버리고 교만하게 되며, 자기 능력으로 다 이루었다고 착각하게 된다. 이것을 뒤집어 말해 우리들에게 고난이 발생하는 것은 하나님을 잊어버리지 않고, 하나님의 말씀으로 살아야 함을 알게 하는 것이며 하나님만을 믿고 의지해서 하나님을 송축하게 되기 때문이다. 이와 같은 이유들로 구원받은 자들에게 고난의 길인 어려운 문제들이 생길 수밖에 없는 것이다.

5) 주님께서는 죄의 유혹을 받는 우리를 이해하신다

주님께서는 인간의 몸을 입고 태어나셨고 우리와 같은 유혹을 받으셨기에(마 4:1–11) '육신과 세상, 사탄' 에 의한 죄의 유혹을 받는 우리들을 이해하시는데, 유혹에 넘어가는 것을 이해하시는 것이 아니라 유혹을 받는 우리의 모습을 이해하시는 것이다.

구원받은 자들에게 '유혹이 들어오는 것이 죄가 아니라 유혹에 넘어가는 것이 죄' 인 것이다. 구원받은 자들은 주님과 같이 이 유혹을 물리쳐야 하며, 주님께서는 우리를 동정하시고 시험을 받는 우리를 도와 주신다. 『그가 이 일에 친히 시험을 받아 고난을 당하셨으므로 시험받는 자들을 능히 도와주실 수 있느니라』 (히 2:18). 『이는 우리의 대제사장은 우리의 연약함을 동정할 수 없는 분이 아니요, 모든 점에서 우리와 마찬가지로 시험을 받으셨지만 죄는 없으신 분이기 때문이라』 (히 4:15).

육신의 연약함으로 유혹을 받는 우리를 동정하시는 주님이시기에 죄의 유혹이 있을 때 우리는 주님을 찾아야 하고, 주님께 도와 주심을 간구해서 도움을 받을 수 있는 것이다. 아담의 옛 성품을 가진 연약한 우리의 죄로 인해 문제들이 발생하는 것이며, 어려운 문제들을 주심으로 우리가 의의 열매를 맺을 수 있게 되는 것을 알아야 한다.

그런데 왜 신실한 그리스도인에게 박해가 오는가?

3. 신실하게 사는 그리스도인에게 고난과 박해가 오는 이유

딤후 3:12 『실로 그리스도 예수 안에서 경건하게 살고자 하는 모든 사람은 박해를 받을 것이라.』

그리스도 안에서 경건하게 살고자 할 때 만사가 형통하는 것이 아니라 세상으로부터 박해가 온다. 이 세상이 우리를 박해하는 이유는 '그리스도인의 경건한 생활은 세상 사람들에게는 저주를 주는 것' 이기 때문이다. 그리스도인의 말이 아닌 삶의 모습이 '너희들은 잘못 되었다' 는 것을 알려 주는 것이며 그것이 세상 사람들에게 저주가 되기에 박해가 오는 것이다. 즉, 세상 사람들과 똑같은 행동을 하지 않고 경건하게 살거나, 경건하게 살고자 하는 모습이 이들에겐 '너희는 죄인이다' 라고 정죄하는 것이 되고, 세상 사람들은 경건한 삶을 원치 않기 때문에 자신과는 다른 그리스도인을 박해하는 것이다. 여기서 우리는 '나는 세상 사람과 잘 어울려서 그 속에서 사는가, 아니면 박해를 받고 있는가?' 를 자신에게 질문함으로써 자신이 경건한 삶을 살고 있는지 경건치 못한 삶을 살고 있는지를 확인할 수 있다.

고난을 허락하심으로써 주님께서 목적하신 일들

고후 1:4,5 『우리의 모든 환난 가운데서 우리를 위로하시는 분이시라. 그러므로 우리 자신이 하나님께 받은 위로로써 어떠한 고난 중에 있는 사람들도 위로할 수 있는 것이라. 이는 그리스도의 고난이 우리에게 넘친 것같이 우리의 위로도 그리스도로 말미암아 넘치기 때문이라.』

1) 고난 중에 있는 자들을 위로할 수 있게 하심

"고난 중에 있는 사람들도 위로할 수 있는 것이라" (4절). 그리스도인은 자신의 고난을 위로해 주시는 하나님으로 인해 고난받는 자를 위로해 줄 수 있다. 반대로 그리스도인 중 교만한 자가 있어서 고난당하는 사람을 조롱할 때 주님께서는 그 사람에게 그 고난과 똑같은 고난을 허락하셔서 그로 하여금 깨닫게 하심을 알아야 한다.

"고난이 우리에게 넘친 것같이 우리의 위로도… 넘치기 때문이라" (5절). 고난을 경험한 사람이 똑같은 경험을 하는 사람을 잘 위로할 수 있음을 말씀하신다.

2) 고난을 받음으로 더 깊이 주님을 알게 됨

고난을 통과하면서(박해를 받으면서) 예수 그리스도의 고난에 동참하게 되고, 주님을 더 깊이 알게 된다. 이 말은 똑같이 구원받은 자들 중에서도 박해를 받은 자들은 주님의 고난을 더 깊이 느낄 수 있다는 것이다.

빌 3:10 『이는 내가 그를 알고 그의 부활의 능력과 그의 고난의 교제를 알아 그의 죽음의 본을 따르려 함이며』

고난을 통과함으로써 주님의 고난을 더 공감할 수 있게 되어 힘을 얻을 수 있게 된다.

3) 고난을 통하여 인내를 얻게 하심

롬 5:3,4 『이뿐만 아니라 우리가 환난 중에서도 즐거워하나니 환난은 인내를 이루고 인내는 연단을, 연단은 소망을 이루는 줄 앎이라.』

환난(고난)을 경험하게 하심으로써 인내를 얻게 하시고, 인내는 연단을, 연단은 소망을 이룬다.

4) 주를 따르는 자가 되어서 믿는 자들에게 본이 됨

살전 1:6,7 『또 너희가 성령의 기쁨으로 많은 환난 가운데서 그 말씀을 받아들여 우리와 주를 따르는 자들이 되었으므로 마케도니아와 아카야에서 믿는 모든 자들에게 본이 되었느니라.』

환난으로 인해 주님을 따르는 자가 되고 믿는 자들에겐 본이 된다.

5) 고난을 통해서 복음에 합당하게 됨

빌 1:27,29 『오직 너희의 행위가 그리스도의 복음에 합당하게 되라. 이는 내가 가서 보든지 멀리 떨어져 있든지 너희가 한 영 안에 굳게 서서 한 마음으로 복음의 믿음을 위하여 함께 싸우고 있다는 소식을 듣고자 함이라. … 그리스도를 위하여 그것이 너희에게 주어진 것은 그를 믿을 뿐만 아니라 그를 위하여 고난도 받게 하려는 것이니』

그리스도를 위해 복음을 전파할 때 고난을 받고, 이 고난을 이김으로써 복음에 합당하게 여겨지게 되는 것임을 말씀한다.

살후 1:4,5 『그리하여 너희가 견디는 모든 박해와 환난 가운데서 너희의 인내와 믿음에 대하여 하나님의 교회들 안에서 우리스스로 너희를 자랑하느니라. 그것은 하나님의 의로우신 심판의 표요, 너희로 하나님의 나라에 합당하게 여겨지게 함이니, 이를 위하여 너희가 또한 고난을 받고 있느니라.』

우리가 고난받는 것을 믿지 않는 사람들이 본다면 주님을 섬기는 것은 고난을 감내할 만큼 가치 있는 일임을 그들이 알게 된다. 또한 우리는 하나님의 나라에 합당하게 여겨지게 되는 것이다.

6) 고난을 이김으로 면류관과 유업을 받음

딤후 2:3,5 『그런즉 너는 예수 그리스도의 훌륭한 군사로서 고난을 견뎌 내라. … 또 이기려고 애쓰는 사람이 규칙대로 하지 아니하면 면류관을 얻지 못하리라.』

딤후 2:9,10,12 『이 복음으로 인하여 내가 악을 행하는 자처럼 매여서까지 고난을 받고 있으나 하나님의 말씀은 매이지 아니하느니라. 그러므로 내가 택함받은 자들을 위하여 모든 것을 참음은 그들도 그리스도 예수 안에 있는 구원을 영원한 영광과 함께 얻게 하려 함이라. … 우리가 참으면 우리도 그와 함께 다스릴 것이요 우리가 그를 부인하면 그도 우리를 부인할 것이라.』

복음으로 인한 고난을 참고 예수 그리스도를 부인하지 않으면 천년왕국 때 유업을 받아 다스리게 된다. 이처럼 고난을 받고 박해를 받는 것이 다 나쁜 것이 아니고, 이를 통해 주님께서 우리에게 목적하신 일들이 있음을 위에서 살펴보았다.

구원받은 자들이 구원받은 후 문제가 발생하지 않게 하기 위해서는 죄를 짓지 말아야 하고, 징계를 하실 때 바로 자백하고 그 죄를 버림으로써 불필요한 고난을 받지 말아야 한다. 한편 신실한 믿음 생활을 통해 오는 고난은 우리로 하여금 앞으로 올 천년왕국 때에 다스릴 유업을 가져다 주고 그리스도의 심판석에서 면류관을 받게 해 주는 것임을 알고 믿음 생활에 임해야 한다.

7

교회란 무엇인가?

이번 과에서 다룰 주제는 성경이 말씀하시는 교회에 대한 교리이다. 이를 통해 교회에 대한 잘못된 가르침들을 바로잡고, 외형적, 물질적 교회 성장이 교회의 부흥이라고 하는 거짓된 교리를 말씀에 비추어 분별하려 한다.

1. 교회 건물이 교회가 아니다

많은 사람들은 '교회' 라고 하면 교회 건물을 생각하기에 성경을 공부하면서 '교회 안으로 들어간다' 는 말씀을 교회 건물로 들어간다는 뜻으로 생각한다. 그러나 성경은 교회 건물을 교회라고 말씀하시지 않는다. 교회는 헬라어로 'Ecclesia' 이며 이는 '어떠한 증거를 위하여 불러냄을 받은 자들의 모임(called out assembly)' 이다. 신약 교회는 세상으로부터 성별되어 예수 그리스도를 증거하기 위해 불러냄을 받은 자들의 모임이며, 성경에서 교회라고 말씀하실 때 이 교회는 신약 교회뿐만 아니라 여러 가지의 교회를 말씀하신다. 한 예로 사도행전 7장에는 "광야의 교회" 라는 말이 나오는데, 이는 세상의 모형인 이집트에서 성별되어 하나님께서 약속하신 땅으로 갈 때 목자인 모세의 인도를 받은 이스라엘 민족을 말한다(행 7:38). 이를 통해 교회가 건물이 아닌 것을 알 수 있다. 그러면 성경이 말씀하시는 교회들을 살펴보자.

1) 노아의 가족: 노아의 가족은 교회의 정의인 '어떤 증거를 위하여 하나님께서 세상으로부터 불러낸 모임' 의 기준으로 볼 때 교회이다(창 7장). 노아는 100년 넘게 하나님의 심판을 사람들에게 경고하고 설교했으나 악인들은 결국 회개하지 않았으며 오직 노아의 가족 여덟 명만이 구원을 받았다.
2) 아브라함과 그의 가족: 하나님께서는 태양과 달, 그밖의 여러 우상을 숭배하는 바빌론 땅에서 아브라함과 그의 가족을 불러내어 약속의 땅 카나안으로 가게 하신다(창 12장).
3) 모세의 광야 교회: 이집트 땅에서 노예 생활로 고통을 받던 이스라엘의 부르짖음을 들으신 하나님께서 모세를 부르시어 그들을 카나안 땅으로 인도하신다(행 7:38).
4) 불러냄을 받은 열 두 제자: 예수 그리스도의 왕 되심을 선포하기 위해 세상으로부터 불러냄을 받은 모임으로, 예수 그리스도께서 이 땅에 오셔서 불러모으신 교회이다.
5) 그리스도의 몸과 지역교회: 보이지 않는 교회(그리스도

의 몸)와 이들이 특정 지역에서 모임을 갖는, 가시적인 지역 교회를 말한다. 십자가 사건 이후 복음을 받아들인 자들로 신약 교회가 시작된다.

위에서 본 성경의 다섯 가지 모임의 공통점은 세상으로부터 불러냄을 받은 그룹이라는 점이다. 이렇듯 교회에 대한 성경 말씀을 공부할 때 교회가 건물이라는 생각은 잘못된 것이고, 교회 건물을 성전이라고 하면서 큰 건물, 큰 교회를 위하여 교인들의 돈을 갈취하는 목사들은 거짓 목사요 삯꾼 목사임을 알 수 있다.

오늘날 각종 기독교 종파들은 성경을 달리 해석하여 교회에 대한 잘못된 교리로 많은 사람을 혼동시키고 속이고 있다. 성경을 공부하는 우리의 자세는 어떤 전통이나, 유명하다는 사람들의 주장을 배제하고 '성경에 근거해서' 성경이 무엇이라고 하셨는지를 탐구하고 배우는 것이다. 많은 사람들이 생각하듯 교회가 지역에 모여 있는 조직체나 건물이라고만 생각하면 교회에 대한 성경의 진리를 알 수 없게 되어 이단 교리를 가르치게 된다.

2. 교회의 정의를 사사로이 해석하는 이단들

그 대표적인 예는 카톨릭인데, 카톨릭이란 'Universal' 즉 '우주적, 보편적, 일반적' 이라는 말이다. 이 단어의 뜻으로 알 수 있듯이 이들은 '자신들의 교회만이 진정한 교회' 라고, 하면서 카톨릭 교회 밖으로 나가면 구원이 없고 지옥으로 간다고 말한다.

(지금은 이를 공식적으로 주장하지 않으나 그들의 교리문답에는 그대로 적혀 있다.) 이 '우주적인 교회에 들어오지 않거나, 거기서 떨어져나가면 지옥에 갈 수밖에 없다' 고 하는 교리를 만든 이유는 이 땅에서의 교회는 오직 카톨릭뿐이라는 주장을 성립시키기 위해 성경의 '교회' 를 '조직체' 로 해석하기 때문이다. 이들은 예수 그리스도의 몸을 교회라고 하신 성경 구절을 이용하면서 (골 1:24, 고전 12:27) 자신들이 그리스도의 몸이기에 그 몸에서 나가게 되면 구원이 없다고 하는 교리를 만들어냈다.

이런 잘못된 주장은 지방교회, 구원파, 신천지 등의 이단들도 나무에서 떨어져나간 가지의 예를 들면서 자신들의 모임에서 떨어져나가면 그리스도의 몸에서 떨어져나가는 것이라고 사람들을 협박하고 겁을 주고 있는 것과 다르지 않다. 그러나 구원을 받았으면 눈에 보이지 않는 그리스도의 몸의 지체인 것이지 구원파, 지방교회, 카톨릭, 특정 침례교회(Baptist Bride) 등에 나가지 않는다고 해서 그리스도의 몸에서 떨어져나가는 것이 아니다.

카톨릭은 과거 1,600년 동안 자신들만이 '유일한 그리스도의 몸 된 교회' 라고 속였고, 지금도 그렇게 이야기하고 있다. 그 외에도 몰몬교, 그리스도의 교회 역시 그렇게 가르친다. 이들 모두의 공통점은 '자신들만이 그리스도의 몸 된 교회' 라고 주장하는 것이다.

카톨릭은 세례를 구원의 필수적 수단으로 생각한다. 몰몬교, 여호와의 증인들도 침례식이 그리스도의 몸으로 들어가게 해 준다고 믿는다. 그리스도의 교회는 자신들의 교회에서만 침례를 받아야 구원을 받는다고 주장한다. 이들 모두는 자신들 교회의 회원이 되려면 세례 또는 침례를 받아야 한다고 한다. 세례 또는 침례가 그리스도의 몸(즉 자신들의 교회)에 들어갈 수 있게 해 준다는 점에서 그들은 동일하게 행위구원을 주장하는 것이다.

그러나 이들 모두가 오히려 그리스도의 몸에 속하지 않는다는 사실은 아이러니가 아닐 수 없다. 믿음으로만 구원을 받는 은혜 복음이 아닌 행위에 의한 구원을 가르치면 구원을 받지 못하기 때문이다. 그러면 이들이 침례 중생을 가르치면서 인용하는 구절을 살펴보자.

갈 3:27 『너희 가운데 그리스도 안으로 침례를 받은 사람은 그리스도로 옷입었느니라.』

침례를 받은 사람은 그리스도로 옷 입었다는 말씀을 이들 모두는 '자신들의 교회에서 베푸는 세례를 받아야 그리스도의 몸이 될 수 있다' 라고 해석한다. 그러나 위 구절의 침례는 물 침례가 아니라 영적 침례인 성령 침례이다. 위 구절이 만약 물 침례라면 그들이 말이 성립될 수도 있지만, 이 침례는 성령 침례를 말씀하며, 갈라디아서 3장의 문맥 그 어디서도 물이란 단어는 나오지 않는다. 갈라디아서 3:2과 3:14은 지속적으로 믿음으로 성령을 받음을 말씀한다. 갈라디아서 3:27에서도 물 침례를 말씀하지 않고, "그리스도 안으로" 라고 하는 말씀을 주목해야 한다. "그리스도 안으로 침례" 를 받은 사람이란 성령 침례를 말씀하는 것으로 그

관련구절이 고린도전서 12:12,13이다.

고전 12:12,13 『몸은 하나인데 많은 지체가 있고 한 몸에 지체는 많아도 모두 한 몸인 것처럼 그리스도께서도 그러하시니라. 유대인이나 이방인이나, 종이나 자유인이나 한 성령에 의하여 우리 모두가 한 몸 안으로 침례를 받았으며 또 모두가 한 성령 안으로 마시게 되었느니라.』

그리스도 안으로 들어가게 하는 것이 물 침례가 아니라 성령 침례인 것을 "한 성령에 의하여 한 몸 안으로 침례를 받았다" 고 하는 데서 알 수 있다. 물이 아닌 성령에 의한 침례이다. 이 침례를 받은 자들이 그리스도의 한 몸을 이루며, 유대인이나 이방인 모두가 물이 아닌 한 성령 안으로 마시게 되었다고 말씀한다.

3. 눈에 보이는 교회만이 교회가 아니다

성경에서 교회라고 말씀할 때 눈에 보이는 교회만을 말하지 않는다.

엡 1:22,23 『또 만물을 그의 발 아래 두시고 그를 만물 위에 머리가 되게 하셔서 교회에게 주셨느니라. 교회는 그의 몸이니 만물 안에 모든 것들을 채우시는 분의 충만이니라.』

15절부터 문맥으로 볼때 22절의 '그' 는 예수 그리스도이며, 교회는 예수 그리스도의 몸으로, 구원받은 성도임을 알 수 있다. 이렇게 문맥을 통해서 이 구절에서 교회인 몸은 어떤 세상의 조직체가 아님을 알 수 있음에도 불구하고 카톨릭은 이 교회가 자신들이라고 가르침으로써 눈에 보이지 않는 교회에 대한 진리를 가리고 있다. 다른 구절을 보면 더 명확하게 교회는 인간이 만든 세상의 조직체가 아니며, 보이는 교회만이 교회가 아닌 것을 알 수 있다.

엡 5:25,26,30,32 『남편들아, 너희는 자기 아내를 사랑하되 그리스도께서 교회를 사랑하셔서 교회를 위하여 자신을 주신 것같이 하라. 이는 그가 교회를 말씀에 의한 물로 씻어 거룩하게 하시고 깨끗게 하사 이는 우리가 그의 몸과 그의 살과 그의 뼈의 지체임이라. 이것은 위대한 신비라. 그러나 나는 그리스도와 그 교회에 관하여 말하노라.』

구원받은 자가 그리스도의 몸의 지체인 살과 뼈라고 하시는 말씀이다(30절). 25절에서는 교회를 사랑하셔서 교회를 위하여 그리스도께 자신을 주셨다고 하시는데 이 교회가 보이는 건물이나 어떤 조직체를 말하지 않음을 분명하게 알 수 있다. 또 26절에서 교회를 말씀에 의한 물로 씻으시어 깨끗하게 하신다는 데서 교회가 보이는 건물이 아님을 알 수 있다. 문장 그대로 읽게 되면 이 교회가 뜻하는 것은 눈에 보이지 않는 교회인 거듭난 성도들을 말하는 것임을 쉽게 알 수 있다.

성경은 양날 있는 칼(히 4:12)이기에 한편으로는 죽일 수도 있고, 다른 한편으로는 잘라내어 살릴 수도 있는 것이다. 이 말은 순수한 마음으로 성경을 공부해야지 사사로이 성경을 해석하면 진리를 찾지 못하고 죽게 된다는 뜻이다. 하나님께서 인간들이 구원을 쉽게 받을 수 있도록 마련해 주셨지만 그 후 진리를 찾는 것은 노력(공부)이 있어야 한다.

골 1:18 『그는 몸인 교회의 머리시라. 그는 시작이시며 죽은 자들로부터 첫 번째로 나셨으니 이는 그가 만물 안에서 으뜸이 되려 하심이라.』

위 구절은 교회는 그리스도의 몸이고, 이 몸의 머리는 예수 그리스도라고 말씀한다. 중요한 것은 만약 성경에서 말씀하시는 '눈에 보이지 않는 그리스도의 몸인 교회' 를 인정하지 않는다면 카톨릭과 같은 이단들이 나오게 된다는 사실이다. 골로새서 1:18의 교회는 진주에 비유되는데, 그 이유는 진주는 살아있는 유기체로 쪼개지지 않는 하나의 덩어리이며 살아 있는 돌이기 때문이다. 성경에서 교회는 우리가 볼 수 있는 건물이나 특정 지역에 있는 지역교회를 말하는 것이 아님에도 불구하고 카톨릭, 그리스도의 교회 등이 보이는 지역교회만을 강조하는 이유는 '그리스도의 몸인 교회만이 결국 하늘나라에 갈 수 있는 특권이 있다' 는 것을 잘못 이용하여 자신들의 교회만을 강조하여서 자신들의 교회 성장을 이루려는 것이다. 이들의 말 중 '그리스도의 몸의 지체였다가 그 교회를 떠나면 지옥에 간다' 는 말은 겁을 주기 위한 거짓말이다. 그리스도의 몸에 속했다가 나중에 그리스도의 몸이 아닌 것이 되어서 결국 지옥으로 간다는 것인데, 그렇다면 그리스도의 몸이 지옥으로 간다는 것인가? 이렇게 말이 안되는데도 이들은 사람들을 협박해서 자신들의 교회에서 떠나지 못하게 하고 있다.

보이지 않는 교회만 강조하는 자들

TV에 나오는 거짓 목사들이 자신의 배를 채우기 위해서 '지역교회에 참석하지 않고 TV만 봐도 괜찮다' 고 한다. 이들은 성경의 그리스도의 몸은 구원받은 자이기에 세상 일에 바쁜 사람은 지역교회에 나가지 않아도 되며, TV 시청만으로 예배하고 경배하라고 한다. 이런 자들이 이렇게 얘기할 수밖에 없는 이유가 무엇일까?

이들은 이렇게 벌은 돈으로 여러 개의 방송국 채널을 소유하고, 사람들을 속여서 수천만 달러에 달하는 여러 채의 집을 사고 몇 십만 달러짜리 고급 차를 타며 자신의 배를 채우고 있다. 이들은 자신의 욕심과 욕망을 채우기 위해 성경을 이용하는 것인데 여기에 속은 사람들은 교회에 참석하지 않아도 괜찮다고 생각해서 지역교회에 나가지 않고 있다. 그러나 성경은 그리스도의 몸인 성도들이 자신이 위치한 지역에서 성경적으로 사역하는 교회에 참석하여 하나님의 사역을 감당해야 한다고 말씀한다. 정리하면 교회는 보이는 교회와 보이지 않는 교회가 있고, 이 둘 중 하나만을 강조해서는 안되며, 이 둘 모두 있어야 한다.

4. 성경이 말씀하시는 두 가지 교회

성경에는 눈에 보이는 지역교회와 거듭난 자들로 이루어진 보이지 않는 교회가 있다. 먼저 특정 지역에 위치한 지역교회를 말씀하시는 구절들을 살펴보자.

1) 눈에 보이는 특정 지역에 있는 교회

빌 1:1 『예수 그리스도의 종 바울과 디모데는 빌립보에 있는 그리스도 예수 안의 모든 성도들과 감독들과 집사들에게 편지하노니,』

바울과 디모데가 빌립보에 있는 지역교회에게 편지하고 있는 말씀으로, 이 교회는 구원받은 자들의 모임인 빌립보에 있는 눈에 보이는 교회이다. 참고로 지역교회의 직분으로는 성도, 감독(즉 장로 또는 목사), 집사가 있는 것이지, 오늘날 장로교에서 말하는 장로와 권사, 전도사 등과 같은 직책들이 없음을 알 수 있다.

행 15:4 『예루살렘에 도착하여 교회와 사도들과 장로들의 영접을 받고 하나님께서 그들과 함께 행하신 모든 일을 설명하니라.』

사도 바울이 할례로 인한 문제가 교회에 발생하자(행 15:1),

교회의 전송을 받고(행 15:3) 예루살렘 교회에 도착하여 교회와 사도, 장로들의 영접을 받는 모습이다. 여기서의 교회는 특정 지역에 있는 지역교회임을 알 수 있다.

2) 눈에 보이지 않는 교회 – 거듭난 성도들

고전 1:1,2 『하나님의 뜻에 의해 예수 그리스도의 사도로 부르심을 받은 바울과 우리의 형제 소스데네는 고린도에 있는 하나님의 교회, 곧 그리스도 예수 안에서 거룩하여지고 성도들로 부르심을 받은 자들과 각처에서 우리 주, 즉 그들과 우리의 주이신 예수 그리스도의 이름을 부르는 모든 자에게 편지하노니,』

위 구절은 고린도에 있는 "하나님의 교회" 에게 편지한 것으로, 이 교회는 지역교회가 아닌 보이지 않는 교회인 성도들을 말씀하는 것을 알 수 있다. 이는 "고린도에 있는 하나님의 교회, 곧 거룩하여지고 성도들로 부르심을 받은 자" 라고 말씀하고 있고, 후반부에선 예수 그리스도의 이름을 부르는 모든 자(믿는 자들)라고 확실하게 설명하심으로 이 교회가 고린도에 있는 하나의 지역교회를 말한 것이 아니라 고린도에 있는 보이지 않는 교회인 성도들에게 편지한 것임을 알 수 있다. 다시 정리하면 2절에서 말하는 고린도에 있는 교회는 카톨릭, 그리스도의 교회, 장로교 등 특정 교단 교회가 아니라 거듭난 성도들인 그리스도의 몸된 교회이다. 이 구절의 교회를 특정 조직체인 교회라 할 때 문제가 생기는 것이다.

교회를 말할 때 지역교회만 인정하고 보이지 않는 교회를 인정하지 않으면 마귀의 계략에 빠지게 된다. 그리스도의 교회는 이 구절의 'CHURCH OF GOD' 이 단수로 사용됨을 주장하면서 자신들의 교파 이름을 '그리스도의 교회' 라고 명명하고, 오직 자신들만이 참된 교회라고 주장한다.

고후 1:1 『하나님의 뜻에 따라 예수 그리스도의 사도 된 바울과 우리 형제 디모데는 고린도에 있는 하나님의 교회와 온 아카야에 있는 모든 성도에게 편지하노니,』

이 교회는 '아카야에 있는 모든 성도' 라고 말씀하시는 것에서 지역교회가 아니라 보이지 않는 교회인 아카야에 있는 성도들에게 말씀하시는 것을 알 수 있다.

3) 지역교회만을 주장하는 자들이 보이지 않는 교회를 인정하지 않는 구절

성경에서 교회라 할 때 모두 지역교회로 해석하는 자들은 요한복음 6:70을 인용하면서 보이지 않는 교회를 인정하지 않으려 한다.

요 6:70 『예수께서 그들에게 대답하시기를 "내가 너희 열둘을 택하지 아니하였느냐? 그러나 너희 중에 하나는 마귀니라."

고 하시니라.』

위 구절대로 예수 그리스도께서는 열 두 제자들을 세상으로부터 부르시어 교회를 이루셨는데, 주님께서 그 중 하나는 "마귀" 라고 말씀하셨다. 지역교회만을 인정하는 자들은 이 구절을 인용하면서 교회 안에 마귀가 있기에 보이지 않는 교회는 교회가 될 수 없다고 주장한다. 그러나 그들의 말대로 이 구절을 해석하게 되면 그리스도의 몸인 교회에 마귀가 있는 것이다. 물론 그리스도의 몸에 마귀가 있을 수 없다. 유다는 구원받지 못한 자로 "멸망의 아들" (요 17:12)이라 불린다.

실질적으로 지역교회는 보이지 않는 교회인 거듭난 자들의 모임이다. 그러나 이 모인 자들 중에 '나는 예수 그리스도를 구주로 영접한 구원받은 성도입니다' 라고 고백할 때 그 사람이 복음을 머리로만 알고 진정하게 구원을 받은 것인지는 알 수 없지만 그의 신앙고백을 바탕으로 일정한 과정에 따라서 지역교회 회원들은 그를 회원으로 받아들이게 된다. 이러한 과정을 통해 교회 회원이 된 사람 중에는 구원받지 않은 자가 있을 수 있다.

지역교회는 인간들이 만든 조직체인데 구원을 받은 사람이 모여서 지역교회를 이루는 것이지만 실질적으로 구원받지 못한 사람도 위와 같은 이유로 회원이 될 수 있다는 것이다.

따라서, 성경적으로 볼 때 분명히 지역교회도 세상으로부터 분리되어 나온 구원받은 자들의 모임이어야 하며, 오늘날 대부분의 교회들은 성경적 잣대로 판단할 때 교회가 아니다. 그 이유는 교회에서 은혜 복음을 전하지 않기에 그 교회의 회원들도 구원을 받지 못한 채 종교 생활을 하기 때문이다. 이들은 교회 건물을 성전이라 하면서 자신들의 방식대로 직분을 나누어 갖고, 마귀의 음악인 록 음악 등으로 사람들의 감정을 자극하면서 '신령과 진정(?)' 으로(한글킹제임스성경에는 "영과 진리" 로 되어 있음) 예배드린다고 하고 있다. 이런 사람들 중에 혹 구원받은 사람이 있을 수 있지만, 쓰레기통에서 돈이 발견되었다고 그 쓰레기통이 금고나 은행이 될 수 없는 것이다. 이와 같은 이유로 그러한 교회를 교회가 아니라고 하는 것이다.

구원받은 우리는 교회라는 개념을 다시 생각해야 한다. 교회는 세상과 성별되어 예수 그리스도를 증거하기 위해서 불러냄을 받은 모임이다. 이 교회는 눈에 보이는 교회와 보이지 않는 교회가 있고, 이 둘 중 하나만을 강조하여 다른 하나를 인정하지 않을 때는 마귀의 계략에 빠지게 됨을 명심해야 한다.

8
성경의 역사

성경은 하나님의 말씀이기에 정확하고 무오하다. 죄인인 인간들은 성경에 기록된 복음을 믿음으로써 구원을 받으며, 말씀을 실천함으로 믿음 생활을 영위한다. 또한 하나님의 말씀은 구원받은 자들에게 모든 문제에 대한 논쟁을 종결짓는 잣대요 최종적인 권위가 되기에 그리스도인으로서 성경을 공부하는 것은 필수적이다(딤전 2:4, 딤후 2:15).

이 성경이 하나님께서 기록하신 그대로 보존되었다면 성경의 권위가 흔들리지 않았겠지만 사탄은 성경을 변개함으로써 믿음에 혼란을 가져왔다. 이로 인해 많은 이단과 사이비종교들이 생겨나게 되었으며, 믿는 자들 가운데서도 배교가 일어나게 되었다.

하나님께서는 성경을 영감으로 기록하셨을 뿐 아니라 자신의 사람들을 통해서 보존하셨다. 성경이 지금까지 어떻게 보존되어 왔으며, 또 어떻게 공격당했고 어떻게 변개되었는지를 알아보기로 한다.

우선 하나님께서는 자신의 말씀인 성경을 얼마나 중요하게 생각하시는지를 성경에 기록하셨다.

말씀을 모든 이름 위에 크게 하심

시 138:2 『내가 주의 거룩한 전을 향하여 경배하고 주의 자애하심과 주의 진리를 인하여 주의 이름을 찬양하리니 이는 주께서 주의 말씀을 주의 모든 이름 위에 크게 하셨음이니이다.』

위 구절 중 "주의 말씀" 에서 이 "말씀" 은 소문자 'word' 이다. 즉 예수 그리스도를 뜻하는 대문자 'Word' 가 아니라 기록된 하나님의 말씀을 주님의 모든 이름 위에 두셨다고 하신 것이다. 오늘날 목사들, 신학자들, 교인들은 하나님의 말씀이 변개되었다 해도 크게 문제될 것이 없다고 한다. 하지만 이런 사람들이 정말 진지하게 생각해야 하는 것은, 주님의 모든 이름들 위에 크게 하신 성경을 하나님께서 지키지 않으시고 변개되도록 가만 두시겠는가 하는 점이다.

이러한 사람들은 최초에 기록된 성경 원본이 없으므로 올바른 하나님의 말씀은 오늘날 존재하지 않는다고 한다. 그러나 킹제임스성경을 최종권위로 믿는 사람들은 창세기부터 요한계시록까지 성경 66권의 모든 말씀은 하나님께서 영감으로 주셨으며 보존되었음을 믿는다. 가장 성경적인 믿음은 만물을 창조하시고 온 세상을 통치하시는 전지전능하신 하나님께서 원본만이 아닌 필사본, 번역본일지라도 우리 인류에게 원본처럼 완벽하게 보존하여 주심을 믿는 것이다.

영감으로 성경을 기록하신 하나님은 몇 백 년, 몇 천 년이 지나면 원본이 없어진다는 것을 모르시지 않았다. 성경의 원본이 없기 때문에 참 하나님의 말씀이 없다고 가정한다면, 우리의 믿음은 어떻게 되겠는가? 하나님의 말씀이 없으면 인간의 믿음은 파괴될 수밖에 없는 것이다.

변개된 성경이 본격적으로 나왔던 1800년대 이전까지는 많은 사람들이 성경을 하나님의 말씀으로 믿고 구원을 받았다. 그러나 1800년대 말 이후 온전한 하나님의 말씀은 없다고 하는 무리들이 등장함으로써 이들과 바른 성경을 지키려는 성도들과의 싸움이 시작되었다.

자신의 이익을 위하여 하나님의 말씀을 변개시키는 자들

고후 2:17 『우리는 하나님의 말씀을 변개시킴으로써 이익을 취하는 여러 사람들과 같지 않고 오직 성실함으로써 또 하나님께로부터 난 자로서 하나님 앞에서와 그리스도 안에서 말하노라.』

위 구절이 말씀하는 것과 같이 성경을 변개시키는 일은 이미 신약 성경이 완성된 시기인 사도 바울 때부터 있었으며, 여러 가지 동기에 의해 하나님의 말씀을 변개시키는 자들이 있었다. 성경을 변개시키는 자들은 어떠한 악한 영의 조종을 받는 것이며, 우리는 성경을 공부함으로써 변개를 조종하는 자가 사탄임을 알게 된다.

지금까지의 내용을 정리하면, 하나님께서 말씀을 보존하셨고 또한 말씀을 변개시키는 것이 사탄의 역사임을 우리가 알았다면 어느 것이 바른 성경이고, 어느 것이 변개된 성경인지를 바로 알아야 한다. 약 1880년까지는 큰 문제가 없었으나, 이 후 킹제임스성경은 하나님의 말씀이 아니라는 자들이 등장하면서 참 성경과 거짓 성경에 대한 전쟁이 시작되었다.

그렇다면 성경은 어떻게 해서 몇 천 년이 지난 오늘날 우리들에게까지 전해지게 되었는가?

1. 성경은 원본이 아닌 필사본으로 보존되었다

딤후 3:16,17 『모든 성경은 하나님의 영감으로 주어진 것으로 교리와 책망과 바로잡음과 의로 훈육하기에 유익하니 이는 하나님의 사람이 온전하게 되며, 모든 선한 일에 철저히 구비되게 하려 함이니라.』

16절에서 모든 성경은 모세, 이사야, 바울 등이 기록한 원본이 아닌 것을 15절을 통해서 알 수 있는데, 그 성경은 디모데가 어릴 때부터 갖고 있던 '필사본' 이었다.

딤후 3:15 『어릴 때부터 네가 성경을 알았으니, 그 성경은』 이 말씀에서 디모데가 어릴 때 갖고 있었던 성경은 원본이 아닌 필사본이었다는 것을 알 수 있다.

하나님의 영감으로 주어진 성경은 원본만이 아니라 필사본도 마찬가지다. 영감으로 주어졌다는 것은 하나님께서 호흡을 불어넣어 주셨다는 것으로서(창 2:7) 성경은 곧 살아있다는 것이다. 이 살아있다 라는 의미는 '분명히 어딘가로부터 왔다' 는 사실이다.

예를 들면 여러분의 생명은 분명히 예전부터 온 것은 확실하지만, 몇 백, 몇 천 년 전 어디서부터 온 것인지(어디로부터 와서 어디로 가는지)는 확실하게 알 수는 없다. 전능하신 하나님께서 기록하신 살아있는 말씀인 성경도 최초에 기록된 시점부터 오늘날 우리에게까지 정확히 확실하게 보존되어 내려온 것이다.

하나님의 말씀이 0.1%라도 틀릴 수 있다고 믿을 때, 하나님의 말씀을 믿는 믿음은 파괴될 수밖에 없다. 즉 의심이 생기면 믿을 수 없다. 오직 원본에만 하나님의 영감이 담겼고, 인간이 번역한 번역본은 틀릴 수도 있다라는 생각과 주장은 마귀의 계략인 것이다.

성경 필사본이 영감으로 주어졌음을 성경에서 알 수 있다.

눅 4:16-21 『주께서 자라나신 나사렛에 오셔서 자신의 관례에 따라 안식일에 회당에 들어가서 성경을 읽으려고 서시더라. 선지자 이사야의 책을 드리니 그 책을 펴시고 이같이 기록된 부분을 찾으시더라. … 책을 덮으신 후 그것을 맡은 자에게 다시 주고 앉으시니, 회당에 있는 모든 사람의 눈이 그에게로 주목되더라. 주께서 그들에게 말씀하기 시작하시어 "이 성경이 오늘날 너희 귀에 이루어졌느니라." 고 하시니』

예수 그리스도께서 읽으신 그 필사본(이사야)을 성경이라고 말씀하신다(이 필사본은 수 백 년 전 필사된 것이었다). 이를 통해서 알 수 있는 것은 디모데후서 3:16처럼 지금도 똑같이 하나님께선 어떤 방법을 통해서도 성경을 보존하신다는 것이다. 이것이 가장 성경적인 믿음인 것이다.

오늘날 킹제임스성경을 최종권위로 믿는 사람들 외에는 성경 원본은 없고 번역본, 필사본은 영감으로 주어진 것이 아니므로 완전하지 않다고 한다. 그러나 하나님께서는 이 성경을 영원토록 보존하신다고 말씀하신다.

시 12:6,7 『주의 말씀들은 순수한 말씀들이라. 흙 도가니에서 단련되어 일곱 번 정화된 은 같도다. 오 주여, 주께서 이 말씀들을 간수하시리니 주께서 이 세대로부터 영원토록 그것들을 보존하시리이다.』

하나님께서 어떤 방법으로든지 정화시키시는 과정을 통하여 사람들에게 보존된 성경을 주신다고 하셨으며 하나님의 말씀을 간수하시고 영원토록 보존하신다는 약속을 하셨다. 한편 변개된 성경은 "이 말씀들" 을 '저희들을' 로 즉, 이스라엘 민족을 보존하신다는 뜻으로 바꾸었다.

"여호와여 저희를 지키사 이 세대로부터 영영토록 보존하시리이다" (개역한글판).

"여호와여 그들을 지키사 이 세대로부터 영원까지 보존하시리이다" (개역개정판).

2. 바른 성경과 변개된 성경의 두 뿌리

수십 가지의 성경이 있지만, 성경은 두 뿌리로 나뉜다. 구약 성경은 유대인들(서기관, 제사장)에 의해 신실하게 보존되었는데, 6세기의 맛소라 학자들(Masoretes)에 의해 히브리어 맛소라 원문(the Hebrew Masoretic Text)이 형성되어 구약 원문이 온전히 전수되었다.

신약성경의 보존의 역사를 보면 1968년 정리된 5,255개의 헬라어 필사본 중에서 파피루스 단편들(papyrus fragments) 81개와 2,143개의 성구집(lectionaries)이 있으며, 267개의 대문자 필사본과 2,764개의 소문자 필사본으로 정리되었다.

이러한 필사본들 중에서 80-90%가 같은 전통을 지닌 보존된 계열로 구분되어서 이를 다수필사본(Majority Text)이라고 한다. 이처럼 신약 필사본들의 다수는 서로가 매우 밀접하게 일치하고 있으며, 이렇게 확실한 일치를 이룬 이 다수필사본들이 같은 신약 본문을 기록하고 있다.

이 다수필사본을 일반적으로 비잔틴 원문(Byzantine Text)이라고 부른다. 이것은 이 다수필사본이 비잔틴 제국 기간 동안

(A.D.312–1453) 거의 모든 지역에서 일반적으로 사용된 헬라어 신약원문이기 때문이다. 이 뿌리(다수필사본)가 보존된 바른 성경의 뿌리이다.

정리하면 신약은 5,255개의 필사본이 있는데 이 중 80–90%가 일치된 성경으로 이를 다수필사본이라 하며, 이 사본이 헬라어 표준원문의 뿌리로 바른 보존된 성경이다. 반면 변개된 카톨릭 성경은 10–20% 일치된 사본에서 나왔는데 이를 소수사본이라고 한다.

그러면 바른 성경의 뿌리와 변개된 성경의 뿌리를 비교해 보자.

<보존된 바른 성경>

구 라틴 역본(AD 120–150), 시리아 역본(AD 120–125)– 전통원문(다수필사본, 표준원문)– 에라스무스(1535: 1판–5판), 스테파누스(1441: 4판, 성경의 장과 절을 나눔) 영어 성경인 틴데일 성경(1534), 베자 성경(1598) – 킹제임스성경(1611)

<변개된 카톨릭 성경>

유세비우스(AD 331)는 오리겐의 변개된 성경을 근거로 50권의 성경을 복사 – AD 350년 바티칸 사본(1481년 발견), 시내사본(AD 340년경 기록, 1888년 발견)

AD 415년 제롬의 라틴 벌게이트 성경 – 웨스트코트와 홀트가(1884) 바티칸사본과 시내사본에서 만든 헬라어 본문에서 네슬

판(1898) 헬라어 성경이 나오고 RV-USB(연합성서공회: 1966), RSV(1952), NIV(1978)가 나옴.

하나님께서는 자신의 말씀을 보존하셨다. 그 말씀은 구약의 경우 맛소라 원문(the Masoretic Text)으로, 신약의 경우 헬라어 표준원문(Textus Receptus), 다수필사본, 비잔틴 원문, 시리아원문으로 전수되었고, 이를 하나로 통합한 영어킹제임스성경으로 완성되었다. 한글로는 영어킹제임스성경을 한글로 전수한 한글킹제임스성경으로 보존되었다.

하나님께서는 하나님의 말씀을 변개하는 것에 대하여 성경에서 세 번에 걸친 경고를 하셨는데(신 4:2, 잠 30:6, 계 22:18), 변개된 구절들을 살펴보기로 한다.

3. 변개된 주요 구절들과 그 내용

아래는 한글킹제임스성경 구절들을 한국 교회에서 가장 많이 사용되어 온 개역한글판성경 구절들과 비교한 것이다.

골 1:14 – 피의 속죄 『그 안에서 우리가 그의 보혈을 통하여 구속, 곧 죄들의 용서함을 받았느니라.』 변개된 개역한글판성경에는 "그의 보혈을 통하여"가 삭제되어 보혈이 없이도 구원을 받을 수 있는 것처럼 되었다. 그러나 피의 속죄가 없이는 구약에서든 신약에서든 구원을 받지 못한다.

행 16:30,31 – 빌립보 간수가 구원받는 구절 『그리하여 그들을 데리고 나와서 말하기를 "선생님들이여, 내가 구원을 받으려면 어떻게 해야 하나이까?" 라고 하니 그들이 말하기를 "주 예수 그리스도를 믿으라. 그리하면 너와 네 집안이 구원을 받으리라." 고 하니라.』 변개된 성경은 하나님의 삼위 모두를 칭하는 이 이름에서 기름부음받은 이를 뜻하는 그리스도를 삭제함으로써 성령 하나님께 해당하는 부분을 삭제하였다. (삼위일체를 뜻하는 이름: 주 – 아버지 하나님, 예수 – 아들 하나님, 그리스도 – 성령 하나님)

요 9:35 – 예수 그리스도의 신성을 없앰 『예수께서 유대인들이 그를 쫓아내었다는 말을 듣고 난 후 그를 만나서 말씀하시기를 "너는 하나님의 아들을 믿느냐?" 고 하시니』 "너는 하나님의 아들(Son of God)을 믿느냐?" 를 '네가 인자(Son of Man)를 믿느냐?' 로 바꿈으로써 예수 그리스도의 신성을 가렸다. 위의 사도행전 16장 구절과 같이 삼위일체 하나님이 나오는 부분을 없앤 것이다.

눅 23:42,43 – 십자가에 달린 행악자 『예수께 말씀드리기를 "주여, 주께서 주의 왕국에 임하실 때 나를 기억하소서." 라고 하니 예수께서 그에게 말씀하시기를 "진실로 내가 너에게 말하노니, 오늘 네가 나와 함께 낙원에 있으리라." 고 하시니라.』 변개된 성경은 "주여" 를 '예수여' 라고 변개했는데 예수(Jesus)라는 이름은 그 당시나 현재에도 매우 흔한 이름이다. 이렇게 변개시킨 의도는 예수 그리스도를 주 하나님으로 믿지 못하게 하려는 것이다.

마 17:20 – "믿음이 없음" 을 '믿음이 적은 것' 으로 변개 『예수께서 그들에게 말씀하시기를 "너희가 믿지 않기 때문이라. 진실로 내가 너희에게 말하노니 너희에게 겨자씨 한 알만한 믿음이 있다면, 너희가 이 산에게 말하여 '여기서 저리로 옮겨져라.' 하면 옮겨질 것이요, 또 너희에게 불가능한 일이 전혀 없을 것이니라.』 예수님께서 제자들에게 말씀하신 "너희가 믿지 않기 때문이라" 를 '믿음이 적음' 으로 변개하였는데, 주님께서 말씀하신 것은 믿음이 크거나 적은 것을 말씀하신 것이 아니라 믿음이 있느냐 없느냐를 말씀하신 것이다.

마 18:11 – 인자가 오신 이유를 삭제 『인자가 온 것은 잃어버린 자를 구원하려는 것이라.』 주님께서 이 땅에 오신 목적에 대한 말씀 전체가 삭제되었다.

마 23:14 – 구절 전체를 삭제 『위선자인 서기관들과 바리새인들아, 너희에게 화 있으리라! 이는 너희들이 과부들의 집을 삼키며 남들에게 보이고자 길게 기도하기 때문이라. 그러므로 너희는 더 큰 심판을 받으리라.』 더 큰 심판을 받을 자들 즉 위선자인 서기관들과 바리새인들 같은 자들이 자신들에게 적용되는 전체 구절을 삭제해 버리고 '없음' 으로 처리했다.

요 3:36 – 믿음과 행위로 영생을 받는다고 변개 『아들을 믿는 자는 영생을 가졌고 그 아들을 믿지 않는 자는 생명을 보지 못하고 오히려 하나님의 진노가 그 사람 위에 머물러 있느니라." 고 하더라.』 "아들을 믿는 자는 영생을 가졌고, 그 아들을 믿지 않는 자는 생명을 보지 못하고" 에서 "믿지 않는 자" 를 '순종치 아니하는 자' 로 변개함으로써 영생이 순종하고 열심히 노력함으로써 얻어질 수 있는 것처럼 만들었다.

벧전 2:2 – 구원이 하나의 과정인 것처럼 변개 『갓난 아기들로서 순수한 말씀의 젖을 사모하라. 이는 너희가 그것으로 인하여 자라게 하려 함이니라.』 구원받은 후에 말씀으로 자란다고 하는 이 구절에서 '구원에 이르도록 자라게 하려 함이라' 로 변개하여 구원을 받는 것이 즉각적인 것이 아니라 구원에 이르러야 하는 것처럼 만듦으로써 많은 교인들이 열심히 종교행위를 하게 만들고 있다.

엡 5:26 – 말씀을 물로 변개 『이는 그가 교회를 말씀에 의한 물로 씻어 거룩하게 하시고 깨끗게 하사』 말씀으로 씻어 거룩하고 깨끗하게 되는 것을 물로 씻음으로써 깨끗하게 되는 것으로 변개했는데, 이렇게 변개한 이유는 세례로 죄를 씻는 세례 중생의 교리를 뒷받침하기 위한 것이다.

막 10:24 – 하늘나라에 들어가는 것을 어렵다고 함 『제자들이 그의 말씀에 놀라더라. 그러자 예수께서 다시 대답하여 그들에게 말씀하시기를 "자녀들아, 재물을 신뢰하는 자들이 하나님의 나라에 들어가는 것이 얼마나 어려운 일이냐!』 하나님의 말씀을 믿기만 하면 하나님의 나라에 들어갈 수 있다. 본 구절의 의미는 '재물을 사랑한다면' 하나님 나라에 들어가는 것이 어렵다는 것인데, "재물을 신뢰하는 자들"을 삭제함으로써 하나님의 나라에 들어가는 것 자체가 어렵고 노력이 필요한 것처럼 되어 버렸다.

마 11:23 – 지옥을 음부로 바꿈 『카퍼나움아, 하늘까지 높아진 너는 지옥까지 낮아지리라. 네 가운데서 행하였던 능력 있는 일들을 소돔에서 행하였더라면 그 성읍이 오늘까지 남아 있었으리라.』 지옥을 음부로 바꿈으로 지옥의 두려움을 없애고 지옥에 대한 설교를 못하게 만들었다(마 11:23, 16:18; 눅 10:15, 16:23; 행 2:27).

엡 5:9 – 성령의 열매를 빛의 열매로 바꿈 『이는 성령의 열매는 모든 선과 의와 진리 안에 있음이라.』

사탄이 자기의 정체를 바꾸고 감추기 위해 변개한 구절이다. '빛의 열매라는데 무엇이 문제인가' 라고 생각할 수 있으나, 사탄은 모방의 천재로 빛이신 예수 그리스도를 모방하는 빛의 천사이다(고후 11:14). (빛의 천사를 광명의 천사로 변개하여 사탄은 자신의 정체를 감추고 있다.)

사 14:12 – 사탄을 예수 그리스도로 바꿈 『오 아침의 아들 루시퍼야, 네가 어찌 하늘에서 떨어졌느냐! 민족들을 연약하게 하였던 네가 어찌 땅으로 끊어져 내렸느냐!』 문맥은 사탄의 타락을 설명하고 있는데 사탄의 이름인 루시퍼 ('빛을 가져오는 자' 라는 뜻)를 계명성(morning star)로 바꾸었다. 계명성, 즉 새벽별은 예수 그리스도의 명칭 중 하나이다(계 22:16). 이렇게 성경이 변개된 결과 많은 사람들이 오늘날 '빛' 을 보고 성령 받고 구원받았다고 하고 있다.

욥 41:1 – 사탄의 이름 리비야단을 감춤 『네가 갈고리로 리비야단을 끌어낼 수 있겠느냐? 또한 끈으로 그의 혀를 맬 수 있겠느냐?』 욥기 41장 전체는 사탄의 정체를 기록하고 있는데 사탄인 "리비야단" 을 '악어' 로 바꿈으로 사탄의 정체를 알 수 없게 했다.

욥 19:26 – 몸의 부활을 말씀한 부분을 없앰 『내 피부의 벌레들이 이 몸을 멸한 뒤에라도 내가 내 몸을 입고 하나님을 보리라.』 "내 몸을 입고 하나님을 보리라" 는 부활된 몸을 입고 하나님을 만나는 것을 말씀하는데 이를 '내가 육체 바깥에서 하나님을 보리라' 로 변개해서 몸의 부활을 계시하신 구절을 변개시켰다.

롬 14:10 – 그리스도의 심판석을 변개 『그런데 너는 어찌하여 네 형제를 판단하느냐? 어찌하여 네 형제를 업신여기느냐? 우리가 모두 그리스도의 심판석 앞에 서리라.』 변개된 성경은 그리스도의 심판석을 하나님의 심판으로 변개함으로써 마지막 심판석인 백보좌 심판석 하나만을 제시하고 있다. 이로 인해 대환란 전 성도가 휴거되어 하늘에서 심판을 받는다는 진리가 사라졌다.

마 5:22 – 화를 내면 무조건 심판받는 것처럼 변개 『내가 너희에게 말하노니, 까닭 없이 자기 형제에게 노하는 자는 누구나 심판의 위험에 처하게 될 것이며, 자기 형제에게 라카라 하는 자는 누구나 공회의 위험에 처하게 될 것이요, 또 어리석은 자라 하는 자는 누구나 지옥불의 위험에 처하게 될 것이라.』 "까닭없이" 라는 단어를 삭제시켜 그리스도인이 화를 내면 심판을 받는 것으로 알게 하여 그리스도인은 화를 내지 않고 항상 웃고 친절해야만 하는 것으로 생각하게 만들었다. 이 결과 교인들은 생활에서 겉과 속이 다른 위선적인 생활을 하고 있으며, '악과 죄' 에 대하여 화를 내지 못하여 마귀에게 대적하지 못하게 했으며, 이런 삶이 그리스도인의 삶인 줄 착각하게 만들고 있다.

그러나 성경에서 그리스도인은 불의를 보면 화를 내고 응징해야 하는 것으로, 에베소서 4:26은 "화를 내되 죄는 짓지 말고 해가 지도록 분노를 품지 말라." 고 하신다. 이런 이유로 그리스도인을 마귀와 싸우는 "그리스도의 군사" 라고 하는 것이다.

9

성경공부 방법

성경을 어떻게 읽고 어떻게 공부해야 하는가? 이번 과에서는 성경을 공부하는 방법에 대해서 알아보기로 한다.

바른 성경을 가지고 있는 것만으로는 진리를 깨달을 수 없으며, 바른 성경을 갖고 있다고 해서 성경적으로 사역하는 목자가 되는 것이 아니다. 여호와의 증인, 몰몬교, 안식일교, 개신교에서도 어떤 이들은 킹제임스성경을 갖고 있고 일부는 그 성경으로 가르치기도 한다.

왜 이들은 바른 성경을 갖고 있음에도 성경대로 따르지 않는 것인가? 킹제임스성경을 갖고 있다는 것은 바른 교과서를 가지는 기본을 갖춘 것이다. 그러나 이 책을 가지고 올바르게 공부하지 못하기 때문에 진리대로 믿고 실행하지 못하는 것이다.

우리가 성경을 공부할 때 우리를 가르치시는 선생님은 누구이신가? 성령님은 성경을 영감으로 기록하고 보존하신 성경의 저자이시며(시 12:6,7), 우리가 지혜롭게 생각할 수 있게 해 주시고, 진리를 가르쳐 주시는 분이다. 이 성령님께서 성경을 공부하는 방법을 말씀하신다.

딤후 2:15 – 성경을 올바로 나누어 공부할 것 『네가 진리의 말씀을 올바로 나누어 자신이 하나님 앞에 부끄럽지 않은 일꾼으로 인정받도록 공부하라.』

사탄은 가장 기본적으로 성경을 공부하는 방법부터 바꿈으로써 많은 사람들이 올바로 공부할 수 없게 만들었고 그 결과 진리를 찾지 못하게 했다. 킹제임스성경 외의 모든 변개된 성경들은 이 구절에서 "나눈다" (divide)는 단어를 변개했는데, 이것이 심각한 문제인 이유는 성경은 나누어서 공부해야 하며 "올바로" 나누어 공부해야 하기 때문이다. 성경을 나누어 공부하지 않거나 나누더라도 엉터리로 나눌 때(예를 들면 극단적 세대주의) 진리를 찾을 수 없게 된다.

또한 "공부하라" 는 말씀은 명령형으로 우리가 지켜야 할 규범이다. 성경 공부를 안 하는 것은 하나님의 말씀을 따르지 않는 것이기에 죄를 짓는 것이다. 개역한글판성경에는 공부라는 단어도 사라지고 없다.

믿는 자들은 하나님의 말씀을 공부해야 하고, 공부하는 방법은 나누어서 공부하되 올바로 나누어 공부하는 것이다.

그렇다면 나누어서 공부한다는 것은 무슨 뜻인가?

성경을 나누어서 공부하는 것이란?

하나님께서 이 세상을 시대별로 어떻게 다스리시는지 알아야 하는데, 이것을 '하나님의 경륜' 이라고 한다. 이것을 공부하기 위해서 갓 구원받은 성도들은 가장 먼저 기본이 되는 성경 공부 방법부터 이해해야 한다.

성경을 공부할 때 첫번째로 알아야 하는 것이 성경은 '현재의 우리들에게, 즉 우리 시대에만' 적용되는 책이 아니라는 점이다.

성경 66권은 창세기에서 요한계시록까지, 다시 말해 '인류의 시작부터 앞으로 있을 영원세계' 까지를 기록한 것이다. 따라서 성경 전체가 자신에게 교리적으로 적용된다고 생각하게되면 지금 시대에 구원을 받으려면 창세기부터 요한계시록까지 나온 구원 방법을 모두 찾아서 구원받는 데 적용해야 한다는 결론에 이르게 된다. 과연 우리는 그렇게 해야 구원을 받을 수 있는 것인가?

이에 대한 답은 '결코 그렇지 않다' 는 것이다. 성경은 지금까지 약 6,000년 동안 있었던 일들과 현재 있는 일들, 앞으로 일어날 일들을 기록한 책이기에 성경 전체가 오늘날 우리에게 해당되는 것이 아니다.

가장 기본적으로 성경을 공부할 때 알아야 하는 것은 66권의 성경의 말씀이 누가, 언제, 누구를 대상으로 기록했는지이다. 이것을 알고 성경을 공부할 때 혼동이 없게 되며 이 방법이 "나누어" 공부하는 것이다.

창세기에 처음 나오는 사람은 아담이다. 공부하는 방법의 예로 '하나님께서 인류의 조상 아담에게 어떻게 말씀하셨는가' 에 대해 살펴보자.

첫번째 예로, 창세기 1장은 하나님의 창조를 말씀하고, 창세기 2장은 하나님께서 인간을 만드시고 인간에게 주시는 말씀을 기록한다.

창 2:15-17 - 아담에게 하신 말씀 『주 하나님께서 그 사람을 데려다가 에덴의 동산에 두시고 그것을 관리하고 지키게 하시더라. 주 하나님께서 그 사람에게 명령하여 말씀하시기를 "동산의 모든 나무에서 나는 것을 네가 마음대로 먹을 수 있으나 선과 악의 지식의 나무에서 나는 것은 먹지 말라. 네가 거기서 나는 것을 먹는 날에는 반드시 죽으리라." 하시니라.』

하나님께서 에덴 동산을 누구에게 관리하게 하셨는가? 하나님께서 누구에게 선과 악의 지식의 나무에서 나는 것을 먹지 말라고 하셨는가? 바로 아담이다.

위 질문에 대한 답은 이 구절을 있는 그대로 읽을 때 일반적인 상식 정도만 있어도 알 수 있다. 수많은 이단들과 비성경적 교리들이 나오게 된 가장 큰 이유는 성경을 나누어서 읽지 않기 때문이다.

이들은 선과 악의 지식의 나무에서 나는 것을 먹지 말라는 명령을 어떻게든 현재를 사는 우리들에게 억지로 적용하면서 이 나무의 열매가 '이 세상의 어떤 악한 것,' '목사가 말한 어떤 것' 등을 의미하는 것으로 소위 '영적 적용'을 하면서 행위를 통한 구원론을 전하고 있다.

이 나무가 지금 이 시대에 우리 눈 앞에 있는가? 우리는 그런 식으로 성경을 억지해석하는 것이 아니라 성경을 나누어서 공부해야 한다. 성경의 말씀들이 하나님께서 '누구에게' 말씀하신 것인지를 알면 성경을 이해하는 데 전혀 문제가 없다.

두 번째로, 노아의 예를 통해 성경을 나눔으로써 하나님의 경륜이 달라지는 것을 알 수 있다. 다음은 인간이 하나님께 불복종하고 죄악의 길로 갈 때 하나님께서 노아라는 의인을 찾으시고 그에게 말씀하시는 구절이다.

창 6:13-16 『하나님께서 노아에게 말씀하시기를 "모든 육체의 종말이 내 앞에 이르렀으니, 이는 땅이 그들로 인하여 폭력으로 가득 찼음이라. 보라, 내가 그들을 땅과 함께 멸망시키리라. 너는 고펠 나무로 방주를 만들되, 방주 안에 방들을 만들고 역청으로 안팎을 칠할지니라. 이것이 네가 만들 방주의 규격이니, 방주의 길이가 삼백 큐빗이요 너비가 오십 큐빗이며, 높이가 삼십 큐빗이니라. 방주에다 창문을 만들되, 위로부터 일 큐빗 되는 곳에서 마무리하고 또 방주의 문은 측면에 내고 아래층, 이층, 삼층으로 방주를 만들지니라.』

이 말씀이 하나님께서 오늘날 우리들에게 하시는 말씀인가? 우리에게 방주를 지어 홍수로부터 구원받으라고 하시는 것인가?

물론 방주를 예수 그리스도의 모형이라고 가르칠 수는 있다. 그러나 첫 번째 예처럼 방주가 무슨 뜻이라는 식으로 소위 '영적으로' 해석하면서 행위에 의한 구원을 가르치는 것은 성경을 올바로 공부하는 방법이 아니다.

세 번째의 예로 하나님께서 한 사람을 선택하시는데 이 사람은 성경에서 가장 중요한 인물 중 하나이다. 그로 인해 세상의 모든 민족이 복을 받거나 저주를 받기 때문이다.

창 12:1-3 – 아브라함에게 하시는 말씀 『주께서 아브람에게 말씀하셨는데 "너는 네 고향과 네 친족과 네 아비의 집을 떠나 내가 네게 보여 줄 땅으로 가라. 내가 너로 큰 민족을 이루게 할 것이며 네게 복을 주고 네 이름을 위대하게 하리니, 너는 복이 되리라. 너를 축복하는 자들에게 내가 복을 주고 너를 저주하는 자를 저주하리라. 네 안에서 땅의 모든 족속들이 복을 받을 것이라." 하셨더라.』

아브라함은 위 구절에서 하나님의 말씀을 듣고, 가족과 고향을 떠나면 되는 것이었다. 이 구절은 오늘날 우리들에게 하신 말씀이 아니다.

많은 목사들이 이 구절을 자의적으로 해석해서 '가족을 떠나서' 라는 것은 가족을 떠나 기도원이나 교회에서 하나님의 어떤 사역을 열심히 하라는 것이라고 하기도 한다. 그러나 이 말씀은 그

시대에 아브라함에게 하신 말씀이지 오늘날 우리들에게 하신 말씀이 아니다.

창세기 13:14-17, 15장, 17:1-8에서도 하나님께서는 아브라함에게 '하늘의 별처럼, 바다의 모래처럼 아브라함의 씨를 번성케 하신다는 씨의 언약과 땅에 대한 유업의 언약' 을 하시는데, 이 씨에 대한 언약은 신약의 교회에 대해 영적으로 적용되는 부분이 있지만(갈 3장), 교회는 이 땅에 대한 소유권이 없다. 그러므로 이 땅을 유업으로 받는 씨는 아브라함의 '영적인 씨인 교회' 가 아니라 '육신적인 씨인 이스라엘 민족' 이다.

창 17:4-8 『보라, 내가 너와 더불어 내 언약을 세우노니, 너는 많은 민족들의 아비가 되리라. … 내가 나와 너와 네 뒤에 올 네 씨 사이에 대대로 내 언약을 세우리니, 영원한 언약을 삼고 너와 네 씨의 하나님이 되리라. 내가 너와 네 뒤에 올 네 씨에게 네가 타국인으로 있는 땅, 즉 카나안의 모든 땅을 주어 영원한 소유가 되게 하며, 나는 그들의 하나님이 되리라.』

위 구절은 거짓 목사들이 '하나님께서 자신과 약속하셨다' 며 많이 사용하는 구절인데, 이 역시 교훈적으로 우리들이 받아들일 수 있으나 교리적으로는 아브라함에게 하신 말씀이다.

일례로 거짓 목사들은 하나님께서 특별하게 '나에게 세계에서 가장 큰 교회를 약속하셨다' 며 이 구절을 자기의 배를 채우는 수단으로 이용하지만, 이 말씀은 아브라함과 그 육신적 자손에게 약속하셨던 약속의 땅을 말씀하시는 것이다.

아브라함에게 약속하신 '하나님의 언약의 땅(팔레스타인)'을 아랍 민족, 카톨릭, 개신교 등 모든 인류가 탐내고 있는 이유는 그들이 성경을 나누어 공부하지 않았기 때문에 자신들이 하나님의 영적인 씨이고, 예수 그리스도를 거부하고 죽인 이스라엘은 저주받은 민족이기에 하나님의 영적 씨인 자신들이 약속의 땅의 주인이라고 주장하기 때문이다(십자군 전쟁, 중동전쟁 등의 원인).

하나님께서 '누구에게' 말씀하시는지를 기준으로 성경을 나누어 공부하지 않는 자들은 이스라엘의 회복을 믿지 않고 자신들이 이 땅에 평화로운 천년왕국을 세우고 천 년 동안 번성한다고 믿고 있다. 그러나 현재는 배교의 시대이며, 앞으로 일어날 일은 구원받지 않은 자들에 대한 하나님의 심판이지 천 년 동안의 번영이 아니다.

네 번째 예로 아담, 노아, 아브라함의 때까지 하나님께서는 개인적, 가족적으로 다스리셨으나 그 이후로는 민족적으로 다스리신다. 하나님께서는 야곱(이스라엘)의 가족이 이집트로 들어가 약 400년 동안 지내다가 민족을 형성하게 하셨고, 그들이 하나님의 백성이 되어 출애굽하게 하셨다. 이 나라는 하나님께서 직접 통치하시는 '신정통치'의 나라이다.

개인적으로 계시하시고, 명령하시던 하나님께서 이제는 '민족적'으로 다루시고 명령을 주시는데, 이렇게 하나님께 선택받은 민족이 이스라엘이다.

출 12:1-3,14,15 『주께서 이집트 땅에서 모세와 아론에게 일러 말씀하시기를 이 달이 너희에게는 달들의 시작이 될 것이요, 그것이 너희에게는 해의 첫째 달이 되리라. 너희는 이스라엘의 온 회중에게 고하여 말하기를 '이 달의 십 일째 되는 날, 그들 각자는 그들 아비들의 집에 따라 어린양 한 마리를 취할지니, 한 집에 어린양 한 마리라. … 이날이 너희에게 기념이 될지니, 너희는 그것을 너희 대대에 걸쳐 주께 명절로 지킬 것이며 너희는 그것을 영원히 율례로 삼아 명절로 지킬지니라. 칠 일간을 너희는 누룩 없는 빵을 먹을지니, 첫날부터 너희 집들에서 누룩을 제거할지니라. 이는 첫날부터 일곱째 날까지 누룩 있는 빵을 먹는 자는 누구라도 그 혼이 이스라엘에서 끊어질 것임이라.』

위 구절에서 '너희' 란 이스라엘 민족을 말하며, 첫째 달 유월절에 이스라엘 민족에게 '절기와 계명' 을 주시는 것이다. 3절에 "이스라엘의 온 회중에게 고하여" 라는 부분에서 말씀의 대상이 이방 민족이 아니라 이스라엘임을 알 수 있고, 11절까지는 유월절을 지키는 방법에 대해 말씀하신다.

14,15절에서 유월절이 이스라엘에게 기념이 되고, 이 날은 7일간 누룩 없는 빵을 먹어야 하며 그 날을 지키지 않는 혼은 끊어질 것임을 말씀하신다.

하나님께 경배하고 제사를 드리며, 성막을 짓는 방식 등의 규례들은 이스라엘 민족에게 주신 것이지 다른 민족에게 주신 말씀이 아니다. 오늘날 거짓 목사들은 이런 구절이 오늘날 교회시대의 우리들에게 적용된다고 가르친다(예, 사순절, 오순절, 유월절, 장막절 등 교회 절기를 지키는 교단).

여기서 우리들이 생각해야 할 것은 성경을 공부하는 것이 쉬운 것인데도 불구하고 성경을 어렵게 만드는 것이 누구의 계략인가이다. 구약의 율법, 규례 등을 이 시대에 적용하는 이단들이 나와서 사람들로 하여금 진리를 알지 못하게 하는 것은 마귀의 계략이다.

출 28:1,2 『너는 이스라엘 자손 가운데서 네 형 아론과, 그의 아들들을 그와 함께 네게로 오게 하여 그가 제사장 직분으로 나를 섬기도록 할지니, 아론과 아론의 아들들인 나답, 아비후, 엘르아살과 이다말이라. 너는 네 형 아론을 위하여 영광과 아름다움을 위한 거룩한 의복을 만들지니라.』

출애굽기 28장에서는 제사장 직분, 의복들을 말씀하는데, 이스라엘 자손 가운데서 택함을 받은 자들이 제사장으로 임명되었다. 이스라엘 백성이 하나님을 섬기는 구약의 제사를 본따 이방인들이 우상을 섬기는 일들을 하고 있는 것이 현재의 세계 종교의 본질이다.

신명기 28장을 지키는지 여부에 따라 이스라엘 민족에게 복과 저주가 결정된다.

신 28:1,2 – 축복의 말씀 『네가 주 너의 하나님의 음성에 열심히 경청하고 내가 오늘 네게 명령하는 그분의 모든 계명들을 지켜 행하면, 주 너의 하나님께서 너를 땅의 모든 민족들보다 높게 세우시리라. 네가 주 너의 하나님의 음성에 경청하면, 이 모든 복들이 네게 임할 것이며 네게 미치리라.』

신 28:16–25 – 저주의 말씀 『너는 성읍 안에서도 저주를 받을 것이요, 너는 들에서도 저주를 받으리라… 주께서 네 원수들 앞에서 너를 패하게 하시리니 네가 그들을 대적하러 한 길로 들어가서 그들 앞에서 일곱 길로 도망할 것이며, 땅의 모든 왕국들로 옮겨지게 되리라.』

신명기 28장 말씀은 카나안 땅으로 들어가는 이스라엘 민족에게 주님의 계명을 지키면 복을 주시고 지키지 않을 때 저주를 주신다는 말씀이다. 오늘날 많은 목사들이 이것을 교회시대를 사는 자신들이 이스라엘 민족인 것으로 잘못 알아, 교회 다니는 것이 복을 받기 위한 조건인 것처럼 기복신앙을 가르치고 있다. 이러한 것들이 성경을 나누어 공부하지 않는 결과이다.

성경을 나누어서 공부하는 다섯 번째 예는 다윗이라는 인물에서 찾을 수 있다. 하나님께서는 다윗에게 "영원한 자비"를 주신다. 이 자비는 다윗의 씨를 통해 다윗의 보좌를 영원히 유지하신다는 약속으로, 이 다윗의 씨에서 예수 그리스도께서 나오시게 된다.

삼하 7:12-16 『네 날들이 차서 네가 네 조상들과 함께 잠들 때, 내가 네 몸에서 나올, 곧 네 뒤에 올 네 씨를 세우고, 내가 그의 왕국을 견고하게 하리라. 그가 내 이름을 위하여 한 집을 지을 것이요, 나는 그의 왕국의 보좌를 영원히 견고하게 하리라. … 네 집과 네 왕국이 네 앞에서 영원히 세워지리라. 네 보좌가 영원히 세워지리라.' " 하시더라.』

하나님께서 다윗에게 약속하시는 것으로, 앞으로 '다윗의 씨를 통해서 메시아 왕국' 을 세우시겠다는 예언의 말씀이다. 다윗의 아들인 솔로몬이 이 약속을 이어받아 성전을 짓고 하나님께 기도할 때 이 하나님의 약속(다윗의 씨를 통한 영원한 왕국과 영원한 보좌)을 자신에게도 적용시켜 달라고 했고(대하 6장), 이 하나님의 약속으로 솔로몬이 죄를 지었을 때도 솔로몬의 보좌는 유지되었다(삼하 7:14,15).

그런데 이 예언은 미래에 세워지는 메시아의 보좌에 적용되는 약속의 예언이다(솔로몬의 보좌는 아들인 르호보암 때 갈라졌고, 후대에 가서는 바빌론 침략 때 끊기게 된다).

메시아이신 예수 그리스도께서 다윗의 보좌에 앉으시려 이 땅에 오셨으나(초림), 이스라엘 백성은 이 메시아를 죽이고, 복음은 이방인들에게 넘어온다. 복음이 이방인에게 넘어오는 이때부터의 말씀이 오늘날 우리들에게 교리적으로 적용되는 것이다.

처음 성경을 읽는 사람들이 이런 방법으로 성경을 공부하면, '율법을 지킴으로써 구원을 받는다' 고 하는 구절과 '믿음으로 구원을 받는다' 는 성경 말씀을 쉽게 해석을 할 수가 있게 되는 것이다.

사도행전 15장부터 '은혜복음' 이 전개되고, 이방인이 은혜로 구원을 받는 것을 명확하게 말씀하신다.

이방인이 복음의 말씀을 듣고 믿을 때 성령을 주셨으며, 유대인과 이방인 사이에 어떤 차이도 없고 모두 믿음으로 정결케 되는 것이다. 이 말씀이 누구에게 적용되는지를 살펴보자.

행 15:6-11 『그때에 사도들과 장로들이 이 문제를 논의하려고 함께 모였는데 많은 논의가 있은 후에 베드로가 일어나서 그들에게 말하기를 "형제 여러분, 당신들이 아는 대로 하나님께서 오래전부터 우리 가운데 택하시어 나의 입을 통하여 이방인들이 복음의 말씀을 듣고 믿게 하셨느니라. 마음을 아시는 하나님께서는 우리에게 행하신 것과 마찬가지로 그들에게도 증거하시어 성령을 주셨으며 우리와 그들 사이에 어떤 차이도 두지 아니하셨으니 믿음으로 그들의 마음을 정결케 하셨느니라. … 우리는 주 예수 그리스도의 은혜로 구원받는 것을 믿으며 그들도 마찬가지니라." 고 하더라.』

초대교회 때 행위(할례)로 구원받는다고 하는 자들이 나타나자(1절) 예루살렘 교회에서 회의가 열렸고, 사도들과 많은 사람들이 모여 '이방인에게 행위구원을 가르치는 자들은 이단' 이라고 결정짓고, 야고보가 이를 선언한다(행 15:13-18).

이 구절은 하나님께서 ‘누구에게’ 말씀하시는 것인가? 이 말씀이 해당되는 대상은 이방인들이며 오늘날의 우리들이다.

8,9절에서 “우리에게”란 유대인을 뜻하며 “그들에게”란 이방인들을 뜻한다. 즉 11절 말씀과 같이 유대인이나 이방인 모두 “주 예수 그리스도의 은혜로 구원”을 받는다는 것을 명확하게 말씀한다.

이후로 히브리서가 나오는데 이때부터는 ‘누구에게’ 쓰셨는지 주목해야 한다. (히브리인은 아브라함과 그 후손인 이스라엘 민족을 말한다.)

이러한 방법으로 성경을 보면 요한계시록 4장부터 교회시대가 끝나고 대환란 시대로 들어가는 것을 알 수 있다. (계 4장 이후로 교회라는 단어가 나오지 않는다.) 이 대환란 시대는 하나님께서 ‘유대인들을 징계하시는 기간’이고, 적그리스도가 나와서 활동하여 적그리스도의 왕국이 형성되는 때이다. 많은 사람들은 그를 숭배함으로써 멸망하고, 결국 예수 그리스도께서 재림하셔서 모든 민족을 심판하신다. 또한 이스라엘 민족은 회복되고, 예수 그리스도께서 다윗의 보좌에 앉으셔서 천 년 동안 통치하신다(계 20장).

요한계시록 21장에서는 “새 하늘, 새 땅, 새 예루살렘” (이방인, 유대인, 교회시대 거듭난 이들)이 도래하여 영원세계가 시작된다.

이렇게 성경을 나누어서 보면(아담, 노아, 아브라함, 다윗, 교회시대, 천년왕국, 영원세계) 성경을 처음부터 끝까지 올바로 공부를 하게 되는 것이다.

이처럼 성경을 '나누어서 읽고, 문맥을 보며, 문자적으로' 해석하는 것이 올바로 공부하는 것이다. 그렇게 성경을 공부할 때 성경 전체를 오늘날 우리에게 적용함으로써 거짓 교리를 가르치는 자들에게 속지 않을 수 있다.

10

그리스도인의 적

이번 과에서는 '그리스도인의 세 가지의 적'에 대해 공부하려 한다. 구원받고 난 후 하나님의 말씀으로 양육을 받는다 할지라도 그리스도인들에게 많은 문제들이 발생한다. 성도의 삶 가운데서 우리가 하나님의 말씀대로 살지 못하게 하고 죄를 짓게 만드는 적들이 있는데, 성경은 그 적들이 우리의 육신, 세상, 그리고 마귀라고 말씀한다.

첫 번째 적 - 육신

갓 거듭난 성도들에게 가장 큰 적은 육신이다. 그리스도인의 가장 큰 적은 남이 아니라 바로 '자기 자신,' 즉 자신의 육신이다. 믿음 생활에서 육신을 이기면 문제가 없다.

성경은 거듭난 성도들을 그리스도의 군사라고 부르는데, 전쟁에 임한 군사가 상대방인 적을 모르고서는 전쟁에서 이길 수 없다. 적을 알지 못하면 백전백패이다.

사도 바울은 '육신의 성품(옛 성품)과 새 성품' 의 갈등을 이야기하는데, 그가 겪은 갈등에서 우리는 육신에 대해 알게 된다.

롬 7:18 『내 안에 (곧 내 육신 안에는,) 선한 것이 거하지 않는 줄을 내가 아노니 원함은 내게 있으나 선한 것을 어떻게 행하는 것인지는 알지 못하노라.』

'육신 안에는 선한 것이 없다' 는 말씀은 선한 것이 없는 육신을 신뢰하는 자들은 믿음 생활에서 실패할 수밖에 없는 어리석은 자라는 것이다.

이 구절을 통해서 자신의 능력으로 선을 행한다고 하는 사람들이 얼마나 어리석은지를 알 수 있다. 육신 안에 선한 것이 없다는 것을 모르기 때문이다. 거듭난 성도가 '내 육신 안에는 선한 것이 없다' 는 생각을 할 때 비로소 영적 전쟁을 시작할 수 있는 기본이 갖추어지는 것이다.

선한 것이 없는 육신은 이런 열매들을 맺는다.

갈 5:16-21 - 육신의 열매들 『내가 이것을 말하노니 성령 안에서 행하라. 그리하면 너희는 육신의 정욕을 이루지 아니하리라. 육신은 성령을 거슬러 욕심을 부리며 성령은 육신을 거스르나니 이들은 서로 반목하여서 너희가 하고자 하는 것을 하지 못하게 하느니라. … 이제 육신의 일들은 분명히 나타나나니 곧 간음과 음행과 더러운 것과 음욕과 우상 숭배와 마술과 원수 맺음과 다툼과

질투와 분노와 투쟁과 분열과 이단들과 시기와 살인과 술 취함과 흥청거림과 또 그와 같은 것들이라. 내가 전에 말한 바와 같이 미리 말하노니 그런 짓들을 하는 자들은 하나님의 나라를 상속받지 못할 것이라.』

육신의 열매는 간음과 음행, 더러운 것과 음욕, 우상 숭배, 마술, 다툼, 질투 등이다. 여기에 열거된 육신의 열매 중에 해당되는 죄를 지었거나, 마음에 더러운 생각을 가졌는가? 그렇다면 그리스도인의 첫 번째 적인 육신의 일들을 행한 것이다. 주님께서는 '마음으로 지은 죄, 생각으로 지은 죄' 까지도 죄로 간주하시기 때문이다.

마 5:28 『내가 너희에게 말하노니, 음욕을 품고 여자를 바라보는 자는 누구나 그의 마음으로 그녀와 더불어 이미 간음하였느니라.』

생각으로, 마음에 품은 것이 죄이기에 거듭난 자들은 항상 자신을 돌아보고 말씀으로 죄를 씻어내야 한다. 구체적으로 말하자면, 그리스도인은 항상 성경을 가까이함으로써 말씀의 물로 씻을 때 육신의 열매를 맺지 않을 수 있게 된다.

고후 10:5 – 여러 가지 구상, 모든 생각 『여러 가지 구상과 하나님을 아는 지식을 거역하여 스스로 추켜세운 모든 높은 것들을 무너뜨리며 모든 생각을 사로잡아서 그리스도께 복종케 하니』

우리의 더러운 생각, 교만한 생각들은 모두 죄이며 육신의 열매들이다. 그리스도인은 자신의 가장 큰 적인 육신의 생각, 행위를 자신의 의지로 제어해야 한다. 제어한다는 것은 자신을 죽은 자로 여기고 자신의 의지로 말씀에 따라 성령님께 복종함으로써 육신의 죄로부터 승리를 거두는 것이다.

결국 우리의 가장 큰 적은 우리의 육신이다. 이것을 깨닫게 될 때 영적 전쟁을 할 수 있게 되고, 이를 깨닫지 못한 자들은 자신의 육신을 신뢰하게 되어 그 결과로 인해 죄를 짓게 된다.

두 번째 적 - 세상

성경은 이 세상에 있는 것들이 무엇이며, 어떠한 것인지를 정의해 준다.

요일 2:16 – 세상이 추구하는 육신의 정욕, 안목의 정욕, 생의 자랑 『이는 세상에 있는 모든 것이 육신의 정욕과 안목의 정욕과 생의 자랑이요, 아버지께 속한 것이 아니라 세상에 속한 것이기 때문이라.』

여기서 세상이란 자연, 우주 등을 이야기하는 것이 아니라 세상 제도(system)를 말하는 것이며 "육신의 정욕, 안목의 정욕,

생의 자랑" 을 말한다. 사람들은 이 세 가지가 동기가 되어서 살아가기 때문에 하나님과 반대되는 것들을 추구하게 된다.

세상을 통제하고 있는 사상들은 모두 하나님의 말씀에 대적하는 것들인데, 그 대표적인 사상들에 대하여 살펴보자.

첫째는 자유주의 사상(Liberalism)이다. 자유주의 사상이란 하나님의 말씀은 상관하지 않고 육신이 생각하는 대로 자신의 뜻 안에서 사는 것을 옳다고 하는 사상으로서, 자유주의자들은 '육신에서 나온 철학' 으로 그들의 논리를 정립했다. 세상은 어차피 타락하게 되어 있지만, 하나님의 말씀을 기초로 한 생각과 의견이 받아들여질 때는 문제가 적어진다. 그러나 자유주의자들이 세상을 지배할 때 이 세상은 급속도로 타락하게 된다.

둘째는 세속주의(Secularism)다. 이는 비도덕적이고, 경건치 못한 사상으로 '인간의 의사결정이 종교에 간섭받지 않고 객관적 증거와 사실에 기초해야 한다' 는 사상이다. 세상적인 것을 추구하는 논리라는 점에서 자유주의와 동일한 사상이다.

셋째는 인본주의(Humanism)다. 이는 하나님 중심이 아닌 인간 중심의 사상으로, 인간이 중심이 되기에 모든 판단의 기준이 하나님이 아닌 인간이 된다. 인본주의자들이 내세우는 '자선사업, 복지사업, 육영사업' 등은 그 자체가 나쁜 것은 아니며 겉으로 보기에는 옳고 바른 것 같으나 성경과 비교해 볼 때는 비성경적인 것이다. 그 이유는 그 기본 사상이 '하나님을 사랑하는 것을 첫째로 두지 않고 인간을 하나님 위에 두는 것' 이기 때문이다. 인본주의 역시 종국에는 타락의 길로 가는 사상이다.

넷째는 사회주의(Socialism)로, 이는 민중이 생산의 수단을 소유하고, 분배하고, 운영하는 공동경제체제를 통해 부를 '평등하게 분배받는' 사회를 지향하는 사상이다. 사회주의자들은 겉으로는 민중의 평등, 공동소유와 분배를 외치지만 실제로는 그와 반대로 소수의 특정한 자들만이 부를 소유하고 다수인 민중은 빈곤하고 무력하게 만드는 자들이다.

사회주의는 공산주의로 가는 전 단계로서 현재 유럽, 미국에서 확산되며 정착되고 있다. 사회주의는 개인이 정부에 의지해서 사는, 즉 정부에 의해 지배받는 세상을 도래시킨다. 이를 통해 세계의 정치, 경제, 사회가 하나가 되고 유엔을 중심으로 단일 정부가 이루어져 결국은 성경이 말씀하는 적그리스도의 왕국이 도래하는 발판이 되는 단계이다.

다섯째는 하나님의 창조론에 반대하는 진화론적 사상들이다. 진화론자들은 이 이론에 기초해서 진보되고 향상된 세상을 추구한다고 주장한다. 그러나 이러한 세상은 성경에 기초해서 살고자 하는 사람들에게는 살기 힘든 세상이며, 이런 사상들은 현재 급속하게 팽배해지고 있다.

여섯째로 물질만능주의가 있는데, 이는 물질을 하나님보다 더 사랑하는 사상으로, 영적인 것들과 도덕적인 것, 하나님의 말씀이 아닌 물질이 모든 것에 대해 우선한다는 사상이다. 우주의 근본적 실재는 정신이나 관념이 아닌 물질로서, 모든 정신적 현상도 물질의 작용이고 물질의 산물이라는 이 사상은 공산주의 유물론에 기초한 것이며, 이를 신봉하는 자들은 하나님의 존재를 부인한다.

이런 모든 사상들이 하나님과 하나님의 말씀을 대적하는 것들이다. 세상이 이러한 사상에 근거해서 돌아가기에 인간은 타락하지 않을 수 없는 것이다. 이것이 그리스도인의 두번째 적인 "세상" 이다.

세상은 인간으로 하여금 타락과 쾌락을 추구하게 만들고 모든 악의 뿌리인 돈을 사랑하게 만들며 음악, TV, 인터넷, 영화, 술, 담배, 마약 등 세상적인 것들을 사용해서 인간을 지배한다. 이러한 세상이기에 우리의 원수인 세상을 대적해야 하는 것이다.

성경은 믿지 않는 자와 멍에를 같이 메지 말라고 말씀한다.

고후 6:14 『믿지 않는 자들과 멍에를 같이 메지 말라. 의가 불의와 어찌 관계를 맺으며 빛이 어두움과 어찌 사귀겠느냐?』

이 구절의 "믿지 않는 자들" 이란 위의 여섯 가지로 정리한 사상을 가진 자들과 세상으로서, 그리스도인은 이러한 사람들과 함께 세상에 빠져 죄 가운데 있을 필요가 없는 것이다. 믿지 않는 자들을 위해서 복음을 증거하는 것은 성도들이 해야 하는 일이지만, 그렇다고 세상 속에 빠져서 이들과 멍에를 함께 멜 필요는 전혀 없다. 그리스도인은 더러운 장소, 더러운 음악, TV, 인터넷, 영화, 술 담배, 마약 등으로부터 성별되어야 한다.

세 번째 적 - 마귀

성도가 마귀에 대해 알지 못하면 마귀에게 패배할 수밖에 없기에 말씀을 통해 마귀의 정체를 바로 알고 싸움에 임해야 한다.

겔 28:12-15 - 마귀의 정체 『인자야, 투로 왕에게 애가를 지어 그에게 말하라. 주 하나님이 이같이 말하노라. 너는 완전한 규모를 확정하는 자라. 지혜가 충만하고 아름다움이 완벽하도다. 네가 하나님의 동산 에덴에 있어 모든 귀한 돌인 홍보석과 황옥과 금강석과 녹보석과 얼룩마노와 벽옥과 사파이어와 에메랄드와 홍옥과 금으로 덮여 있었고 네 북들과 관악기들이 만들어짐이 네가 창조되던 날에 네 안에 예비되었도다. 너는 기름부음을 받은 덮는 그룹이라. 내가 너를 그렇게 세웠더니 네가 하나님의 거룩한 산 위에 있었고 네가 불의 돌들 가운데를 위아래로 걸었도다. 네가 창조된 날로부터 죄악이 네게서 발견되기까지 너는 네 길에 완벽하였도다.』

마귀는 우리의 힘으로 대적할 수 있는 자인가? 마귀는 하나님 다음으로 강한 능력을 가진 존재이다.

에스겔 28:12에서는 마귀를 완전한 규모를 확정한 자, 지혜가 충만하며 아름다움이 완벽한 자로 말씀하고 있고, 13절은 음악을 관장하는 자라고 말씀하며, 각종 보석으로 덮여 있는 아름다운 자로서 고린도후서 11:14에서는 빛의 천사로 나타난다고 말씀한다. 또한 마귀는 천사가 아닌 덮는 그룹이었으며, 성경에서 천사는 날개가 없으나 그룹은 날개가 있다는 점이 천사와 그룹의 차이점 중 하나다. 마귀는 아름답고 완벽한 존재였으나 교만함 때문에 죄를 짓고 타락했는데, 그는 자신의 정체를 가리기 위하여 하나님의 말씀을 변개하기까지 한다.

사 14:12-15 - 루시퍼는 마귀 『오 아침의 아들 루시퍼야, 네가 어찌 하늘에서 떨어졌느냐! 민족들을 연약하게 하였던 네가 어찌 땅으로 끊어져 내렸느냐! 이는 네가 네 마음속에 말하기를 "내가 하늘에 올라가서 내가 내 보좌를 하나님의 별들보다 높일 것이요, 내가 또한 북편에 있는 회중의 산 위에 앉으리라. 내가 구름들의 높은 곳들 위로 올라가, 내가 지극히 높으신 분 같이 되리라." 하였음이라. 그러나 너는 지옥까지 끌어내려질 것이요, 구렁의 사면에까지 끌어내려지리라.』

완벽하게 창조된 루시퍼는 교만으로 인해 하나님의 보좌를 넘보는 죄를 범했고, 결국 셋째 하늘에서 쫓겨났으며 후에는 지옥에까지 끌어내려진다(계 19장에서 실현됨). 이 마귀는 현재 이 세상의 신이다. (루시퍼는 마귀인데, 개역한글판성경은 '루시퍼' 를 예수 그리스도의 또다른 이름인 '계명성' 으로 바꿈으로써 마귀의 정체를 알 수 없게 만들었다.)

고후 4:3,4 - 마귀는 이 세상의 신이며 복음을 막는 자 『그러나 만일 우리의 복음이 가려졌다면 그것은 구원받지 못한 자들에게 가려진 것이라. 그들 가운데 이 세상의 신이 믿지 않는 자들의 마음을 어둡게 하여 하나님의 형상이신 그리스도의 영광스러운 복음의 광채가 그들에게 비치지 못하게 하느니라.』

마귀는 사람들을 눈멀게 하여 복음을 받아들이지 못하게 하고, 온 세상을 미혹하는 자이며, 땅으로 쫓겨난 자, 미혹하는 모든 것들의 뒤에서 주관하는 자이다. 또한 그는 우리가 죄를 지을 때 하나님께 고소하는 자이기도 하다.

계 12:9,10 『그리하여 그 큰 용이 쫓겨나니 그는 마귀라고도 하고 사탄이라고도 하는 옛 뱀, 곧 온 세상을 미혹하던 자라. 그가 땅으로 쫓겨나고 그의 천사들도 그와 함께 쫓겨나더라. 또 내가 들으니, 한 큰 음성이 하늘에서 말하기를 "이제 구원과 능력과 우리 하나님의 나라와 그의 그리스도의 권세가 임하는도다. 이는 우리 형제들을 우리 하나님 앞에서 밤낮 고소하던 그 고소자가 쫓겨났기 때문이니라.』

마 13:19 『누구든지 왕국의 말씀을 듣고도 깨닫지 못할 때에는 악한 자가 와서 그 사람의 마음에 뿌려 놓은 것을 빼앗아 가나니, 길가에 씨가 뿌려졌다는 것은 곧 이 사람을 두고 말하는 것이요』

사탄은 악한 자이며 진리의 말씀을 사람들로부터 도둑질해서 진리를 받아들이지 못하게 하고, 그리스도인이 하나님의 말씀을 듣거나 공부할 때 이를 방해함으로써 죄를 짓게 만든다.

벧전 5:8 – 성도를 파괴하려고 노리는 자 『정신을 차리고 깨어 있으라. 이는 너희의 대적 마귀가 울부짖는 사자처럼 삼킬 자를 찾아 두루 다니기 때문이니라.』

과거 마귀의 공격을 받았었던 베드로가 베드로전서에서는 자신의 경험(마 16:23)을 통해 마귀가 성도를 파괴시키려 노리는 자임을 경고한다. 구원받은 성도가 마귀에게 틈을 주면(엡 4:27) 성도를 파괴하려고 노리고 있던 마귀에게 끌려다니게 된다. 이런 여러 가지 이유로 인해 주님께서는 성도들에게 마귀를 대적하라고 명령하신다.

약 4:7 『그러므로 하나님께 복종하라. 마귀를 대적하라. 그리하면 그가 너희로부터 도망하리라.』

그리스도인은 마귀를 대적하기 위하여 전신에 단단히 무장을 하고 싸워야 한다(엡 6:11-18). 진리의 허리띠, 의의 흉배, 복음의 신, 믿음의 방패, 구원의 투구, 성령의 칼인 말씀으로 무장하고, 항상 기도와 간구를 해야 한다.

이 전신갑옷을 보고 알 수 있는 것은 모두 앞을 방어하고 보호하는 것들이지 뒤를 보호하고 방어하는 것은 없다는 점이다.

이 말씀에 의하면 마귀와의 싸움은 그를 대적하는 것이지 뒤돌아 도망치게 되면 불붙은 화살을 맞게 됨을 알 수 있다.

하나님의 전신갑옷에 대해서는 다음 과에서 자세히 알아 볼 것이다.

11
하나님의 전신갑옷

구원받기 전 우리는 허물과 죄들로 영이 죽어 있었던 자들이었으나(엡 2:1) , 우리의 죄를 위하여 십자가에서 죽으신 예수 그리스도를 구세주로 믿었을 때 주님께서 우리 안에 들어오셔서 우리의 죽은 영이 살아났고, 혼은 구원을 받게 되었다. 이제 외적으로는 구원받기 전과 동일하지만 내적으로는 새로운 생명으로 태어난 새로운 피조물이 되었다(고후 5:17).

마귀는 이렇게 구원받은 자들을 갖가지 방법으로 공격해서 믿음을 무너뜨리려고 울부짖는 사자처럼 찾아다니고 있다(벧전 5:8). 구원받은 우리들은 영적 전쟁터에서 전쟁을 하고 있는 군사들로서, 이 영적 전쟁에서 이기기 위해서 필수적으로 알아야 하는 교리가 "하나님의 전신갑옷" 에 관한 것이다.

우리들의 원수인 사탄과 더러운 영적 존재들을 대항하여 어떻게 싸워야 하는가? 하나님께서는 그리스도의 군사들이 영적 전쟁을 하려면 "전신갑옷" 을 입어야 한다고 하시는데, 이 전신갑옷은 과연 무엇을 말씀하는 것인가?

"하나님의 전신갑옷"에 대한 말씀이 에베소서 6장에 기록되어 있는데, 예수 그리스도의 지상 사역 당시 로마제국 군인들이 입었던 갑옷에 비유해서 말씀하고 있다.

엡 6:10-18 『끝으로 나의 형제들아, 주 안에서와 그의 힘의 능력 안에서 강건하라. 너희는 마귀의 술책에 대항하여 설 수 있도록 하나님의 전신갑옷을 입으라. 이는 우리의 싸움이 혈과 육에 대항하는 것이 아니라 정사들과 권세들과 이 세상 어두움의 주관자들과 높은 곳들에 있는 영적 악에 대항하는 것이기 때문이니라. 그러므로 너희는 하나님의 전신갑옷을 입으라. 이는 너희가 악한 날에 저항할 수 있으며 또 모든 일을 다 이루기까지 서 있게 하기 위함이니라. 그러므로 서서 진리로 너희의 ①허리띠를 두르고 ②의의 흉배를 붙이고 화평의 복음을 준비한 것으로 너희 ③발에 신고 모든 것 위에 믿음의 ④방패를 가짐으로써 능히 너희가 악한 자의 모든 불붙은 화살을 끌 수 있을 것이라. 또한 ⑤구원의 투구와 ⑥성령의 칼, 곧 하나님의 말씀을 가지고 모든 ⑦기도와 간구로 항상 성령 안에서 기도하고 이를 위하여 모든 성도들을 위해 모든 인내와 간구로 깨어 있으라.』

우리 자신의 능력으로는 사탄과 영적 존재들과 싸워 이길 수 없다. 사탄은 하나님 다음으로 강한 능력을 가진 자이기 때문에 '주 안에서, 주님의 능력 안에서' 강건해야 하는 것이다.

오늘날 많은 목사들, 특히 은사주의자들은 예수의 이름으로 사탄을 쫓아낸다 또는 결박한다며 마치 사탄을 가볍게 이길 수 있는 존재처럼 말하지만, 사탄은 결코 그렇게 이길 수 없으며 이는 사람들을 속이는 짓일 뿐이다.

사탄에 대해 말씀하시는 구절을 통해서 사탄의 정체를 알아보자.

겔 28:12-17 『인자야, 투로 왕에게 애가를 지어 그에게 말하라. 주 하나님이 이같이 말하노라. 너는 완전한 규모를 확정하는 자라. 지혜가 충만하고 아름다움이 완벽하도다. 네가 하나님의 동산 에덴에 있어 모든 귀한 돌인 홍보석과 황옥과 금강석과 녹보석과 얼룩마노와 벽옥과 사파이어와 에메랄드와 홍옥과 금으로 덮여 있었고 네 북들과 관악기들이 만들어짐이 네가 창조되던 날에 네 안에 예비되었도다. 너는 기름부음을 받은 덮는 그룹이라. 내가 너를 그렇게 세웠더니 네가 하나님의 거룩한 산 위에 있었고 네가 불의 돌들 가운데를 위아래로 걸었도다. 네가 창조된 날로부터 죄악이 네게서 발견되기까지 너는 네 길에 완벽하였도다. 네 상품이 풍부함으로 그들이 폭력으로 네 가운데를 채워서 네가 죄를 지었느니라. 그러므로 내가 너를 더럽게 여겨 하나님의 산에서 쫓아내리라. 오 덮는 그룹아, 내가 불의 돌들 가운데로부터 너를 멸하리라. 네 마음이 너의 아름다움으로 인하여 높아졌고 너는 네 지혜를 네 찬란함으로 인하여 변질시켰도다. 내가 너를 땅에다 던질 것이며 내가 너를 왕들 앞에 두어 그들로 너를 보게 하리라.』

사탄은 완전하게 창조되었고, 지혜가 충만하며, 아름다움이 완벽한 자였다(12절). 그는 음악을 관장하던 자였고(13절), 하나님의 보좌 위에 있던 덮는 그룹이었으며(16절), 하나님께 대한 반역으로 인해 땅으로 던져졌다(17절, 사 14:12).

사 14:12-15 『오 아침의 아들 루시퍼야, 네가 어찌 하늘에서 떨어졌느냐! 민족들을 연약하게 하였던 네가 어찌 땅으로 끊어져 내렸느냐! 이는 네가 네 마음속에 말하기를 "내가 하늘에 올라가서 내가 내 보좌를 하나님의 별들보다 높일 것이요, 내가 또한 북편에 있는 회중의 산 위에 앉으리라. 내가 구름들의 높은 곳들 위로 올라가, 내가 지극히 높으신 분같이 되리라." 하였음이라. 그러나 너는 지옥까지 끌어내려질 것이요, 구렁의 사면에까지 끌어 내려지리라.』

타락하기 전 사탄의 이름은 '빛을 가져오는 자' 라는 뜻의 루시퍼이다(12절). 이 루시퍼라는 단어가 개역한글판성경을 비롯한 모든 변개된 성경에는 예수님을 뜻하는 "계명성" 으로 변개되어 사탄의 정체가 가려졌다. 이 사탄은 하나님의 보좌를 넘보는 교만으로(13,14절) 타락했으며, 미래에 그는 지옥으로 떨어질 것이다(15절).

사탄에 대적하기 위해 필요한 하나님의 전신갑옷은 물질적인 것이 아니며, 이 세상에서 돈으로 살 수 있는 것도 아니다. 에베소서 6:14부터 전신갑옷의 내용들이 설명되는데, 이 갑옷은 성도들이 영적전쟁에 임할 때 필요한 것이다. 우리의 대적은 눈에 보이는 혈과 육이 아닌 "정사들과 권세들과 높은 곳들에 있는 영적 악"으로, 이들은 높은 곳들에 있는 권세 있는 자들이다.

이러한 영적 존재를 말씀하시는 구절이 욥기 1:6인데, 하나님의 아들들과 사탄이 하나님 앞에 서서 "땅의 여기저기, 위아래로 두루 다니다" 왔다고 주님께 대답하고 있다.

한편 영적 전쟁은 개인의 전쟁이지 다른 사람이 대신해주는 것이 아니며, 또 구원을 받았다고 해서 저절로 전쟁 준비가 되는 것도 아니다. 하나님께서는 각자에게 전신갑옷을 입으라고 명령하고 계신다.

전신갑옷은 무엇으로 이루어져 있는가

하나님의 전신갑옷에는 먼저 허리띠(엡 6:14)가 나온다. 허리는 몸을 지탱해 주는 곳이며 힘이 나오는 곳이다. 이 허리띠는 "진리의 허리띠"이다.

여기서 14절의 진리는 하나님의 말씀이 아니다. 그 이유는 17절에 따로 진리의 말씀인 성령의 칼이 별도로 나오기 때문이다. 이것은 우리 자신의 정직과 진실됨을 말한다. 정직하지 못하고 거짓되며 신실하지 못한 옛 성품이 아닌, 거짓 없는 진실을 갖추어야 한다.

전신갑옷 중 제일 먼저 "진리의 허리띠"가 나온다는 것을 주목해야 한다. 옛성품의 부정직함과 거짓됨으로는 전신갑옷의 첫번째 요소인 허리띠를 맬 수가 없는 것이다.

진실되고 신실하며 정직할 때 진리의 허리띠를 소유할 수 있으며, 이를 소유한 성도는 강하고 담대한 그리스도인이 될 수 있다.

오늘날 많은 교인들이 하듯 교회나 기도원 등에서 울며불며 혼란스러운 가운데 기도하는 것으로는 영적 전쟁에서 이길 수 없다. '할렐루야' 를 외치며, '불 같은 성령' 을 구한다고 해도 결코 영적 전쟁에서 이길 수 없는 것이며, '신실하지 못한 부정직한 마음' 을 가진 채 얼굴에 미소만 짓는다고 영적 전쟁에 이길 수 있는 것이 아니다. 순수하고 신실하며 정직해야 하는 "진리의 허리띠" 가 없기 때문이다!

둘째로, 흉배(14절)는 가슴을 보호하기 위한 것이다. 가슴에는 '심장' 이 있고 심장이 공격당하면 치명적이기에 갑옷에 흉배를 붙인다. 그런데 이 흉배를 "의의 흉배" 라고 하는 것은 곧 '옳은 일을 하라는 것' 으로 불의한 일을 하지 말며, 죄를 짓지 말라는 것이다.

의의 흉배를 붙인 그리스도인은 모든 일에 있어서 옳고 그름을 판단하여 의를 사랑하고 불의를 미워하는 삶을 사는 사람이다. 오늘날 대부분의 교회에는 이러한 의가 없거나 부족하기 때문에 마귀와 싸울 수 없고 영적 전쟁에서 이길 수가 없다.

마귀와 싸울 수 있는 자들은 옳고 순수하며 선한 것을 추구하고 하나님의 말씀에 순종하는 준비된 자들, 즉 의의 흉배를 붙인 자들이다. 이렇게 준비된 성도들만이 원수의 공격으로부터 자신의 심장을 보호할 수 있는 것이다.

셋째는 복음 전파로 준비한 신발(15절)이다. 전쟁을 하는 군인이 맨발로 싸움에 나선다면 기동력이 떨어져 적과 싸워 이길 수가 없다. 군인은 군화를 신고 있어야 전쟁터에서 뛰어다니며 전쟁을 할 수 있다.

그런데 발에 신는 신발이 "화평의 복음을 준비한 신발" 임을 주목해야 한다. 즉, 좋은 신을 신는다는 뜻은 복음을 전할 준비가 되어 있다는 것이며, 죄의 종인 사람들을 의의 종으로 이겨서 데려오기 위해 복음을 전할 준비가 되어 있어야 한다. 준비가 되어 있지 않다면 싸울 수 없기 때문에 성경을 읽고, 공부하며, 설교를 듣는 등의 훈련이 필요한 것이다.

세상의 군인도 훈련을 받지 못하면 좋은 군사가 될 수 없기에 훈련소에서 일정기간 기초 훈련을 받고 전차병, 공병, 병참 등 특정 훈련을 받는다. 마찬가지로 그리스도인이 이러한 훈련을 받지 못한다면 전쟁에서 싸워 이길 수 있는 좋은 군인이 될 수 없다.

영적인 훌륭한 군인은 '잘못된 것들을 지적하고, 진리를 전하여' 혼들을 이겨와야 한다. 이렇게 승리하기 위해서는 복음으로 준비되고 훈련된 전신갑옷 중 군화가 필요하기에 기초 교리를 비롯해 성경을 공부해야 한다.

킹제임스성경을 최종 권위로 믿는 우리가 많은 교회의 잘못된 죄들을 지적하는 것은 우리가 교만하기 때문이 아니라 그들의 잘못된 가르침으로 인하여 많은 사람들이 사탄의 계획대로 지옥으로 끌려가고 있기 때문이다.

이러한 많은 교회의 잘못들을 알면서도 지적을 하지 않는다면 그들은 자신들이 하는 일들이 옳은 것이라고 착각하고, 무지한 가운데 사탄의 종으로 살다가 결국에는 지옥으로 향하게 될 것이다. 우리들은 지속적으로 그들에게 잘못된 점들을 지적하고 성경적 복음을 제시함으로써 한 혼이라도 더 죄의 종에서 의의 종으로 이겨와야 한다.

인간이 하는 모든 말은 세 가지 영 중 하나에서 나오는데 바로 하나님의 영인 "성령" 안에서 나오는 말, 육신적인 말, 마귀의 영으로부터 나오는 말이 그것이다. 진리의 말씀을 전하는데도 '자신들이나 잘하면 되지 왜 남을 비판하는가?' 라고 한다든지, 우리가 바른 성경을 전하는 것에 대하여 '성경이면 모두 같은 것이고, 당신들의 성경만 옳다고 하는 것은 이단' 이라고 하는 말은 모두 '마귀의 영' 으로부터 나오는 말이다. 우리가 이러한 영적 전쟁에서 물러서서 후퇴하거나 타협하는 것은 결국 전쟁에서 패배하는 것이다.

네 번째로 믿음의 방패(16절)가 있다. 전신갑옷 중 허리띠, 흉배, 복음의 신, 그 다음에 나오는 것은 적의 공격을 방어하는 믿음의 방패이다.

믿음의 방패에서 말하는 믿음은 우리가 주님을 믿고 구원을 받는 그 믿음 뿐만 아니라 더욱 성장된 믿음을 말한다. 방패가 크고 단단할수록 적의 공격을 잘 막을 수 있듯이 믿음이 크고 강할수록 적의 공격을 잘 막아낼 수 있다.

하나님의 전신갑옷은 세상의 군대에서처럼 모든 군사가 동일한 전투장비를 갖게 되는 것이 아니라 앞에서 언급한 것처럼 각 개인이 준비하는 것이다.

영적 전쟁에서 하나님의 전신갑옷은 개개인이 준비해서 입어야 하는 것이기에 우리는 에베소서 6장의 내용을 매우 중요한 말씀으로 마음에 새겨야 한다. 나의 가족이나 가까이에 있는 믿음의 형제들도 하나님의 전신갑옷을 대신 내게 입혀줄 수 없기 때문이다.

개인이 믿음의 방패를 소유해야 하며, 우리가 직면하는 문제들은 누가 더 '튼튼하고 큰 방패' 를 가졌는지, 그렇지 못한지의 문제이다. 악한 영적 세력은 단순한 화살이 아니라 불붙은 화살로 공격을 한다. 불붙은 화살을 막을 수 있는 것은 방패인데, 만약 이 방패가 나무 방패라면 불붙은 화살로 인해 방패에 불이 붙고 뚫려서 결국 화살을 맞아 죽거나 상처를 입을 것이다.

단단하고 강한 철 방패만이 적의 공격인 불붙은 화살을 막아낼 수 있으며, 그런 강한 방패를 갖기 위해서는 "믿음은 들음에서 나고 들음은 하나님의 말씀에 의해서" (롬 10:17)라는 성경 구절과 같이 하나님의 말씀을 듣고 공부해야 한다.

이런 이유로 단단한 방패를 갖지 못한 사람은 구원받은 후 성경적으로 사역하는 교회에 참석하더라도 적군인 사탄의 공격으로 말미암아 믿음에서 떨어져나갈 수도 있다. 이것은 성도들만이 아니라 목회자들도 마찬가지며, 지금까지 이러한 영적 전쟁을 우리는 경험을 통해 잘 알고 있다.

함께 믿음생활을 시작한 어떤 성도가 믿음에서 떨어져나간 것을 시간이 지나 알게 되는 경우가 있는데, 그 이유는 그 사람의 믿음의 방패가 약했기 때문에 마귀의 공격을 이기지 못하고 패배한 것이다.

마귀는 성도의 믿음생활을 그대로 내버려 두지 않는다. 마귀는 특히 성경적인 교회를 싫어하기에 치열하게 공격하는 것이다.

다섯 번째로 나오는 것은 구원의 투구(17절)다. 투구는 머리를 보호하는 장비인데, 머리는 몸에서 가장 치명적인 부위이기 때문에 공격을 당해 다치게 되면 회복하기가 어렵거나 아예 회복을 못하기도 한다.

몸의 다른 부위는 치료되거나 아니면 절단을 해서라도 회복되기도 하지만 머리는 회복이 안 되기 때문에 공격을 당하면 사탄에게 종 노릇 함으로써 멸망의 길로 가게 된다.

구원의 투구는 성경의 다른 말씀에서도 찾아볼 수 있다.

살전 5:8 『그러나 우리는 낮에 속하니 정신을 차리고 믿음과 사랑의 흉배를 붙이고 구원의 소망인 투구를 쓰자.』

다음은 하나님의 말씀인 성령의 칼(17절)이다. 지금까지 전신갑옷은 방어의 수단이었지만 칼은 공격용 무기이다. 방어만 한다고 해서 전쟁에서 승리할 수 없다.

에베소서 6:11에서 마귀의 술책에 대항하라고 하시고, 야고보서 4:7에서는 마귀를 대적하고 도망치지 말라 하신다. 전신갑옷에는 우리의 등을 방어해 주는 것이 없다. 즉 뒤돌아서 도망치면 죽는 것이다.

여기서 우리가 얻는 교훈은 영적 전쟁 중에 마귀를 대적하지 않고 도망했거나, 믿음생활을 잘 하다가 세상과 육신과 마귀와 타협하다가는 믿음에서 떨어져나가 전쟁의 사상자가 된다는 것이다.

하나님의 공격 무기인 성령의 칼로써 공격하고 죄의 속박에 묶여 있는 사람들의 쇠사슬을 끊어 내어 그들의 혼을 마귀에게서 이겨와야 한다.

또한 하나님의 말씀인 성령의 칼을 갖고만 있다고 해서 승리하는 것이 아니며, 이 칼을 자유자재로 사용할 줄 알아야 한다. 우리는 하나님의 말씀을 잘 공부해서 성령의 칼을 공격 무기로, 또 방어하는 무기로 잘 사용해야 한다.

또한 18절의 말씀대로 성령 안에서 기도해야 한다. 우리가 무릎을 꿇고 인내하고 깨어 기도할 때 그것이 전신갑옷의 일부인 정강이 보호대가 되는 것이다.

우리들은 어떤 상황에서도 기도해야 하며, 모든 문제들에 대해서 기도해야 한다. 하나님께 기도를 드려 도움을 청하지 않으면 전쟁에서 패하게 된다. 하나님의 도움없이는 전쟁에서 결코 이길 수 없다.

오늘날 수많은 거짓 목사들의 교회에는 진리의 허리띠가 없으니 신실함과 정직함이 없고, 의의 흉배가 없으며, 복음의 신발조차 없어 영적 전쟁을 할 수도 없고 영적 전쟁에 대해 알지도 못하는 상태이다.

우리는 에베소서 6장의 말씀을 공부하고 전신갑옷을 준비해서 입고 영적 전쟁에서 승리함으로써 하나님께 영광을 돌려드려야 한다.

12
하나님의 뜻

구원받기 전 우리는 세상의 정욕을 좇던 자들이었으나 구원받은 후, 새로운 피조물로서 이 세상을 사는 목적과 가치관이 바뀌게 되었다. 이제는 자신의 정욕과 욕망에 따르지 않고, 하나님의 뜻을 살피며 성취하는 삶을 사는 자들로 변화를 받았다.

예수 그리스도께서도 자신이 세상에 오신 목적은 하나님 아버지의 뜻을 성취하시기 위함이라고 말씀하셨다.

요 17:4 『내가 땅에서 아버지를 영화롭게 하였으며 아버지께서 내게 하라고 주신 그 일을 완성하였나이다.』

이와 같이 예수님께서도 하나님 아버지의 뜻을 성취하셨는데, 그 일은 바로 십자가에서 죽으시고, 장사되셨다가 삼일 만에 부활하시고, 제자들과 많은 사람들에게 보이시고 승천하신 것이다. 구원받은 성도들도 하늘나라로 가는 날까지 주님이 하신 것처럼 하나님의 뜻을 성취하며 살아야 한다.

히 10:7 『그때 내가 말씀드리기를 '오 하나님이여, 보소서, (두루마리 책에 나에 관하여 기록한 것과 같이) 주의 뜻을 행하려고 내가 왔나이다.' 하였노라." 하셨도다.』

예수 그리스도께서 하나님의 뜻을 성취하시려 이 세상에 오셨듯이 구원받은 우리들도 하나님의 뜻을 행해야 한다. 하나님의 뜻을 행하기 위해서는 하나님의 뜻을 이해하라고 성경은 명령하신다.

엡 5:17 『이로 인하여 너희는 어리석게 되지 말고 주의 뜻이 무엇인지 이해하라.』

하나님의 뜻을 아는 것은 하나님의 명령이다. 하나님의 뜻을 알지 못하는 사람은 이 구절과 같이 어리석게 된다. 이 세상에서 우리들의 삶은 동물처럼 왔다가 그냥 떠나는 것이 아니라 우리를 향한 하나님의 뜻을 알고 그 뜻을 성취하는 삶이어야 한다.

엡 6:6 – 하나님의 뜻을 신실하게 행해야 한다. 『사람을 기쁘게 하는 자처럼 눈가림으로 하지 말고 그리스도의 종으로서 마음으로부터 하나님의 뜻을 행하며』

하나님의 뜻을 행할 때는 마지못해서 하는 것이 아니라 마음으로부터 행해야 하는 것이고 성도들은 하나님의 뜻을 아는 것뿐만 아니라 이를 찾아서 행해야 한다. 그렇다면 우선 성도들이 해야 할 것들을 알아보자.

첫째, 하나님의 뜻을 구하고 알아야 한다. 구원받은 후 하나님의 뜻을 찾아 알고 이를 곧바로 실행하는 것에 관해서는 사도 바울의 예에서 알 수 있다. 다음은 사도 바울이 사울이었을 때 아나니아가 자신에게 한 말을 소개하는 구절이다.

행 22:14 『그[아나니아]가 말하기를 '우리 조상의 하나님께서 너를 택하여 그분의 뜻을 알게 하시고 그 의로우신 분을 보게 하시며 또 그분의 입에서 나온 음성을 듣게 하셨느니라.』

사도 바울이 다마스커스로 가는 도중 구원을 받고(행 22:6-10) 예수 그리스도의 증인이 되라는 하나님의 뜻을 알게 되었을 때(행 22:15) 곧바로 예루살렘을 떠나 이방인에게로 향했다. 이처럼 구원받은 자들은 하나님의 뜻을 알고 그 뜻을 실천하는 것이 의무이며, 사도 바울과 같이 하나님의 뜻을 아는 즉시 행해야 한다.

딤후 4:6,7 『내가 이미 제물로 드려질 준비가 되어 있고, 떠날 때가 이르렀도다. 내가 선한 싸움을 싸우고 달려갈 길을 마치고 믿음을 지켰으니』

사도 바울은 자신이 죽을 때가 가까이 온 것을 알고 이제 떠날 준비가 되었다고 말하면서 자신이 하나님의 뜻을 찾아 이해하고 이를 실행했음을 고백한다. 또한 사도 바울은 그의 동역자들도 하나님의 뜻 안에서 완전하고 온전할 수 있도록 기도하는 삶을 살았다.

골 4:12 『너희 가운데 한 사람이요, 그리스도의 종인 에파프라가 너희에게 문안하노라. 그는 항상 너희를 위하여 열렬히 기도하니 이는 너희가 하나님의 모든 뜻 안에서 완전하고 온전하게 서도록 하기 위함이라.』

롬 8:26,27 『이와 같이 성령께서도 우리의 연약함을 도우시나니 이는 우리가 마땅히 기도해야 할 것을 알지 못하나 성령께서 친히 말할 수 없는 신음으로 우리를 위하여 중보하시기 때문이라. 마음을 살피시는 분이 성령의 생각이 무엇인지 아시나니 이는 그분이 하나님의 뜻대로 성도들을 위하여 중보하시기 때문이라.』

성령께서도 우리의 마음을 아시며 '하나님의 뜻 안에서' 중보하신다. 이렇듯 사도 바울도, 예수 그리스도도, 성령님도 '하나님의 뜻' 을 알고 이를 행하시는 것을 알 수 있다.

하나님의 뜻을 아는 것은 그리스도인의 삶에서 가장 중요한 것으로 그리스도인으로서의 성공은 하나님의 뜻을 찾아 그 뜻을 성취하는 것이다. 어떤 사람은 100% 성취하고 어떤 사람은 90%, 80%, 60%만 성취하거나, 전혀 성취하지 못하기도 한다. 그리스도인이 복을 받고 행복한 삶을 살 수 있는 것은 하나님의 뜻을 따르며 행하는 데 달려 있다. 구원받은 우리들이 이렇게 성경의 교리를 공부하는 것은 하나님의 뜻에 따라 사는 것을 배우기 위한 것이다.

둘째로, 하나님께서는 성경 전체에서 하나님의 분명한 뜻이 무엇인지를 우리에게 말씀하신다. 성경은 구원받지 못한 세상의 죄인과 구원받은 모든 사람들에게 하나님께서 원하시는 뜻이 있음을 말씀하신다.

벧후 3:9 『주의 약속은 어떤 사람들이 더디다고 생각하는 것같이 더딘 것이 아니라 오직 우리에 대하여 오래 참으시어 아무도 멸망하지 않고 다 회개에 이르게 하려 하심이라.』

다시 오신다고 약속하신 주님께서 아직 오지 않으시고, 또 성도들을 데려가지 않으시고 심판을 늦추시는 이유는 "아무도 멸망하지 않고 다 회개에 이르게 하려" 하시는 하나님의 뜻이다.

살전 5:18 『모든 일에 감사하라. 이것은 그리스도 예수 안에서 너희에 관한 하나님의 뜻이니라.』

모든 일에 감사하는 것 또한 하나님의 뜻이라고 말씀하시는데, 기쁜 일들만이 아니라 슬프고, 어렵고, 안 좋은 일에도 감사하는 것이 하나님의 뜻이다. 이런 이유로 감사하는 일은 쉽지 않지만 슬프고, 나쁘고, 어려운 일에 감사하지 못한다면 하나님의 뜻을 어기는 것이 된다.

살전 4:3-6 – 우리의 거룩함도 하나님의 뜻이다.『하나님의 뜻은 이것이니, 곧 너희의 거룩함이니라. 너희는 음행을 삼가고 너희 각자가 거룩함과 존귀함으로 어떻게 자기 자신의 그릇을 소유하는가를 알며 하나님을 모르는 이방인들과 같이 색욕에 빠지지 말고 어떤 문제에 있어서도 정도를 지나쳐 자기 형제를 속이지 말라. 이는 우리가 미리 경고하였고 증거한 바와 같이 주께서는 이러한 사람들에 대하여 벌을 주시는 분이시기 때문이니라.』

하나님의 뜻은 우리가 세상과 성별하여 거룩하게 사는 것인데, 그리스도인이면서도 거룩한 삶을 추구하지 않으면 하나님께서 징계하시기도 한다. 본문의 내용대로 거룩한 삶을 살지 못하면 하나님의 뜻과 하나님의 말씀에 복종하지 않는 것이며 그리스도인으로서 실패한 삶을 사는 것이다.

벧전 2:13-15 『주를 위하여 인간의 모든 법령에 복종하되, 권세 있는 왕에게나 혹은 악을 행하는 자들을 벌하고, 선을 행하는 자들을 칭찬하라고 그가 보낸 관리들에게 하라. 이는 하나님의 뜻이 그러함이니, 너희가 선을 행함으로 어리석은 사람들의 무지를 잠잠케 하려는 것이니라.』

이 세상의 권세자들과 법 집행자들은 원칙적으로 하나님께서 악을 행하는 자들을 처벌하고 선을 행하는 자들을 칭찬하라고 세우신 것이다. 그렇게 하지 않는 자들이 있기에 세상에 많은 문제들이 발생하지만, 위 구절은 하나님께서 권세자를 세우신 목적과 그에 관한 하나님의 뜻이 무엇인지를 말씀하신다.

그리스도인은 세상에서 악을 행함으로써 벌을 받아서는 안 되고 선을 행해야 한다. 정부가 만든 법과 하나님의 법이 대립될 때를 제외하고는 세상의 법과 권세자에게 복종하는 것이 성경적이며, 또한 그리스도인은 정치에 관여해서는 안 된다.

구원받은 사람들은 각자가 행해야 할 하나님의 뜻이 있다. 예를 들면, 하나님께서는 어떤 사람을 목사, 어떤 사람은 집사 또는 성도, 선교사로 부르셔서 그들에게 책임을 주신다. 그런데 어떤 이는 목사로 부르심을 받았지만 '목회는 힘이 드니까 선교사로 나가겠다' 고 한다면, 이 사람이 결정한 일은 선한 일이지만 하나님의 뜻을 어긴 것이며 하나님의 온전한 뜻을 100% 지키는 것이 아니다.

하나님께서는 각자에 대한 그분의 뜻을 보이시고 알려 주시기를 원하시나, 이를 보여주실 때 모든 것을 한꺼번에 보여주시지 않는다는 것 또한 알아야 한다. 하나님의 뜻을 우리에게 한번에 모두 보여주신다 해도 우리가 하나님의 뜻을 모두 감당할 수도 없을 것이고, 만약 하나님의 뜻을 모두 안다고 가정하면 우리는 하나님을 의지하지 않을 것이다.

셋째, 하나님의 뜻을 알려 주시는 하나님의 방식이 있다. 하나님께서는 한 걸음씩 우리들을 인도하신다.

시 37:23 『선한 사람의 걸음은 주께서 정하시니 주께서 그의 길을 기뻐하시느니라.』

하나님께서는 선한 사람의 걸음을 정하시는데, 10년 뒤, 몇 십 년 뒤의 일들을 미리 정해 주지 않으시고 '한 걸음씩' 인도해 주신다. 또 주님의 인도는 끊어짐이 없이 지속적이다.

사 58:11 『또 주는 너를 계속 인도하여 가뭄에서도 네 혼을 만족케 하며, 네 뼈를 살찌게 하리니 그러면 너는 물 댄 동산 같을 것이며 물이 끊기지 않는 샘물 같으리라.』

주님께서 우리들을 한 걸음씩 인도하실 때 우리는 미래에 대하여 염려하지 않고 하나님의 뜻을 매일 매일 헤아려서 그 뜻에 충실하게 삶으로써 풍성한 삶을 살아갈 수 있다.

또한 하나님께서 우리들을 인도하실 때 대충이 아니라 명확하고, 세심하게 인도하신다.

사 30:21『네 귀가 네 뒤에서 한 말을 들으리니 말하기를 "이것이 길이니 너희가 오른편으로 돌이키든지 왼편으로 돌이키든지 너희는 그 길로 걸으라." 할 것이요,』

하나님께서 분명하게 말씀하시고, 그 말씀이 왼쪽이나 오른쪽 중 어떤 길인지 알려 주시며 '그 길로 걸으라' 고 명확하고 자세하게 인도하신다.

하나님께 인도받는 일은 자동적으로 이루어지는 것이 아니다. 이를 위해 우리가 반드시 해야 할 일들이 있는데, 이를 다윗의 삶에서 배울 수 있다.

시 143:8 『아침에 나로 주의 자애를 듣게 하소서. 이는 내가 주를 의지함이니이다. 나로 하여금 내가 가야 할 길을 알게 하소서. 이는 내가 나의 혼을 주께 들어올리기 때문이니이다.』

위 구절에서 발견되는 다윗의 모습처럼 매일 아침 하나님께 간구하고 기도하며 하나님의 뜻에 순종하며 살고자 노력해야 한다. 하나님의 인도함을 받기 위해서는 해야 할 일들이 있으며, 하나님의 뜻을 아는 것은 이를 실행하는지 하지 않는지에 달려 있다.

넷째로, 하나님의 인도함을 받는 데에는 조건들이 따른다. 구원받은 사람들 안에 내주하시는 성령님께서 우리에게 보여주시고 알려 주시며, 은사주의자들처럼 환상이나 체험이 아닌 내적 확신을 주셔서 인도하신다.

시 37:3-7 『주를 신뢰하고 선을 행하라. 그리하면 네가 땅에 거할 것이요, 진실로 그가 너를 먹이시리라. 또 주를 기뻐하라. 그리하면 그가 네 마음의 소원들을 네게 주시리라. 너의 길을 주께 맡기고 또 그를 신뢰하라. 그리하면 그가 이루어 주시리라. 그가 네 의를 빛같이 가져오시며 네 공의를 대낮같이 가져오시리라. 주 안에서 쉬고 인내하며 그를 기다리라. 자기 길에서 번성하는 사람, 곧 악한 계책을 성사시키는 사람으로 인하여 초조해 하지 말라.』

주를 신뢰하고 선을 행할 때 주님께서는 우리를 먹이시고, 찬양과 감사로써 주를 기뻐할 때 마음의 소원들을 주시며 인도하신다. 이 소원은 하나님께서 우리에게 원하시는 것을 우리 마음에 불어넣어 주시는 것이다. 우리 자신이 원하는 욕망이 아니라 우리에게 필요하고 유익한 소원을 말하는 것이며, 이는 하나님께서 주시는 것이다.

또한 소원을 생각만 하는 것이 아니라 결단하고 추진하며 주께 맡김으로써 소원이 이루어지도록 인도하신다. 행함은 없고 생각만 하고 있으면 하나님께서는 그분의 뜻을 지속적으로 인도해 주시지 않으시기에 도중에 다른 길로 가게 되기도 하는데, 이런 일들의 원인은 결단과 인내와 추진력이 없기 때문이다.

주님께 맡겼으면서도 초조해하고, 간구하는 가운데서도 고민하며 계속 보채는 것은 잘못된 일이며, 주 안에서 쉬고 인내하면서 기다리는 것이 주의 인도함을 받는 조건이다.

또한 주님께 헌신할 때 인도함을 받는다.

롬 12:1 『그러므로 형제들아, 내가 하나님의 모든 자비하심으로 너희에게 권고하노니, 너희 몸을 하나님께서 기뻐하시는 거룩한 산 제물로 드리라. 이것이 너희가 드릴 합당한 예배니라.』

거룩한 산 제물이란 주님을 위해 나의 모든 것을 드리는 것이다. 주님께 '몸을 드리는 것' 이 헌신인데 신약 성도들이 주님께 헌신해야 하는 당연한 이유는 구원받은 자의 몸은 그 자신의 것이 아닌 주님의 것이기 때문이다.

인도함을 받는 또 다른 조건은 세상과 성별하는 것이다.

롬 12:2 『너희는 이 세상과 일치하지 말고 너희 마음을 새롭게 함으로써 변화를 받아 하나님의 선하시고 기뻐하시고 온전하신 뜻이 무엇인지 입증하도록 하라.』

그리스도인은 세상과 일치해서는 하나님의 뜻을 알 수 없게 된다. 세상과 성별하지 못하고 하나님의 말씀을 따르는 데 있어 세상과 타협한다면 하나님의 뜻을 알 수 없다. 예를 들면 교회에 사람들을 많이 모으기 위한 목적으로 세상적인 록 음악을 가져온다든지, 사람들의 귀에 거슬리는 말을 하지 않으려고 하나님의 말씀을 바로 전하지 않는 설교를 하는 것은 하나님의 말씀을 저버리는 것이며 이러한 일들로는 하나님의 뜻을 알 수 없다.

우리는 스스로에게 '나는 하나님의 뜻을 알고 있는가?' 묻고 확인해야 한다. 모른다면 이미 세상과 일치하는 것이 있다는 뜻이고, 그것이 무엇인지를 찾아내서 제거해야만 하나님의 뜻을 찾을 수 있게 되는 것이다.

구원받기 전의 옛 생각과 행동으로는 하나님의 뜻을 알 수 없다. 세상과 온전히 성별하고 헌신하며 변화되어야만 '선하시고 기뻐하시고 온전하신 하나님의 뜻' 을 알 수 있게 된다.

구원은 값없이 받는 선물이지만 그 이후의 삶은 공짜가 아니라 얼마나 노력을 했는지, 얼마나 주님의 말씀에 순종했는지에 따라 결정된다.

다섯째, 그러면 우리들은 어떻게 하나님의 뜻을 알 수 있는가?

하나님의 인도함을 받기 위한 조건들에 따라 우리의 삶이 하나님께 드려졌을 때 하나님께서는 그분의 뜻을 계시하신다. 그런데 어떻게 우리는 하나님의 뜻을 알 수 있는가?

하나님의 뜻은 하나님의 말씀으로 알 수 있다. 우리들의 생각과 삶이 하나님의 말씀으로 젖어 있을 때, 즉 말씀을 읽고, 공부하고, 들으며, 묵상하고 순종할 때 하나님의 뜻을 알 수 있다. 하나님께서는 매일 매시간 우리의 삶 가운데 하나님의 말씀을 주시며 생각나게 하신다(요 14:26).

하나님께서는 산 속 기도원에서, 전에 성경을 본 적도, 읽은 적도 없는 사람들에게 말씀을 알게 하시지 않는다. 그들이 무엇을 계시받았다거나 보았다고 하는 것은 미혹의 영인 마귀가 준 것이다.

우리가 하나님의 말씀에 잠겨 있을 때 하나님의 말씀을 성령의 도우심으로 이해할 수 있으며 이것으로써 하나님의 뜻을 확신할 수 있는 것이다.

하나님의 말씀을 모르면 하나님의 뜻을 알 수 없다. 성경의 바른 가르침을 알지 못하는 사람들이 환상이나 이상한 체험을 통해 하나님의 뜻을 안다고 하는 것은 마귀의 영에 사로잡힌 것이다.

하나님의 뜻은 성령님께서 주시는 내적 확신으로 알 수 있다.

요 16:13 『그러나 진리의 영이신 그분이 오시면 너희를 모든 진리로 인도하시리라. 그분은 자신에 관하여 말씀하지 아니하시며, 무엇이나 들은 것을 말씀하실 것이요, 또 너희에게 다가올 일들을 알려 주시리라.』

진리는 하나님의 말씀이며, 성령께서는 우리를 진리로 인도하신다. 여기서 우리가 알아야 할 중요한 것은, 우리 마음의 내적 확신과 하나님의 말씀이 다를 때는 그것이 성령님이 주신 것이 아니라 우리에게 속삭이는, 기만하는 악령이 준 것임을 알아야 한다.

요한일서 4:1은 영을 다 믿지 말고 시험하라고 하신다. 세상은 보이지 않는 영들에 의해 지배당하기 때문에 세상에는 여러 종교가 있는 것이며, 그 영들은 하나님의 영이 아니다.

영을 시험할 때는 그것을 하나님의 말씀과 비교하고, 하나님께 기도하는 것이 필요하다. 하나의 좋은 예가 소위 '방언' 에 관한 것이다. 방언은 믿지 않는 유대인들을 위한 표적으로(고전 1:22, 고전 14:22), 오늘날 여러 교회에서 한다고 하는 소위 '방언' 을 주는 것은 성령이 아니라 사탄의 영이다. 사람의 입에서 나오는 영은 세 가지인데, 사람의 영, 사탄의 영, 그리고 하나님의 영이 그것이다. 강단에서 나오는 목사의 말이 성경과 다를 때 그 말은 목사 자신의 영인 사람의 영에 의하거나 아니면 사탄의 영에 의한 것이다.

하나님의 뜻은 환경으로도 알 수 있다. 그리스도인의 환경은 우연히 발생하지 않는다. 우리가 항상 깨어 있으면서(막 14:38, 눅 21:36, 살전 5:6,10) 우리의 환경을 주시할 때 하나님께서 인도하시는 것을 알 수 있는데, 하나님께서 원치 않으실 때는 성도의 가는 길을 막으시기도 한다. 이 때 짜증을 내고, 불평하는 것은 어리석은 짓이며, 오히려 하나님께서 막으신 것을 감사하며, 하나님께 다른 길을 열어 달라고 기도하는 것이 필요하다.

이렇게 늘 판단하는 것은 쉬운 일은 아니지만 항상 하나님과의 교제 가운데 살 때 가능한 일이다. 구원받은 하나님의 자녀에게는 좋은 일과 나쁜 일, 기쁜 일과 슬프고 어려운 일 등 모든 일이 합력하여 선을 이룬다(롬 8:28).

그리스도인에게 일어나는 일들은 우연한 것이 없으며, 그렇기 때문에 우리들은 모든 환경을 주시해야 하는 것이다. 하나님께서 직접 계획하신 환경이 있고, 하나님께서 원치는 않으시지만 허락하신 환경이 있다(예를 들면 죄로 인한 징계). 우리가 하나님께로 돌아올 수 있도록 어려운 일이 일어나는 것을 허락하실 수가 있는 것이다(예를 들면 사도 바울이 자고하지 않도록 허락하신 육체의 가시, 고후 12:7).

하나님의 뜻은 다른 성도의 조언으로도 알 수 있다.

잠 11:14 『의논이 없으면 백성이 망하나, 의논자가 많으면 안전하니라.』

성경적으로 사역하는 교회의 목사, 믿음의 형제와 자매들, 때로는 가족이나 친지의 충고로도 알 수 있게 된다.

13

교회의 징계

이번 과는 우리가 공부하고 싶지 않은 교리일 수도 있다. 그러나 교회의 질서를 위해서는 규칙이 있고 이 규칙에 따라 성도들이 교회생활을 해야 하는 것이기에 이것은 성도들에게 반드시 필요한 공부이다. 이 규칙은 인간의 전통이 아니며, 이는 하나님께서 피로 사신 교회를 순수하게 보존하기 위하여 필요한 것이다.

오늘날 교회들은 세상 사람들에게 조롱거리가 되었고, 멸시의 대상이 되었다. 이렇게 된 큰 이유 중 하나가 교회의 규칙에 따라 행하라는 하나님의 명령을 따르지 않고 자신의 이익만을 좇는 세상의 조직체나 파렴치한 자들과 별반 다를 게 없는 일들을 행했기 때문이다.

교회의 징계는 교회의 순수성과 아름다운 질서를 유지하며, 교회에 해를 끼치는 자들로부터 상처받은 성도들을 치유하고, 또한 죄를 범한 자를 경고해서 회개하도록 하기 위한 것이다.

교회의 징계를 이야기할 때 대부분 교회의 목사나 교인들은 사랑을 실천하는 교회가 징계를 하는 것이 하나님의 말씀에 어디

있느냐고 하면서 이를 반대하고, 더 나아가 하나님의 말씀에 따라 징계를 행하는 교회를 비판하는 것이 오늘날의 현실이다.

성경은 교회의 징계를 말씀한다

고전 6:1-5 『너희 중에 누가 다른 사람에 대하여 문제가 생겼을 때 불의한 자들 앞에서 재판을 받으려 하고 성도들 앞에서는 하지 아니하느냐? 너희는 성도들이 세상을 심판하리라는 것을 알지 못하느냐? 세상이 너희에게 심판을 받을진대 너희가 지극히 작은 일들을 심판할 역량도 없느냐? 너희는 우리가 천사들을 심판하리라는 것을 알지 못하느냐? 하물며 이생에 관한 일들이랴? 너희가 이생에 관한 일들을 판단할 일이 있을 때 교회 안에서 가장 존경받지 못하는 자들을 판단하도록 세울지니라. 내가 너희를 부끄럽게 하려고 이 말을 하노라. 너희 가운데 현명한 사람이 없다는 것이 사실이냐? 자기 형제들 사이에 판단할 수 있는 사람이 정말 한 사람도 없느냐?』

위 구절에서 사도 바울은 지역교회 내에서 잘못된 일이 발생되었을 때는 교회가 판단을 하고 심판을 해야 하는데도 불구하고 그렇게 하지 못하는 고린도 교회를 비꼬아 말하고 있다.

성경은 교회에 권위가 있으며, 성도가 죄를 지었을 때는 판단을 하고 징계할 것을 말씀한다. 교회 내에서 일어난 일을 세상으로 가져가지 말고 교회 내에서 판단하라고 하시며, 앞으로 성도들이 세상을 심판할 것인데(계 20:4) 교회에서 일어난 작은 일조차 심판하지 못함을 사도 바울은 책망하고 있다.

언젠가 천사들도 심판할 성도들이 이생의 일을 판단하는 것은 당연한 것이며, 지역교회는 하나님께서 지상에 만드신 조직체로서 이 지역교회를 통하여 하나님의 뜻을 성취하시기 위해서는 교회가 죄악없이 순수하게 보존되어야 하는 것이다.

오늘날 대부분의 교회들은 교회 내에서 어떠한 징계도 하지 않는다. 이로 인해 세상 사람들이 교회 내에서 일어나는 죄악들을 보고 교회를 교회같이 보지 않고 정죄하며 조롱하는 것이다.

마귀가 사용하는 두 가지 큰 계략이 있는데, 하나는 카톨릭을 이용해 '교회의 영적 권위와 정치적 권위 그리고 국가적 권위'를 합쳐 사람들을 권력으로 두려워하게 만든 것이고, 또 하나는 세상 사람들이 이러한 카톨릭의 행태를 비난하고 대적함으로 교회의 영적 권위에도 대적하게 해서 교회가 교회의 역할을 못하게 함으로써 교회를 인정하지 못하게 하는 것이다.

많은 사람들이 '당신들이나 잘하면 되지 왜 남을 판단하는가'라고 하지만, 하나님의 말씀을 이용해 장사하는 자들과, 교회를 세상의 영리단체로 만들어 자신의 배를 채우는 가짜 목사를 보면서도 이를 지적하지 않는 것은 이런 자들로 인하여 잘못된 길로 가고 있는 사람들을 방치하는 것이다. 우리가 성경적으로 판단하는 것은 그들이 거짓 목사, 거짓 교회에서 빠져나오도록 하기 위한 것이다.

우리가 살고 있는 이 시대는 판단하지 말아야 할 것은 판단하고, 판단해야 할 것은 '사랑' 을 빙자해서 판단하지 못하는 시대가 되고 말았다. 그러나 성경이 판단하지 말 것과 판단해야 할 것을 말씀하심을 주목해야 할 것이다(마 7:1, 고전 2:11–16, 요 7:24).

교회의 징계는 교회가 한 마음과 한 몸을 이루기 위함이지 교회의 분열을 일으키기 위한 것이 아니며, 하나님께서 교회에게 주신 영적 권위로써 교회의 순수성을 지키기 위한 것이다.

교회에게 주신 하나님의 규칙

교회가 한 마음과 한 몸을 이루게 하기 위하여 하나님께서 주신 교회의 규칙들이 있는데 그 중 가장 우선되는 것이 사랑의 법칙이다.

요 13:34,35 『내가 새 계명을 너희에게 주노니 이는 너희가 서로 사랑하라는 것이라. 내가 너희를 사랑한 것같이 너희도 서로 사랑하라. 너희가 서로 사랑하면 이것으로 모든 사람이 너희가 나의 제자인 줄 알리라." 고 하시더라.』

교회를 사랑하고 형제, 자매들을 사랑한다면 위의 고린도 교회처럼 죄를 짓지 않는다. 교회 안에서 형제를 속여 이용하려 하는 것은 형제를 사랑하지 않기 때문에 일어나는 일이다.

교회 내에서 문제를 일으키는 사람들은 하나님의 말씀을 사랑하지 않는 사람들이다. 목사가 하나님의 말씀으로 설교하고 충고하면 하나님의 말씀을 사랑하는 자들은 그 말씀을 받아들이나, 문제를 일으키는 자들은 말씀도, 목사도, 형제, 자매들도 사랑하지 않고 자신의 욕심을 사랑하기 때문에 말씀을 듣지 않는다.

그리고 자백(고백, 회개)하는 법칙이 있다.

마 5:23,24 『그러므로 만일 네가 예물을 제단에 드리다가 거기서 네 형제가 네게 반감을 갖고 있다는 것이 생각나거든 네 예물을 거기 제단 앞에 놓아두고 가서 먼저 네 형제와 먼저 화해하고 그후에 와서 예물을 드리라.』

죄를 짓고 회개하지 않으면 평화가 올 수 없다. 자신의 잘못과 죄를 자백하지 않고 하나님께 구하는 것은 소용이 없다. 믿음 안의 형제, 자매가 자신으로 인해 상처받고 반감을 갖고 있는데 하나님께 예물을 드리는 것은 잘못된 방법이며, 먼저 형제와 화해를 하는 것이 순서이다.

우리들이 형제, 자매에게 잘못을 했다면 교회에 나와 하나님께 예배드리기 전 그 형제, 자매에게 찾아가서 진정으로 미안하다고 말해 화해할 때 문제가 사라지는 것이다.

또 용서의 법이 있다.

눅 17:3,4 『너희는 스스로 주의하라. 네 형제가 너에 대하여 죄를 지으면 그를 꾸짖고, 그가 회개하면 용서하라. 그가 하루에 일곱 번이나 너에게 죄를 짓고, 또 하루에 일곱 번이나 너에게 돌아와서 '내가 회개한다.' 고 말하면 그를 용서하라." 고 하시더라.』

형제가 용서를 구하는데도 불구하고 용서하지 않고 뒤에서 다른 사람들에게 그 형제를 험담하고 말을 만드는 것은 교회에 분열을 가져오게 된다.

교회의 징계의 순서

마 18:15,16 『또 네 형제가 네게 죄를 짓거든 가서 너와 그 사람만 있을 때 그에게 그의 잘못을 일러주라. 만일 그가 네 말을 들으면 너는 네 형제를 얻은 것이라. 그러나 만일 그가 네 말을 듣지 아니하면 너 외에 한두 사람을 더 데리고 가서 두세 증인의 입으로 모든 말을 입증하게 하라.』

첫번째 순서는 자신에게 죄를 지은 형제를 찾아가서 그의 잘못됨을 알려 주는 것이며 당사자 간에 문제된 일을 직접 해결하는 것이다. 그 문제를 다른 사람에게 먼저 이야기하거나 뒤에서 이야기한다면 그 일은 해결되지 못하고 돌아오지 못할 강을 건너게 되는 결과를 가져오게 되며, 결국 그 형제를 잃게 된다.

직접 형제를 찾아가서 그의 잘못을 알려 주었는데도 자신의 잘못을 인정하지 않고 잘못된 자기 주장으로 고집을 피운다면 다른 형제, 자매를 동행해서 다시 한 번 그 형제의 잘못을 설명하고, 있었던 일들을 입증하는 것이 두 번째 징계 순서이다. 그래도 듣지 않을 때 세 번째 순서를 밟는다.

마 18:17 『그래도 그가 말을 듣지 아니하거든 교회에다 말하고, 교회의 말도 듣지 아니하거든 그 사람을 이교도나 세리와 같이 여기라.』

교회에다(목자에게) 공개적으로 말하고 이도 듣지 않는다면 이교도나 세리와 같이 여기라는 말씀으로, 이는 형제나 자매로서 대하지 말라는 것이다.

이렇게 성도간에 또는 개인적으로 교회 내에서 문제가 발생했을 때 이러한 순서대로 행하고, 만약 세 번째까지 듣지 않을 때는 공개적으로 교회에서 징계를 내리는 것이다.

다음의 성경 구절을 예로 살펴보자.

고전 5:1-13 『너희 가운데 음행이 있다는 것은 다 알려진 바로되 즉 어떤 자가 자기 아버지의 아내를 취하였다는 것이니 그러한 음행은 이방인들 가운데도 없는 일이라. 그런데도 너희가 통곡하기는커녕 교만해져서 이런 행위를 한 자를 너희 가운데서 쫓아내지 아니하는도다. 내가 참으로 몸으로는 떠나 있으나 영으로는 함께 있어서 이런 행위를 한 그 자를 내가 마치 거기에 있는 것처럼 이미 판단하였느니라. 우리 주 예수 그리스도의 이름으로 너희와 나의 영이 함께 모인 것은 우리 주 예수 그리스도의 능력으로 그러한 자를 사탄에게 넘겨주어 그 육신은 멸망케 하여도 그 영은 주 예수의 날에 구원받게 하려 함이라. 너희의 자랑하는 것이 좋지 아니하도다. 너희는 적은 누룩이 온 반죽을 부풀게 하는 것인 줄 알지 못하느냐? 그러므로 묵은 누룩은 떼어내 버리라. 그래야 너희가 누룩을 넣지 않은 새 반죽이 되리라. 우리의 유월절 양이신 그리스도께서 우리를 위하여 희생되셨으므로 … 내가 너희에게 쓴 편지에는 음행하는 자들과 사귀지 말라고 하였으나 이는 이 세상의 음행하는 자들이나 탐욕하는 자들이나 약탈하는 자들이나 우상 숭배하는 자들과 전혀 함께하지 말라는 것이 아니니 그렇게 하려면 너희가 세상 밖으로 나가야 할 것이니라. 그러나 이제 내가 너희에게 쓰는 것은 만일 형제라고 하는 어떤 자가 음행을 하는 자거나 탐욕하는 자거나 우상 숭배하는 자거나 욕설하는 자거나 술 취하는 자거나 약탈하는 자이거든 사귀지도 말고 그런 자와는 함께 먹지도 말라는 것이라. 밖에 있는 자들을 판단하는 것이야 내게 무슨 상관이 있으리요마는 안에 있는 사람들이야 너희가 판단하지 아니하겠느냐? 밖에 있는 자들은 하나님께서 판단하시나니 그러한 악한 사람은 너희 가운데서 쫓아내라.』

위에서 일어난 일은 교회의 명예가 상처를 받는 일로서 개인적인 일이 아닌 공적인 일이기에 교회에서 판단하고 그 사람을 징계해야 하는데 교회가 바르게 행하지 못함을 보고 바울이 책망하고 있는 구절로서, 교회의 징계에 대하여 잘 알 수 있는 구절이다.

고린도 교회에서 누군가가 자기 아버지의 아내를 취하는

음행이 발생했다. 그들은 이방인들조차도 하지 않는 일이 교회 안에서 생겼는데도 이를 반성하고 통곡하며 회개하기는커녕 교만해져서 음행한 자를 교회에서 쫓아내지 않고 있었다. 이 시대의 교회들처럼 사랑만을 운운하며 자신들이 사랑이 많은 사람들인 양 교만해져 심판하지 않은 것이다. 이를 알게 된 바울은 자신은 멀리 떨어져 있지만 음행한 자를 이미 판단했다고 말함으로써, 판단하지 않고 감싸는 행위를 강하게 책망하고 있다.

교회의 법칙은 세상의 법보다 더 엄격하다. 죄를 지어 세 번의 권고에도 불구하고 이를 듣지 않으면 공개적으로 징계하는(이방인처럼 여겨 교회에서 쫓아냄) 것은 물론이고 기도로써 그 사람을 사탄에게 넘기기까지 하는 것이다. 사탄에게 넘긴다는 것은 그 사람의 육신이 더이상 죄를 짓지 않게 하기 위해 육신의 죽음에까지 이를 수 있다는 것을 뜻한다.

적은 누룩이 온 반죽을 부풀게 하는 것이기에 묵은 누룩을 떼어내는 징계를 하는 것이다. 죄를 덮어주지 않고 이렇게 징계를 함으로써 순수하게 교회를 지킬 수 있게 된다. 그러므로 교회 내에서 판단하고 징계하라는 말씀이지, 죄 가운데 있는 세상 사람들과 전혀 관계하지 말라는 것이 아니다. 바울은 형제라고 하는 자가 죄를 지으면 사귀지도, 함께 먹지도 말라고 다시 한 번 경고하면서, 교회 안에서는 당연히 판단하는 것이 옳은 것이지만 세상 사람들, 곧 믿지 않는 자들은 하나님께서 판단하실 것임을 말한다.

교회 밖에서 교회를 공격하는 것을 막는 것보다 내부로부터의 공격을 막는 것이 더 어려운 일이기에 성도들이 '교회의 규칙'

대로 행함으로써 교회가 순수성을 잃지 않도록 해야 한다.

교회 내의 문제 중 개인적인 문제로 인해 성도에게 권고와 책망을 하는 일들(징계의 순서 중 첫 번째와 두 번째)에 대해서는 지역교회 목사가 거론하지 않는다. 그러나 공개적으로 교회를 비방하고 공격하는 일들은 목사가 공개적으로 개입하여 거론하고 징계를 하는 것이 성경적임을 알 수 있다.

교회가 공개적으로 징계하는 유형과 방법

딤전 5:20 『범죄한 자들을 모든 사람들 앞에서 책망하여 다른 사람들도 두려워하게 하라.』

범죄한 자들을 모든 사람들, 곧 성도들 앞에서 공개적으로 책망함으로써 이를 듣고 보는 다른 사람들을 두려워하게 하고, 이렇게 함으로써 다른 성도들을 죄로부터 보호할 수 있는 것이다.

살전 5:14 『형제들아, 너희에게 권고하노니, 무질서한 자들을 훈계하며 낙담한 자들을 위로하고 약한 자들을 붙들어 주며 모든 사람들에게 오래 참으라.』

하나님은 질서의 하나님이시며, 무질서하게 행함으로써 교회 내의 규칙을 어기는 자들을 훈계하라고 하시는 말씀이다. 또한 낙담한 자들을 위로하고 약한 자들을 붙들어 주는 이러한 일들을 행할 때는 모든 사람에게 오래 참음으로 행해야 한다.

살후 3:6,7,10-12 『형제들아, 우리 주 예수 그리스도의 이름으로 너희에게 명하노니, 무질서하게 행동하고 우리에게서 받은 전통을 따라 행하지 않는 모든 형제를 멀리 하라. 너희가 어떻게 우리를 본받아야 할 것인지를 너희 스스로가 아나니 우리는 너희 가운데서 무질서하게 행하지 아니하였으며 … 우리가 너희와 함께 있을 때에도 너희에게 명하기를 누구든지 일하기 싫어하거든 먹지도 말라 하였노라. 우리가 들으니 너희 가운데서 무질서하게 행하여 전혀 일하지 아니하고 참견 잘하는 자들이 있다 하니 이제 우리가 우리 주 예수 그리스도를 통하여 이런 자들에게 명하고 권하노니 조용히 일하고 자기 양식을 먹으라.』

바울은 무질서한 자들을 훈계하고, 무질서하게 행동하며 전통을 따라 행하지 않는 모든 형제는 멀리 하며, 무질서함에서 돌아서지 않는 자와는 교제를 끊으라고 말한다. 예를 들면 교회에서 모든 사람이 똑같이 일을 하는데 따르지 않는 자들과 전혀 일하지 아니하고 참견 잘하는 자들이다. 데살로니가후서 2:2에서는 마지막 날이 가까웠다고 마음이 흔들리고 두려워하면서 자신이 해야 할 일을 하지 않음으로 교회의 질서를 깨뜨리지 말라고 권고한다.

살후 3:14,15 『누구든지 이 편지에 쓴 우리의 말에 순종치 않거든 그를 주목하여 사귀지 말고 그로 하여금 부끄럽게 하라.

그러나 원수같이 여기지 말고 형제로서 권고하라.』

이러한 자들에게 이렇게 교제를 끊는 이유는 이들이 부끄러움을 알고 회개에 이르게 하기 위한 것이지 사랑이 없어서가 아니다.

딛 1:11 『더러운 이익 때문에 가르쳐서는 안 될 것들을 가르쳐서 집들을 온통 뒤집어 놓는 그들의 입을 막아야 될 것이라.』

교리에 문제가 있는 사람들은 다른 성도들을 잘못 가르칠 수 있으니 그들의 입을 막으라고 하신다. 이런 자들은 자신의 더러운 이익을 위하는 자들이며, 이들의 교리에 귀를 기울이지 말고 엄히 꾸짖어 다른 사람들이 이들의 교리에 현혹되지 못하게 해야 한다.

딛 3:10 『이단 종파에 속한 사람은 한두 번 훈계한 후에 거절하라.』

요이 1:9-11 『범죄하고 그리스도의 교리 안에 거하지 아니하는 자마다 하나님이 없으나, 그리스도의 교리 안에 거하는 그 사람은 아버지와 아들이 있는 자니라. 어떤 사람이 너희에게 오되 이 교리를 가지고 오지 아니하면 그를 집에 영접하지도 말고 그에게 문안하지도 말라. 이는 그에게 문안하는 자는 그의 악한 일들에 참여하는 자임이라.』

이단 종파에 속한 사람에게는 한두 번 하나님의 말씀을 전하고, 이를 듣지 않을 때는 대응하지 말고 단절해야 한다. 이단 교리를 가져오는 자들은 하나님이 없는 자들, 곧 그리스도의 신성을 믿지 않는 자들이기에 이들을 집에 들이지도 말고 아는 체도 하지 말라는 말씀이다. 만일 '그리스도인으로서 그렇게까지 해야 하는가?' 라고 생각한다면, 그것은 하나님 보시기에 그 사람의 '악한 일에 참여하는 것' 이 됨을 기억해야 한다.

14

교회 직분

교회 내의 직분들에 관해서는 이에 대한 성경의 말씀을 찾아 알고 이를 올바로 실행하는 것이 절실히 필요하다. 오늘날 한국 교회는 교회의 직분에 관해서 비성경적으로 가르치고 실행함으로 교회가 부패하는 큰 원인이 되었으며 이로 인해 교회는 세상의 조직체로서 기업화되고 말았다. 우리들은 이런 현실을 직시하고 성경이 말씀하시는 교회의 직분을 올바로 배움으로써 이들의 잘못된 가르침을 지적하여 바른 길로 인도해야 한다.

성경이 말씀하시는 "교회의 구성원"

빌 1:1 『예수 그리스도의 종 바울과 디모데는 빌립보에 있는 그리스도 예수 안의 모든 성도들과 감독들과 집사들에게 편지하노니,』

이 구절을 통해서 성경적인 교회의 직분들은 '성도, 감독,

집사' 임을 알 수 있다. 이 세 가지 직분 외에 한국 교회에서 성경에도 없는 직분들(강도사, 전도사, 권사, 안수집사, 서리집사, 시무장로, 명예장로 등)을 만들어 낸 것은 하나님의 말씀을 무시하고, 교회의 성장만을 위해 사람들에게 직분들을 주어 자신들의 교회에 묶어 두기 위한 것이다. 이 직분을 많은 돈을 받고 파는 장사까지도 하고 있는 것이 오늘날 한국 기독교계의 현실이다.

빌립보서 1:1에서 알 수 있듯이 교회 안에는 오직 세 가지 직분 외에는 없다. 예수님께서 승천하시면서 주신 은사들을 보면, 사도시대 이후 오늘날 교회시대 때 주신 직분들을 알 수 있다.

엡 4:11 『그가 어떤 사람들은 사도로, 어떤 사람들은 선지자로, 어떤 사람들은 복음 전도자로, 어떤 사람들은 목사와 교사로 주셨으니』

이 중에는 현재는 없는 것과 현재까지도 남아 있는 직분이 있다. 사도와 선지자는 사도시대(열두 제자들이 사역한 시대)가 끝나면서 없어졌으며, 현재 신약교회에는 하나님께서 '복음 전도자, 목사와 교사' 를 주셨다.

교회에 주신 직분들과 그 자격

장로와 감독, 목사는 모두 동일한 직분을 말한다.

행 20:16,17,27,28 『바울은 아시아에서 시간을 아끼려고 배로 에베소를 지나치고자 작정하였으니 이는 가능하면 오순절 날에 예루살렘에 도착하려고 서둘렀기 때문이라. 그리하여 그가 밀레토에서 에베소로 보내어 교회의 장로들을 청하니 … 이는 내가 하나님의 모든 계획을 조금도 주저함이 없이 너희에게 전해주었음이라. 그러므로 너희 자신을 조심하고 모든 양떼에게도 그리하라. 이들을 위하여 성령께서는 너희를 감독자들로 세우셨으며 하나님께서 자신의 피로 사신 하나님의 교회를 돌보게 하셨느니라.』

대부분의 교인들은 장로교회의 장로와 성경에서 말씀하시는 목사를 지칭하는 장로를 혼동하는데, 이 문제를 해결해 주는 것이 사도행전 20:16-29까지의 문맥이다.

이 구절들을 정리해 보면 사도 바울이 오순절에 맞추어 예루살렘에 도착하기 위해서 에베소에 들르지 않는 대신 밀레토에서 에베소 교회의 장로들을 초청하여 그들과 이야기하는데, 그 내용은 결박과 고난이 기다리고 있는 예루살렘에 들어가는 각오와, 자신의 사역에 대한 심정을 토로하면서 자신이 떠난 후에는 흉악한 이리들이 들어올 것이니 장로들에게 모든 양떼들을 조심시키라고 부탁하고 있다.

이 초청된 장로들을 28절에서 바울은 감독이라 부르며, 피로 사신 하나님의 교회를 돌보게 하기 위하여 세운 자들이라고 말하고 있음에서 우리들은 '장로, 감독, 목사'가 동일한 직분임을 이해할 수 있다. 성경에서 말씀하신 장로 직분이 이 시대의 장로교

교단의 장로가 아니고 목사라는 것은 27,28절에서 바울이 초청한 장로들에게 하나님의 모든 계획을 알려 주면서 이 장로들을 감독이라 지칭하며 하나님의 교회를 돌보는 자들이라고 말하는 부분에서 알 수 있다.

바울이 에베소에서 부른 장로는 양을 치는 자인 'pas-tor,' 즉 목사이다. 또한 장로인 이들을 28절의 성령께서 '감독자' (overseers)로 세우셔서 '하나님의 교회를 돌보게' 하셨다고 하시는 말씀에서 '감독, 장로, 먹이고 돌보는 자인 목사' 가 동일한 직분임을 알 수 있다.

성경이 이렇듯 목사를 세 가지 명칭으로 부르는 이유가 있다.

벧전 5:1-4 『내가 너희 가운데 있는 장로들에게 권하노니 나도 장로 된 자요, 그리스도의 고난의 증인이며, 또한 장차 나타나게 될 영광에 동참하게 될 자라. 너희 가운데 있는 하나님의 양무리를 치고 돌보되 마지못하여 하지 말고 자원함으로 하며 더러운 이익을 위하여 하지 말고 준비된 마음으로 하며 하나님께서 맡겨주신 자들을 지배하려 하지 말고 오직 양무리의 본이 되라. 그리하면 목자장이 나타나실 때 너희가 시들지 않는 영광의 면류관을 받으리라.』

이 구절에서 자신을 장로라고 지칭하는 베드로는 지금의 장로교단에서 말하는 장로의 직분을 말하는 것이 아니다. 베드로는 대표적 사도로 복음을 전하고 교회를 세우며 양떼를 돌보는 목자로서의 장로였다. 장로를 '양을 치는 자들,' '감독자' 로 구분지어 표현하는 것은 하는 일에 따라 달리 부르는 것이다.

딤전 5:17 『잘 다스리는 장로들을 배나 존경할 사람으로 여기되 특별히 말씀과 교리에 수고하는 이들에게 그리할지니라.』

다스릴 때(rule)는 하나님께서 '장로' (elder)라는 명칭을 쓰시며, 또한 이 장로를 '말씀과 교리에 수고하는 이들' 이라고 한다. 이런 일을 하는 직분은 장로교에서 말하는 장로가 아니라 목사를 뜻하는 것이다. 또한 감독이라는 명칭을 쓸 때는 베드로전서 5:2에 보았듯이 양 무리를 주시하여 돌보는 일을 하는 감독자이기 때문이다.

이렇듯 성경에선 '장로, 감독, 목사' 가 동일한 직분인 것을 아래의 구절로 분명히 알 수 있다.

딛 1:5-9 『내가 너를 크레테에 남겨 놓은 이유는 너로 부족한 일들을 바로잡고, 내가 명한 대로 각 성읍에 장로들을 세우게 하려 함이니 누가 되더라도 비난받을 것이 없고 한 아내의 남편이어야 하며, 방탕하다거나 불순종한다는 비방을 받지 않는 신실한 자녀를 둔 사람이어야 하느니라. 감독은 하나님의 청지기로서 비난받을 것이 없고 자기 고집대로 아니하며, 쉬 화내지 아니하고 술을 즐기지 아니하며, 구타하지 아니하고 더러운 이익을 탐내지 아니하며 대접하기를 좋아하고, 선한 사람들을 좋아하며, 신중하고 정의로우며, 거룩하고 절제하며, 가르침받은 대로 신실한 말씀을 굳게 붙잡아야 하리니, 이는 그가 반박하는 자들을 건전한 교리로 권면하고 설득할 수 있게 하려는 것이라.』

장로가 장로교단 교회의 장로라면 디도가 각 성읍에 다니면서 장로를 세울 필요가 있었겠는지를 생각해 봐야 한다. 각 성읍의 교회가 한국교회에서 말하는 장로를 세우려고 했다면 그 장로교회의 목사와 교인들이 장로를 임명하면 되는 것이지 왜 디도가 각 성읍의 교회를 다니면서 장로를 세우겠는가? 이 장로는 각 성읍에 있는 교회의 목사를 뜻하는 것이다.

감독에 대한 자격을 말씀하고, 디모데전서 3장에서도 장로와 감독에 대한 자격을 말씀하시는데 왜 목사의 자격에 대한 구절은 없는가? 성경 전체에서 목사의 자격에 대해 말씀하신 구절은 한 구절도 없다. 그 이유는 지금까지 살펴본 성경 말씀을 통해 알 수 있듯이 장로, 감독이 목사와 같은 직분이기 때문이다.

성경이 말씀하는 목사의 자격

딤전 3:1-7 감독, 즉 목사의 자격에 대한 말씀 『만일 어떤 사람이 감독의 직분을 원하면 그가 선한 일을 사모한다는 그 말은 참되도다. 그러므로 감독은 비난받을 일이 없어야 하고, 한 아내의 남편이어야 하며, 절제하고 신중하며, 예의 바르고 대접하기에 힘

쓰며, 가르치기를 잘하고 술을 즐기지 아니하며, 구타하지 아니하고, 더러운 이익을 탐내지 아니하며, 오직 잘 참고, 다투지 아니하며, 탐욕스럽지 아니하고 자기 집안을 잘 다스려서 온전한 위엄으로 자기 자녀들을 순종케 하는 사람이어야 하리라. (사람이 자기 집안을 다스릴 줄 모르면 어떻게 그가 하나님의 교회를 돌볼 수 있으리요?) 초신자여서도 아니되나니, 이는 그가 교만으로 높아져 마귀의 정죄함에로 빠질까 함이라. 또한 외부 사람들로부터도 좋은 평판을 받아야 할지니, 이는 그가 비방과 마귀의 올무에 빠지지 않게 하려는 것이라.』

목사의 자격으로는 우선 하나님의 부르심(calling)이 있어야 한다. 부르심이 있으면 원하는 마음이 생기고, 선한 일을 사모하게 된다. 그리고 비난받을 일이 없어야 하는데, 이는 하나님의 말씀을 전함으로 인해 받는 비난이나 비방이 아니라 세상적이고 육신적인 일들로 인한 불명예스러운 일들을 말한다.

또한 '한 아내의 남편' 이라는 이 구절을 혹자들은 '한 번의 결혼' 으로 생애에 결혼을 한 번만 해야 하는 뜻으로 잘못 해석하여 재혼을 한 사람은 목사의 자격이 없다고 한다. 그러나 만일 그렇다면 목사가 사역 중 아내와 사별하는 일이 생기면 목사의 직분을 감당할 수 없게 된다는 것인가? 잘못된 성경 해석은 성경의 어느 부분에서 꼭 걸려 넘어지게 될 수밖에 없다.

이런 주장을 하는 사람들에게는 악의적인 동기가 있는데, 이는 밥 존스, 피터 럭크만 박사와 같은 신실한 목사들을 공격하기 위한 것이다. '한 아내의 남편' 이어야 한다는 것은 '일부다처제' 등 음행에 관한 것으로 여러 명의 아내를 둔 자는 장로의 자격이 없음을 말한다.

또한 한 아내의 남편이어야 한다는 것은 여자가 아닌 남자만이 목사의 자격이 있음을 말씀하시는 것이며, 여자 목사는 비성경적이다.

목사는 더러운 이익을 탐내지 말아야 한다. 탐심과 욕심으로 인해 순수한 하나님의 사역을 더럽히는 자는 자격이 없다. 이 말씀으로 비추어 볼 때 오늘날의 목사들 대부분은 자격이 없다고 할 수 있다.

한 예로 많은 목사들이 목회를 성경적으로 하지 않는 이유에 대해 '그렇게 하면 교인들이 모이지 않는다' 또는 '교단에서 쫓겨난다' 등 변명을 하는데, 이들은 하나님의 말씀대로 따르는 자가 아니고 하나님의 부르심을 받은 자가 아니라는 것을 이들의 말로써 알 수 있다.

많은 한국교회의 목사 자녀들은 집안에서 아버지의 모습과 완전히 다른, 강단에서의 위선적인 모습으로 인해 아버지가 믿는 하나님을 믿지 못하고 지옥으로 향하고 있다. 비록 이들의 자녀가 세상적으로 성공했다 하더라도 그들은 바른 믿음을 갖지 못한다.

목사뿐만 아니라 위선적으로 믿음 생활을 하는 사람들도 언젠가는 그 모습이 표면에 드러나게 된다. 항상 하나님 앞에 정직해야 하며, 구원받지 못한 사람들에게서도 인정받는 평판이 있어야 한다. 그리고 초신자인 사람이 목사가 된다면 자신이 다른 사람보다 뛰어나다고 생각하는 교만에 빠질 수 있다.

이러한 것들이 성경에서 말씀하신 목사의 자격이며, 성경적인 자격을 갖추지 못했는데도 목사의 직분을 수행한다면 하나님께서는 그들이 하는 일을 인정하지 않으시며 사역을 하지 못하게 만드실 수도 있다.

또한 성경을 잘 가르친다는 것만으로는 목사가 될 수 없는데, 유명 신학대학교 박사 출신이라 해서 목사가 될 수 있는 것이 아니라 하나님의 말씀대로 신실하게 행하는 자라야 목사로 쓰임을 받는 것이다.

정리하면 목사는 교회를 다스리고, 하나님이 맡겨주신 양떼를 돌보는 자로서 성도들의 본이 되며, 바른 교리를 알고 가르칠 수 있어야 한다(엡 4:11). 그런 사람이 성경적인 목사로서의 자격이 있는 것이다.

목사는 하나님의 말씀과 기도로 무장되어야 한다.

행 6:1-7 『그 당시에 제자들의 수가 늘어나고 그리스인들이 히브리인들에 대하여 불평이 일어나니 이는 그들의 과부가 매일의 구제에서 소외됨이라. 그러자 열두 사도가 제자들의 무리를 불러서 말하기를 "우리가 하나님의 말씀을 버려 두고 식단을 돌보는 것이 옳지 아니하도다. 그러므로 형제들아, 너희 가운데서 성령과 지혜로 충만하여 훌륭한 평판을 듣는 일곱 사람을 찾아서 택하여 이 일을 맡기고 우리는 계속해서 기도하는 일과 말씀의 사역에 전념하리라." 고 하더라. 그 말이 온 무리를 기쁘게 하니라.

그리하여 그들이 믿음과 성령으로 충만한 사람 스테판과 빌립, 프로코로, 니카놀, 티몬, 파메나와 유대교로 개종한 안티옥 사람 니콜라오를 뽑아서 사도들 앞에 세우니 그들이 기도한 후에 그들에게 안수하더라. 하나님의 말씀이 널리 전파되니 예루살렘에 있는 제자들의 수가 크게 늘었으며 제사장의 큰 무리도 이 믿음에 순종하더라.』

위의 성경구절은 초대 교회 때 교회 내의 이방인과 유대인 사이에 생겼던 문제에 대해 말씀한다. 목자인 사도들은 교회에서 일어나는 모든 일들을 자신들의 힘으로만 치리하는 것이 어렵게 되자 교회의 일을 도울 집사를 임명하게 되었는데, 4절에서는 목사(장로인 사도)가 하는 일을 말해주고 있다.

사도들이 하는 일들 중 하나님의 말씀을 공부하고 가르치는 것은 매우 중요한 일이었다. 많은 사람들이 구원을 받아 교회가 크게 성장한 가운데 여러 가지 일들이 발생함에 따라 사도들은 기도와 말씀의 사역에만 전념할 수 없게 되었다. 목사가 모든 일들을 할 수 없어 집사들을 세우게 되었는데, 여기서 집사의 자격에 대해 말씀한다. 집사는 교회 내에서 성령충만하고 지혜와 믿음으로 충만한 성도 중에서 임명된다(3-5절).

오늘날에는 많은 교회들이 교회에 참석한 지 얼마 되지도 않은 사람들을 집사, 장로로 세우고 있는데 이것은 영적으로 무지한 일이고, 교인 수를 늘리고자 하는 더러운 욕심을 채우기 위한 일들이지 하나님의 말씀대로 하는 일이 아니다.

성경이 말씀하는 집사의 자격

집사는 목사의 지시에 따라 교회를 섬기는 자로, 봉사가 주된 임무이다.

딤전 3:8-13 『이와 같이 집사들도 신중하고, 일구이언하지 아니하며, 술에 인박이지 아니하고, 더러운 이익을 탐내지 아니하며, 순수한 양심 안에 믿음의 신비를 가진 사람이어야 하느니라. 이런 사람들을 먼저 관찰해 보고, 그후에 비난받을 것이 없으면 집사의 직분을 수행하게 할지니라. 그들의 아내들도 이와 같이 신중하고 중상하지 아니하며, 절제하고 모든 일에 신실해야 하리라. 집사들은 한 아내의 남편으로서 자신의 자녀와 집안을 잘 다스려야 할지니라. 집사의 직분을 잘 섬긴 사람들은 자신들을 위하여 좋은 지위를 얻고 또 그리스도 예수 안에 있는 믿음 안에서 큰 담력을 얻느니라.』

집사는 자신의 이익을 위하여 같은 말을 듣는 사람에 따라 다르게, 특히 목사와 성도들에게 다르게 말해서 교회를 분열시키는 자가 되어서는 안 된다.

집사의 자격은 목사의 자격과 비슷한 부분이 있으나 어떤 면에서는 자격이 더 까다롭다. 누구나 집사가 될 수 있는 것이 아니며, 하나님의 말씀에 확고한 믿음과 명철이 있어야 한다.

집사로 임명되는 사람은 자신뿐만 아니라 아내까지도 신중

하고 중상하지 않으며 절제하고 모든 일에 신실해야 한다. 집사는 교회의 살림을 맡아서 하는 자인데 그의 아내가 성경적 조건에 미달되어 살림을 망친다면 교회에 분열을 일으키게 되고 교회가 분열되거나 파괴되는 것이다.

집사는 한 아내의 남편 된 남자로서 목사의 자격과 동일하며, 여자는 집사가 될 수 없다. 집사는 교회 성도로부터 존경받는 직분이다.

교회의 직분, 즉 목사, 장로, 감독, 집사는 하나님께서 주신 직분이지만, 이러한 직분에 대한 존중이 오늘날 땅에 떨어졌다. 그 이유는 하나님 말씀대로 하지 않기 때문이다.

하나님을 섬기기 위해 존재하는 교회의 직분을 자신들의 욕심을 채우기 위해서 세상 조직의 직급같이 여기고, 목사는 하나님의 말씀대로 하지 않고 교회 성장을 위해 직분을 팔고 장사하는 등의 교회 놀이를 하고 있는 것이 오늘날의 현실이다.

15

그리스도인의 가정: 자녀 교육

그리스도인 부모들이 가정에서 수행해야 할 의무 중 하나는, 자녀들이 육신에 대해 승리하고 세상과 사탄의 유혹에 빠지지 않도록 항상 주의하며 노력을 기울이는 것이다.

집안의 가장은 아버지이다. 성경은 아버지에게 자식들과 집안의 식구들을 잘 다스리라고 말씀하신다. 성경은 아브라함에 대해, 자식들과 집안 식구들에게 주의 도를 지켜 정의와 공의를 지키도록 가르치고 명령하는 가장의 의무를 행하는 자라고 말씀한다.

창 18:19 『내가 그를 아나니, 그가 자기 자식들과 자기 뒤에 올 자기 집안 식구들에게 명하겠고 그들은 주의 도를 지켜 정의와 공의를 행하리니, 이는 주가 아브라함에 대해 말했던 바를 그에게 가져오려 함이라." 하시니라.』

성경은 자녀들의 교육이 국가나 학교가 아니라 부모의 책임이라 말씀한다

잠 22:6 『아이를 그가 마땅히 가야 할 길로 훈육하라. 그리하면 그가 늙어도 그 길을 떠나지 아니하리라.』

자녀를 하나님의 말씀대로 훈육하는 것은 부모가 해야 할 일로서, 자식을 말씀대로 훈육하면 그 자녀는 늙어도 부모가 훈육한 길을 잊지 않고 돌아오거나 그 길에서 떠나지 않는다는 말씀이다.

이와 반대로 부모가 자녀를 교육하지 못할 때 그 자녀는 바른 길을 알 수도 없고 그 길로 갈 수도 없다.

엡 6:4 『너희 아비들아, 너희 자녀들을 성나게 하지 말고 주의 교훈과 훈계로 양육하라.』

자녀를 성나게 한다는 것은, 부모가 하나님의 말씀대로 본이 되지 못하고 부모의 필요와 감정을 자식에게 강요만 할 때 그 자녀는 부모의 잘못된 교훈과 훈계로 인하여 성이 나서 주의 교훈을 알지 못하게 되어 잘못된 길을 가는 것을 뜻한다.

미국의 그리스도인 부모들이 자녀들을 홈스쿨링 하는 중요한 이유는 세상의 지식과 부귀영화 등의 세상에서의 성공을 추구하는 것보다 주님을 사랑하는 것을 자녀들에게 가르치기 위해서이다.

반면 오늘날의 공립, 사립학교는 폭력, 성적 문란, 인본주의 사상을 아이들에게 주입하여 부모에게 불효하는 자식들로 만들고 있다. 세상 교육은 남이 아닌 자기 자신을 위해 사는 것은 잘못된 것이 아니라고 가르치며, 또한 아이들이 잘못을 해도 그 잘못을 지적하지 않는데 그 이유가 아이들의 자신감을 빼앗아 아이의 미래를 망친다는 것이다.

이러한 교육으로 인해 아이들은 과정이 어떻든 결과만을 중요하게 생각하며, 사회의 가치와 도덕은 어느덧 고리타분한 옛이야기가 되어 버렸다. 그리스도인이 자녀를 가정에서 교육하기 불가피한 상황이어서 공립학교에 보내야 할 때는 자녀들에게 성경적 가르침을 강조하여 이 세상에 물들지 않도록 양육해야 한다.

성경은 자녀들이 부모를 공경해야 한다고 말씀한다

성경은 부모님을 공경하고 순종하며 효도를 다하라고 말씀하시며(출 20:12, 딤전 5:4) 부모님 말씀에 경청하고, 부모가 늙어도 경히 여기지 말라고 하신다(잠 23:22). 이렇게 자녀가 부모를 공경하고 순종하며 효도를 할 때 그 자녀는 잘되고 장수하며 복을 받는다고 말씀한다.

출 20:12 『너는 네 아비와 네 어미를 공경하라. 그리하면 주 너의 하나님께서 네게 준 땅 위에서 네 날들이 길 것이라.』

엡 6:1-3 『자녀들아, 주 안에서 너희 부모에게 순종하라. 이것이 옳으니라. 네 아버지와 어머니를 공경하라. (이것이 약속 있는 첫째 계명이니) 이는 네가 잘되고 또 땅에서 장수하게 하려 함이니라.』

성경은 부모를 공경하지 않고 불순종하며 업신여기는 자를 정죄하고 있으며, 율법시대에는 이와 같은 자들을 돌로 쳐서 죽이라고 하셨다(신 21:18-21). 오늘날 우리는 자녀들이 부모를 경시할 뿐 아니라 인륜을 저버리는 모습까지 목도하고 있다. 이렇게 부모를 공경하지 않고 불순종하는 행태를 마지막 날들의 모습이라고 하신다(딤후 3:1,2).

자녀를 훈계하라

앞에서 언급했듯이 세상 교육으로는 자녀들을 세상의 죄와 유혹으로부터 구해 낼 수 없다. 하나님의 신실한 사역자들을 길러낸 밥 존스 1세가 "구원 없는 교육은 저주다"("Education without salvation is damnation.")라고 말했듯이, 세상 모든 사람들이 좋아하고 따르는 교육이라 할지라도 진리의 말씀과 무관한 교육은 저주로 끝나게 된다. 이 말은 성경과 무관한 그 어떠한 교육도 사람을 하나님의 영원한 심판과 저주에서 구원할 수 없고 죄를 해결할 수 없으며 거듭나게 할 수 없다는 말이다. 세상의 지혜를 말하며 구원 없는 교육을 따랐던 자들을 가리켜 성경은 "멸망하는 자들"이라고 말씀하신다(고전 1:18-21).

부모들은 자녀들을 하나님의 말씀인 성경으로 교육하고 훈계해야 한다. 곧 자녀 교육에 있어서 최종권위가 성경이 되어야 한다는 것이다. 성경으로 자녀를 양육하지 못하면 그 자녀는 멸망으로 갈 수밖에 없고, 구원받은 자녀라고 할지라도 그 자녀는 믿음에서 떨어지게 된다.

또한 성경은 자녀들을 하나님의 말씀으로 교육하고 훈계하며, 때에 따라서는 매로써 가르치고 징계로써 교육할 때 자녀를 지옥으로부터 구원하고 바른 길로 가게 할 수 있다고 하신다.

잠 23:13,14 『아이로부터 징계를 거두지 말라. 네가 그를 매질할지라도 그가 죽지 아니하리라. 너는 그를 매질해야 하리니, 그리하면 그의 혼을 지옥으로부터 구해 내리라.』

징계와 매질은 자녀를 지옥으로부터 구원한다.

잠 13:24 『매를 들지 않는 자는 자기 자식을 미워하는 것이나, 자식을 사랑하는 자는 알맞은 때에 징계하느니라.』

잠 22:15 『아이의 마음속에는 어리석음이 매여 있으나, 징계하는 막대기가 그에게서 이를 멀리 쫓아내리라.』

징계는 자녀를 어리석음에서 해방시킨다.

잠 29:15 『매와 책망은 지혜를 얻게 하나, 혼자 버려진 아이는 그 어미를 욕되게 하느니라.』

매와 책망은 자녀에게 지혜를 얻게 한다. 이와 같이 성경의 말씀대로 자녀를 교육하고 훈계하고 징계할 때, 그러한 훈육이 자녀에게 보화가 되는 것이다(잠 1:8,9, 2:1, 3:1, 4:1, 5:1,2, 6:1–5, 7:1–5, 13:1, 15:5,20, 17:21,25, 19:26,27 등).

부모는 자녀에게 본이 되어야 한다

그리스도인 부모들은 가정에서 성경의 말씀대로 자녀를 가르쳐야 하며, 아이들에게 기도하는 모습, 성경을 읽고 공부하는 모습을 보여주어야 한다. 이러할 때만 자녀들은 부모로부터 받은 가르침이 부모의 일시적이고 감정적인 가르침이 아닌 자신이 해야 할 일들임을 깨닫기 때문이다. 가정에서 예배를 드리고 하루의 시작과 마무리를 하나님 말씀으로 해야 한다.

여기서 예배란 형식적이고 의식적인 것이 아니라 일을 시작하는 아침에 기도와 하나님의 말씀을 읽고 시작하며 저녁에는 하루의 일을 돌아보고 잘못된 말과 행동이 생활 중에 있었다면 하나님께 자백하는 시간을 갖는 것을 말한다(하나님의 말씀은 부모가 주중에 읽었던 성경구절이나, 교회예배 또는 성경공부 시간에 들었던 말씀 중 감동된 말씀을 택하거나 암송구절 등을 사용할 수 있다).

그리고 가족이 모이는 식사 때는 식사기도를 같이 한다. 성경적인 모습이란 외향적인 것이 아니라 실생활에서 하나님의 말씀이 최종권위가 됨을 보여주는 것이다. 부모가 성경을 공부하는 모습을 보여줌으로 인터넷이나 TV, 더러운 잡지 등으로부터 자녀를 차단할 수 있다.

부모가 잘못을 했을 때는 아이들에게 솔직하게 이야기하고 회개하는 모습을 보여줌으로써 부모도 잘못할 수 있음을 인정해야 한다. 부모가 잘못했는데도 억지를 부린다면 자녀도 자신의 잘못을 인정하지 않게 된다.

부모는 하나님 사역에 진지한 모습을 자녀에게 보여줘야 한다. 교회 출석과 구령, 선한 일을 행함과 성도간의 우애 등에서 그렇게 해야 한다. 그럴 때 자녀들은 주님을 섬기며 하는 일을 중요하게 생각할 수 있게 된다.

그리고 부모는 어린 자녀의 구원에 관하여 항상 점검해야 한다. 부모는 자녀가 자신이 죄로 인해 죽을 수밖에 없는 죄인임을 알고 하나님의 말씀으로 예수 그리스도를 구주로 마음 속에 받아들였는지를 성년이 될 때까지 항상 확인해야 한다.

그리스도인 부모가 책망과 매와 돌봄과 바로잡음으로써 자녀를 양육할 때 부모 자신에게 평안이 있게 된다.

잠 29:17 『네 아들을 바로잡으라. 그리하면 그가 너를 평안하게 하리니, 정녕, 그가 네 마음에 기쁨을 주리라.』

그리스도인들이 하나님의 말씀을 똑같이 듣고 똑같이 믿음생활을 하지만, 마지막에 갈라지는 지점은 바로 성경 말씀대로 실행을 하느냐 안 하느냐에 달려 있는 것이다.

16
그리스도인의 가정: 결혼

본 과에서는 그리스도인이 어떻게 자녀를 양육해야 하며 결혼시켜야 하는지를 성경 말씀으로 살펴보려 한다. 그리스도인의 구원받기 전 삶은, 세상의 전통과 사상의 영향을 받으며 그 가운데서 자신의 가치관을 갖고 사는 것이었다. 성경에서 말씀하시는 자녀 교육과 결혼에 대한 말씀을 배우는 우리는 지금까지 가졌던 과거의 가치관은 버리고 하나님께서 말씀하신 것에 따라 자녀를 교육하고 결혼시키는 자세를 가져야 한다.

성경이 말씀하시는 자녀 교육과 결혼에 대한 말씀이 자신의 생각과 다르다고 이를 이해하지 못하고 따르지 못한다면 그 사람은 결국 믿음에서 떠나게 된다. 바이블 빌리버들은 과거 세상적으로 생각하며 행하던 모습들을 버리고 오직 하나님께서 말씀하시는 것을 배워 가정과 사회생활에 정착시키고 실행할 책임이 있다.

성경에서 말씀하시는 결혼의 이유

창 1:26-28 『하나님께서 말씀하시기를 "우리의 형상대로 우리의 모습을 따라 사람을 만들자. 그리하여 그들로 바다의 고기와 공중의 새와 가축과 모든 땅과 땅 위를 기어다니는 모든 기는 것을 다스리게 하자." 하시니라. 그리하여 하나님께서 자신의 형상대로 사람을 창조하셨으니, 곧 하나님의 형상대로 그를 창조하셨으며 그들을 남자와 여자로 창조하셨느니라. 하나님께서 그들에게 복을 주시고 하나님께서 그들에게 말씀하시기를 "다산하고 번성하며 땅을 다시 채우고 그것을 정복하라. 그리고 바다의 고기와 공중의 새와 땅 위에서 움직이는 모든 생물을 다스리라." 하시니라.』

하나님께서 인간을 창조하시고 아담과 이브에게 다산하고 번성하라고 하신 후 땅을 다시 채우고 정복하라고 하셨다. 결혼의 첫 번째 이유는 다산하고 번성하라고 하신 하나님의 명령 때문이다.

두 번째 결혼의 이유는 부모를 떠나 아내와 함께 협력자로서 가정을 이루기 위해서이다. 결혼의 정의를 말씀하시는 구절을 보자.

창 2:18-24 『또 주 하나님께서 말씀하시기를 "남자가 혼자 있는 것이 좋지 않으니 내가 그를 위하여 돕는 자를 지으리라." 하시며 … 그러므로 남자가 자기 아버지와 자기 어머니를 떠나서 자기 아내와 결합하리니, 그들이 한 몸이 될 것임이니라.』

세 번째 결혼의 이유는 음행을 막기 위함이다.

고전 7:1-5 『이제 너희가 내게 쓴 것들에 관해서는, 남자가 여자를 접촉하지 아니하는 것이 좋으나, 음행하지 않기 위해 남자마다 자기 아내를 두고 여자마다 자기의 남편을 둘지니라. 남편은 아내에게 합당한 애정을 주고 아내도 남편에게 똑같이 하라. 아내가 자기 몸을 주관하지 못하고 남편이 주관하며 이와 같이 남편도 자기 몸을 주관하지 못하고 아내가 주관하느니라. 너희는 서로 권리를 빼앗지 말라. 다만 금식과 기도할 틈을 얻기 위하여 합의 상 잠시 떨어져 있다가 다시 합하라. 이는 사탄이 너희의 자제하지 못함으로 인하여 너희를 시험하지 못하게 하려 함이라.』

음행은 하나님께서 싫어하시는 큰 죄로 구약의 모든 책에서 경고하시고, 예수 그리스도께서도 지속적으로 말씀하셨다(마 19:9). 사도 바울도 서신서에서(고전 6:18) 이 죄를 경고했으며, 성경의 마지막 책인 요한계시록에 이르기까지(계 21:8) 하나님께서 강력하고 무섭게 경고하시는 죄가 음행이다.

음행에 대한 대표적인 구절들 중 먼저 구약의 신명기 22장 말씀을 보자.

신 22:20-24 『그러나 만일 이 일이 사실이어서 처녀성의 표를 그 소녀에게서 찾을 수 없으면 그때는 그들이 그 소녀를 아비의 집 문 밖으로 데리고 나와서 그녀의 성읍 사람들이 그녀를 돌로 쳐서 죽일지니 이는 그녀가 자기 아비의 집에서 창녀짓을 하고 이스라엘에서 어리석은 짓을 행하였음이라. 그와 같이 너는 너희 가운데서 악을 제할지니라. 만일 어떤 남자가 한 남편과 결혼한 여자와 동침하는 것이 발견되면 그들을 둘 다 죽일지니, 즉 그 여자와 동침한 그 남자와 그 여자니라. 이같이 너는 이스라엘로부터 악을 제할지니라. 만일 처녀인 소녀가 남편에게 정혼하였는데 어떤 남자가 그녀를 성읍 안에서 만나 그녀와 동침하면 그때에 너희는 그들을 그 성읍의 문 밖으로 끌어내어 그들을 돌로 쳐 죽일지니 이는 그 소녀가 성읍 안에서 소리지르지 아니하였음이요, 그 남자는 자기 이웃의 아내를 비천하게 하였음이라. 이같이 너는 너희 가운데서 악을 제할지니라.』

결혼하기 전 처녀에 대한 음행과 남자의 음행을 말씀하는 구절이다. 결혼한 여자의 음행과 정혼한 처녀의 경우 음행의 판단 기준이 무엇이며, 어떤 경우에 음행을 동의에 의한 것으로 취급하는지, 강제 동침 시 남자를 죽이고, 남자가 정혼하지 않은 처녀와 동침하였을 경우 어떻게 처벌하는지를 상세하게 예로 설명하여 강력하게 경고하시는 말씀이다.

위의 말씀에서 하나님께서 정하신 결혼은 거룩한 것임을 알아야 한다. 이 결혼은 남자와 여자가 만나서 한 몸을 이루는 것이며, 형식적인 예식이 아니라 '한 몸' 이 되는 것으로 혼인이 성립되는 것이다. 어떤 이들은 성관계와 혼인을 분리하는데, (혼전 성관계라 하며 혼인과 남녀 관계를 분리함) 이 둘(성관계, 혼인)은 분리될 수 없는 것이다. 이는 고린도전서 6:16에 창녀와 합한 자는 한 몸이라는 말씀에서 분명히 알 수 있다.

음행에 대한 신약의 말씀을 살펴보자.

마 19:3-9 『바리새인들도 주께 와서 주를 시험하여 말하기를 "사람이 무슨 사유로든지 자기 아내를 버리는 것이 타당하니이까?" 라고 하니, 주께서 그들에게 대답하여 말씀하시기를 "처음에 사람을 지으신 분이 남자와 여자를 지으시고, 말씀하시기를 '이런 까닭에 남자가 아버지와 어머니를 떠나서 그의 아내와 합하여 그 둘이 한 몸이 될지니라.' 고 하신 것을 읽어 보지 못하였느냐? 그러므로 이제 그들은 둘이 아니요 한 몸이니라. 그러므로 하나님께서 결합시켜 주신 것을 사람이 나누지 못하느니라." 고 하시더라. 그들이 주께 말하기를 "그러면 어찌하여 모세는 이혼증서를 주어서 내어 버리라 명령하였나이까?" 라고 하니, 주께서 그들에게 말씀하시기를 "모세는 너희 마음의 완고함 때문에 아내를 버리는 것을 허락하였지만 처음부터 그렇지는 아니하였느니라. 내가 너희에게 말하노니, 누구든지 음행한 연고 외에 자기 아내를 버리고 다른 여자와 혼인하는 자는 간음하는 것이요, 또 버려진 여자와 혼인하는 자도 간음하는 것이라." 고 하시더라.』

바리새인들이 아내를 버리는 것에 대한 질문으로 주님을 시험할 때 "어떤 이유에서든 아내를 버릴 수 있는가?" 라고 물었다. 이러한 바리새인들의 의도를 아시는 주님께서는 4,5절의 말씀으로 대답하시는데 앞에서 보았던 창세기 2:23,24의 말씀을 인용하면서 대답하셨다.

이 구절들을 요약 정리하면, 혼인은 남자와 여자가 한 몸을 이루는 것이며(그리스도와 교회의 관계이기도 함) 이혼에 관한 구절인 모세의 율법(신 24:1–4)의 예를 들어 이혼을 허락하는 것은 인간의 죄 때문이지 하나님께서 정하신 것이 아님을 말씀하신다. (8절에 "처음부터 그렇지는 아니하였느니라" 하시고 음행한 연고 외에는 이혼해서는 안된다고 9절에서 말씀하시며 이혼과 음행을 정의하신다.) 곧 배우자가 음행을 한 이유 외에는 배우자를 버릴 수 없으며, 배우자를 버리고 다른 여자나 남자와 혼인하는 것도 음행이라고 말씀하셨다.

성경이 말씀하는 그리스도인의 결혼

고후 6:14–17 『믿지 않는 자들과 멍에를 같이 메지 말라. 의가 불의와 어찌 관계를 맺으며 빛이 어두움과 어찌 사귀겠느냐? 그리스도가 벨리알과 어찌 조화를 이루며 또한 믿는 자가 믿지 않는 자와 어떤 부분을 같이하겠느냐? 하나님의 성전과 우상들이 어찌 일치되겠느냐? 이는 너희가 살아 계신 하나님의 성전임이라. 하나님께서도 말씀하시기를 "내가 그들 가운데서 살 것이며 그들 가운데서 다닐 것이며 나는 그들의 하나님이 되고 그들은 나의 백성이 되리라. 그러므로 주가 말하노라. 너희는 그들에게서 나와 따로 있고 더러운 것을 만지지 말라. 그리하면 내가 너희를 영접할 것이며』

위 구절은 성별에 대한 말씀이며 이것이 하나님께서 원하시는 그리스도인의 결혼이다. 멍에라는 것은 두 짐승이 반드시 동시에 움직일 수 있게 하기 위해 만든 도구이다. 이 멍에를 같이 멘다는 것은 같은 길을 가야 된다는 뜻이다.

만약 믿는 자의 결혼 상대가 구원받은 그리스도인이 아니라면 이 두 사람은 멍에를 같이 메었기에 많은 시간을 어둠 가운데 살 수밖에 없으며, 한 사람은 하나님의 성전이지만 다른 사람은 우상들의 전이기 때문에 믿는 자가 하나님께 복종하려 할 때 상대는 하나님이 아닌 세상과 육신을 좇아가려고 해서 갈등이 일어난다. 그 결혼은 지상에서 지옥을 맛보는 생활이고 결국 파국을 맞게 될 것이다. 결혼 전 믿지 않는 상대방이 아무리 학식이 출중하고 물질과 가진 것이 풍족하다 할지라도 그 사람이 그리스도인이 아니라면 그 사람을 사용하여 믿는 자의 믿음을 어둡게 하고 믿음에서 떨어지게 하려는 것이 이 세상의 신인 사탄이(고후 4:4) 벌이는 일인 것을 알아야 한다.

따라서 영적 전쟁을 하는 그리스도인은 그리스도인과 결혼을 해야 한다는 것이 성경의 말씀이다.

고전 7:39 『아내가 자기 남편이 살아 있는 동안에는 법에 매여 있으나 남편이 죽으면 자유롭게 되어 자기가 원하는 사람과 혼인하게 되나 주 안에서만 할 것이니라.』

이 구절은 재혼에 대한 말씀으로, 결혼은 주 안에서 하는 것임을 알 수 있다. 재혼은 신실하게 하나님을 섬기는 구원받은 사람과 결혼해야 한다.

또한 구원받은 그리스도인들은 결혼할 나이가 되기 전까지는 남자나 여자를 이성으로 만나 사귀는 일을 하지 않는다. 젊은 청소년들이 결혼하기 전까지는 남녀간 서로를 대할 때 자신의 친형제나 자매처럼 정결(순수)하게 대해야 한다. 그 이상이 되면 성경적이지 못하게 되어 문제가 생기게 된다. 그래서 바울은 젊은 사람들에게 디모데전서 5:2과 같이 권고하고 있다.

딤전 5:2 『나이 많은 여인들은 어머니처럼, 젊은 여인들은 온전한 정결로써 자매처럼 권고하라.』

성경이 말씀하는 이혼의 사유

'결혼은 어떤 상황에서도 계속되어야 하는가? 언제까지 지속해야만 하는가? 그리고 결혼은 몇 번까지 해야 하는 것인가?' 라고 묻는 사람들이 있다. 이런 질문은 앞에서 인용한 결혼에 대한 권면의 말씀에 비추어 생각해야 한다.

마 19:9 『내가 너희에게 말하노니, 누구든지 음행한 연고 외에 자기 아내를 버리고 다른 여자와 혼인하는 자는 간음하는 것이요, 또 버려진 여자와 혼인하는 자도 간음하는 것이라." 고 하시더라.』

이혼은 음행한 연고 외에는 할 수 없다. 이혼은 기본적으로 하나님의 뜻에 어긋나는 것이나, 남편이나 아내가 음행을 한 경우 이혼을 허용하신다.

롬 7:2 『남편이 있는 여인은 그 남편이 살아 있는 한 그에게 법으로 매여 있으나 남편이 죽으면 그녀는 그 남편의 법에서 벗어나느니라.』

고전 7:39 『아내가 자기 남편이 살아 있는 동안에는 법에 매여 있으나 남편이 죽으면 자유롭게 되어 자기가 원하는 사람과 혼인하게 되나 주 안에서만 할 것이니라.』

재혼은 배우자와 사별하였을 경우에 가능하며, 만일 연고가 있어 이혼을 한 후 재혼을 할 경우에는 주 안에서, 곧 믿는 자와 혼인해야 한다.

고전 7:12-15 『나머지 사람들에게 주께서 말씀하시는 것이 아니고 내가 말하노니 만일 어떤 형제에게 믿지 아니하는 아내가 있는데 남편과 함께 살고자 한다면 그녀를 버리지 말라. 또 어떤 여자에게 믿지 아니하는 남편이 있는데 함께 살고자 한다면 그를 떠나지 말라. 이는 믿지 아니하는 남편이 그 아내로 인하여 거룩하게 되고 믿지 않는 아내도 그 남편으로 인하여 거룩하게 되기 때문이라. 그렇지 않다면 너희 자녀도 깨끗하지 못하니라. 그러나 이제는 그들이 거룩하니라. 그러나 만일 믿지 아니하는 자가 떠나겠다면 그를 떠나게 하라. 형제나 자매나 그런 일에 매여 있지 아니하느니라. 그러나 하나님께서는 우리를 화평으로 부르셨느니라.』

이혼은 남편(또는 아내)이 아내(또는 남편)를 떠났을 경우 가능하다. 이 경우는, 믿는 자와 믿지 않는 자의 결혼 생활 중 믿지 않는 자가 믿는 자를 떠난다고 할 때 이혼할 수 있다는 말씀이다. 그러나 사도 바울은 믿는 자가 믿지 않는 자와 혼인하여 살고 있을 때 상대방을 버리지 말라고 하시는데, 그 이유는 남편(아내)이 믿는 아내(남편)로 인해 예수 그리스도를 영접함으로써 거룩해질 수 있기 때문이다.

이혼은 하나님께서 원하시지 않는 일이다. 그렇기 때문에 마태복음 19:6에서 "하나님께서 결합시켜 주신 것을 사람이 나누지 못하느니라" 고 하시는 것이다. 그러나 위의 말씀과 같이 이혼을 허용하시는 경우가 있다.

그리스도인은 결혼의 사유에 대해서, 또 어떤 자격의 배우자와 결혼해야 하는지를 알고, 하나님께서 명하시는 뜻을 실행해야 한다.

17
찬양

교회에서 하나님을 경배하고 섬기는 데 있어서 찬양은 매우 중요한 부분을 차지한다. 이 찬양을 하나님께 올바로 드리는 것이 매우 중요함에도 불구하고 오늘날 대부분의 교회에서 하는 찬양은 성경적이지 않으며, 육신적이거나 마귀적인 찬양을 하고 있는 것이 현실이다.

여기서 우리들이 알아야 할 것은 앞서 살펴본 대로 기름부음 받은 덮는 그룹이었던(겔 28:12-14) 루시퍼는 피조물 가운데 "완전한 규모로 지혜가 충만하고 아름다움이 완벽한 자" 였으나 하나님을 대적하는 사탄이 되었고, 인간 역사 6,000년 동안 지속적으로 하나님을 대적한 그가 받기 원하는 것이 바로 '경배와 찬양' (사 14:12-14)이라는 점이다.

이 세상에서 사탄이 강력하게 주관하는 것들 중 하나가 세상 음악인데, 하나님께 드려져야 할 찬양을 세상적인 음악으로 바꾸게 하여 사탄이 대신 경배받고 있다는 것을 알아야 한다(살후 2:3,4, 계 13:4,15).

하나님의 교회가 있는가 하면 사탄의 교회가 있고, 하나님의 복음이 있는가 하면 사탄의 복음이 있으며, 하나님의 성도가 있는가 하면 사탄의 교인들이 있고, 하나님의 순수한 말씀의 설교가 있는가 하면 사탄의 설교가 있어서 이를 따르면 은혜의 복음이 아닌 행위구원 교리를 믿음으로써 구원받지 못한 채 지옥으로 향하게 된다.

마찬가지로 찬양도 하나님께 드려져야 하는 것인데 구원받지 못한 사람들이 찬양한다고 하는 것은 결국 그들의 아버지 사탄을 찬양하는 행위가 되는 것이다. 이것이 이 시대에 한국 교회들에서 하는 찬양이 성경적 찬양이 아닌 육신적인 찬양이라고 하는 이유이다.

찬양은 음률로 또는 시로도 할 수 있지만, 입술로 할 수 있는 대표적인 것이 노래인데, 이 노래가 영적인 것인지 아니면 혼적이거나 육신적인 것인지가 중요하다.

현재 대부분의 한국 교회에서 부르고 연주하는 노래와 음악은 모두 육신적인 록 음악이며, 이는 사탄의 음악이다. 록 음악은 아프리카 등지에서 마귀와 우상을 섬기는 종교 의식 중 드럼을 쳤던 것이 그 뿌리인데, 이는 아이들을 불에 태워 우상에게 제물로 바칠 때 아이들의 울음소리를 덮어씌워 들리지 않게 하기 위해 시작되었다.

이러한 사탄의 음악이 지금 교회에까지 들어와서 하나님을 찬양하는 데 사용되는데, 이것은 하나님을 찬양하는 것이 아니라 사탄을 찬양하는 것임을 사람들은 모르고 있다.

찬양의 의미는 무엇인가?

찬양은 하나님께 합당한 존귀와 영광을 돌려드리는 것이며 하나님을 영화롭게 하는 것이다. 찬양이란 단어의 뿌리는 히브리어로 '야다'이며 이는 '손을 뻗쳐서 내민다'('야드'는 '손'을 뜻함)는 뜻이다. 그래서 사람들은 찬양할 때 손을 들고 내밀어 흔들지만, 이런 외향적인 것들을 하나님께서 원하시는 것이 아니다. 손을 내민다는 것은 내 자신이 하나님을 경외하는 마음으로 나의 모든 것을 드려서 찬양한다는 의미이다. 주님께 마음과 몸을 온전히 드리고 주님만을 생각하고 드높인다는 뜻으로 손을 앞으로 내미는 것이 찬양의 본래 뜻인 '야다'이다.

반대로 손을 내밀기는 하나 자신의 것을 버리지 못하고 자신을 내려놓지 못하여 손을 움켜진 모습은 자신을 하나님께 맡기지 못하는 것이고 주님을 올바로 찬양하지 못하는 것이며 육신적이거나 혼적으로 찬양하는 것이다.

우리들의 모든 것을 바치는 것이 찬양의 의미이다. 우리의 손을 펼쳐 앞으로 내밀어서 우리의 모든 것을 주님께 바치는 것이 찬양이다. 하나님을 존귀하게 여기고 감사하는 마음이 있을 때 찬양을 드릴 수 있다.

하나님께서는 우리가 "영과 진리로 경배드려야만 하리라"고 하신다(요 4:24). 형식적인 기도와 찬양은 하나님께서 원하시지도, 듣지도 않으신다. 하나님께선 우리의 신실한 마음과 순수한 영을 보시는 것이다.

우리의 영이 하나님을 사랑하고 존중하여 하나님께 모든 것을 드리는지, 아니면 자신의 생각과 욕망으로 가득 차서 자기 만족을 위하여 찬양하는지를 분별해야 한다.

왜 하나님을 찬양해야 하는가?

사 43:7 『곧 내 이름으로 불리는 자는 모두 다 데려오라. 이는 내가 내 영광을 위하여 그를 창조하였고, 내가 그를 조성하였나니 정녕, 내가 그를 지었음이라.』

인간은 주님의 영광을 위해 창조되었다. 인간뿐만 아니라 모든 피조물들은 주님을 찬양하기 위해서 태어났고 하나님을 찬양할 의무를 갖는다. 성경적으로 믿는 그리스도인들은 세상의 가르침과 반대로 가기에 세상으로부터 박해를 받게 된다. 이러한 이유로 믿음의 선배들이 세상으로부터 고난과 박해를 받았으며, 마찬가지로 성경적이며 영적인 찬양을 드려야 한다고 외치는 우리들도 세상으로부터 박해를 받는다.

고전 10:31 『그러므로 너희가 먹든지 마시든지 무엇을 하든지 다 하나님의 영광을 위하여 하라.』

성경의 가르침은 분명하다. 먹고 마시는 모든 일들을 할 때 자신을 위해서가 아니라 하나님의 영광을 위해서 하라는 이 말씀을 역으로 해석하면, 우리가 하나님의 영광을 먼저 생각하지 않고 세상에서 어떤 일들을 행하는 것은 (먹든지 마시든지 사소한 것들일지라도) 하나님의 명령을 어기는 것이며 하나님을 찬양하지 않는 것이 된다.

이렇게 하나님의 일을 먼저 구하지도 않고 생각하지도 않은 채 자신의 생각으로 일을 하는 사람들이 '하나님을 찬양한다' 고 할 때 이 찬양을 하나님께서 받아 주시겠는가?

무엇을 할 때 자신의 생각이 앞서서 하는 사람들은 하나님을 찬양하지 않는 사람들이다. 이런 사람들은 자신이 하는 일이 성공했을 경우 그 성공의 원인을 자신이 똑똑하고 잘났기 때문이라고 생각하고 하나님께 영광으로 돌리지 않는다.

또한 찬양은 인간뿐만 아니라 모든 피조물들이 하나님께 드리는 것이다.

시 148:1-14 『너희는 주를 찬양하라. 너희는 하늘들에서부터 주를 찬양하며 높은 곳들에서 그를 찬양하라. 그의 모든 천사들아, 너희는 그를 찬양하라. 그의 모든 군대들아, 너희는 그를 찬양하라. 해와 달아, 너희는 그를 찬양하라. 너희 모든 빛나는 별들아, 그를 찬양하라. 너희 하늘들의 하늘들과 하늘들 위에 있는 너희 물들아, 그를 찬양하라. 그들로 주의 이름을 찬양케 할지니 이는 그가 명령하셨고 그들은 창조되었음이라. 그가 또한 그들을 영원무궁토록 세우셨으며 폐기치 못할 법령을 제정하셨도다. 너희 용들과 모든 깊음들아, 땅에서부터 주를 찬양하라. 불과 우박과 또 눈과 안개들아, 그의 말씀을 이행하는 폭풍아, 산들과 모든 작은 산들과 또 열매 맺는 나무들과 모든 백향목들아, 짐승들과 모든 가축과 또 기어다니는 것들과 나는 새야, 세상의 왕들과 모든 백성과 또 통치자들과 세상의 모든 재판관들아, 젊은 남자들과 여자들과 또 노인들과 아이들아, 그들로 주의 이름을 찬양케 할지니 이는 그의 이름만이 홀로 뛰어나시며 그의 영광이 땅과 하늘 위에 있음이라. 그가 또한 자기 백성의 뿔과 그의 모든 성도들, 곧 자기에게 친근한 백성 이스라엘 자손들의 찬양을 높이시는도다. 너희는 주를 찬양할지어다.』

찬양은 하나님의 명령이다. 찬양은 천사들로부터 시작해서 하늘의 모든 피조물이 창조된 이유이며, 자연과 동물, 온 세상의 거민들과 통치자들, 남녀노소 모두 마땅히 하나님을 찬양해야 한다.

하나님께 드리는 온전한 찬양은 구약에서 다윗 때에 잠시 회복되었었다(각종 악기로 연주하고 노래하는 이들이 드린 영적인 찬양). 이제 주님께서 곧 다시 오셔서 이 세상이 완전히 회복된 뒤에 드리는 찬양은 사탄을 찬양하는 오늘날의 음악과는 완전히 다를 것이다.

위의 시편에서 보듯 창조된 피조물이 주님을 찬양한다면 (발라암의 나귀가 말을 하듯이 동물이 찬양할 수 있는 것) 어마어마한 찬양이 될 것이다. 이러한 찬양이 주님이 원하시는 것이다. 주님은 성도들로부터 이런 찬양을 받기 원하시기 때문에 우리가 영적 전쟁에서 승리하기를 원하시는 것이다.

주님의 거룩하심과 위엄을 찬양함

사 24:14 『사람들이 그들의 소리를 높여 주의 위엄을 위하여 노래할 것이요, 그들은 바다에서부터 크게 부르짖으리라.』

재림하신 주님을 뵐 때 우리는 주님의 위엄에 찬양할 수밖에 없을 것이다. 이사야서의 말씀에서 그때의 상황을 엿볼 수 있다.

시 138:5 – 크신 주의 영광을 찬양 『정녕, 그들이 주의 길들을 노래하리니 이는 주의 영광이 크심이니이다.』

시 138:4 – 진리의 말씀이 선포될 때 찬양 『오 주여, 지상의 모든 왕들이 주의 입의 말씀들을 들을 때 주를 찬양하리이다.』

시 145:3 – 주의 위대하심을 찬양 『주는 위대하시며 크게 찬양을 받으실 것이요, 그의 위대하심은 헤아릴 수 없도다.』

출 15:11 – 주의 거룩하심을 찬양 『오 주여, 신들 가운데 누가 주와 같으리이까? 누가 주와 같이 거룩함이 영화로우며 찬양받을 만큼 두려우며 이적들을 행하리이까?』

구약 때 주님을 본 자들은 자신의 죄를 깨닫고 주님의 위대하심과 거룩하심으로 인해 경배드렸다. 주님을 찬양하는 것은 자신이 교회에서 찬양대에 속하기 때문에, 또는 남들이 하니까 맹목적으로 하는 것이 아니다. 주님께서는 위대하시며 거룩하시기에 저절로 진정한 찬양이 나올 수밖에 없는 것이다.

단 2:20 – 주님의 지혜와 능력을 찬양 『다니엘이 대답하여 말하기를 "하나님의 이름은 영원무궁토록 송축받으시리로다. 이는 지혜와 능력이 그분의 것임이라.』

다니엘이 왜 하나님께 찬양을 돌리고 있는가? 다니엘은 하나님께서 자신을 통해 느부캇넷살왕의 꿈을 해석해 주셨고 몇천 년 후의 일들을 알려 주셨으며 또한 그 일들을 모두 성취하실 것이기에 주님의 지혜와 능력을 찬양하는 것이다.

시 107:8 – 그분의 선하심과 경이로운 일들을 찬양 『오, 그의 선하심과 사람의 자손들에게 행하신 그의 경이로운 일들로 인하여 사람들은 주를 찬양할지어다.』

시 107:21 『오, 그의 선하심과 사람의 자손들에게 행하신 그의 경이로운 일들로 인하여 사람들은 주를 찬양할지어다.』

시 107:31 『오, 그의 선하심과 사람의 자손들에게 행하신 그의 경이로운 일들로 인하여 사람들은 주를 찬양할지어다.』

영이신 하나님께서 인간의 죄를 위하여 육신으로 세상에 오셔서 대속해 주심을 찬양하는 것이다. 이렇게 성경에서 지속적으로 3번(8,21,31절) 반복하여 말씀하시는 것은 중요한 것을 강조하시는 것이다.

대하 20:21 – 하나님의 자비하심으로 찬양 『또 그가 백성들과 의논하여 주께 노래하는 자들을 임명하여 군대 앞에서 나갈 때 거룩함의 아름다움을 찬양하여 "주를 찬양하라. 그의 자비는 영원히 지속됨이라." 라고 말하게 하였더라.』

자비란 마땅히 받아야 할 죄의 대가를 면제해 주시는 것이다. 하나님께 오직 거룩하심과 공의로우심만 있었다면 우리는 자비를 얻지 못해 존재조차 하지 못했을 것이다. 우리는 이런 주님의 자비를 알고 감사하며 매일을 살면서 주님을 찬양해야 한다.

시 138:1,2 – 주님의 말씀으로 인해 찬양 『내가 전심으로 주를 찬양하리이다. 신들 앞에서 내가 주께 찬송하리이다. 내가 주의 거룩한 전을 향하여 경배하고 주의 자애하심과 주의 진리를 인하여 주의 이름을 찬양하리니 이는 주께서 주의 말씀을 주의 모든 이름 위에 크게 하셨음이니이다.』

세상에는 하나님뿐만이 아닌 자칭 신이라고 하는 것들이 있고, 세상 사람들은 이 신들을 찬양한다. 우리는 주의 진리, 곧 주님의 말씀으로 인해 주님을 찬양해야 한다.

사 25:1 – 경이로운 일들을 행하시고 신실하심으로 이루심을 찬양 『오 주여, 주는 나의 하나님이시니, 내가 주를 높이고, 내가 주의 이름을 찬양하리이다. 이는 주께서 경이로운 일들을 행하셨음이요, 주의 옛 계획들은 신실함과 진리임이니이다.』

우리가 주님의 신실하심을 찬양하는 것은 주님께서 주님의 계획을 하나하나 행하시고 지키시기 때문이다.

눅 1:68 – 구속해 주신 주님을 찬양 『 "이스라엘의 주 하나님을 송축하라. 이는 주께서 자기 백성을 돌아보아 구속하셨으며』

이스라엘이 주님을 거절함으로써 복음이 이방인들에게 넘겨졌고, 교회시대에는 주님을 믿는 모든 자들에게 하나님의 아들들이 되는 권세가 주어졌다(행 13:46, 18:6, 롬 11:11).

이스라엘 백성이 아님에도 불구하고 이런 은혜를 얻은 우리는 더더욱 하나님을 찬양해야 한다. 하나님의 율례와 계명, 율법을 지키며 살았던 하나님의 백성 유대인에 비하면 이방인들은 하나님의 말씀없이 짐승과 같은 삶을 산 자들이었기 때문이다.

시 150:2 – 그분의 능하신 행적들을 찬양 『그의 능하신 행적들로 인하여 그를 찬양하며 그의 뛰어난 위대하심을 따라 그를 찬양하라.』

하나님께서는 말씀으로 우주를 창조하셨고, 말씀으로 세상을 붙들고 계신다. 하나님께서 우주의 질서를 흩으시면 인간은 존재할 수 없다. 이런 하나님의 능하신 일들로 인하여 찬양함이 마땅하다.

어떻게 찬양해야 하는가?

오늘날 한국 교회들은 '누구에게, 무엇으로, 어떻게' 찬양하는지를 모르기에 성경적이지 않은 음악과 악기와 행위로써 마귀를 찬양하고 있다.

시 47:7 – 명철로 찬양 『하나님은 온 땅의 왕이시니 명철로 찬송할지어다.』

명철이란 우리가 가진 지혜를 하나님과 연관시킴으로써 얻는 것이다. 구원받은 자들은 하나님의 말씀의 지식을 얻고 이 지식을 적용하는 지혜를 갖춤으로써 하나님과 연관되어진 명철로 하나님을 찬송해야 하는 것이다.

시 103:1 – 혼을 다하여 주님을 찬양 『오 내 혼아, 주를 송축하라. 내 안에 있는 모든 것들아, 그의 거룩한 이름을 송축하라.』

시 9:1 – 전심으로 찬양 『오 주여, 내가 전심으로 주를 찬양하며 내가 주의 모든 놀라운 일들을 전하리이다.』

찬양은 온 마음으로 주님을 높이는 것이며, 다른 생각을 하지 않고 오직 주님만을 바라보고 주님께만 드려져야 한다. 우리 안에 있는 모든 것들로 주님을 찬양해야 한다.

시 51:15 – 입술로 찬양 『오 주여, 주께서는 내 입술을 열어 주소서. 그리하면 내 입이 주의 찬양을 보이리이다.』

주님을 찬양할 때 우리들의 입술로 기도함으로써 찬양하고, 노래함으로써 찬양하고, 시로써 찬양한다. 우리 마음에 있는 것을 입술로 표현하여 찬양하는 것이다.

그래서 우리는 차에서 운전할 때든지 장소에 구애받지 않고 찬양한다. 믿지 않는 사람들이 보면 정신이 온전하지 못한 사람처럼 보일 수 있겠지만, 우리는 때와 장소를 가리지 않고 주님을 찬양할 수 있다.

시 63:5 – 즐거운 마음으로 찬양 『내 혼이 골수와 기름진 것으로 배부르며 내 입이 즐거운 입술로 주를 찬양하기를』

찬양은 우리의 혼의 즐거움으로 드리는 것이다. 내가 구원받았기에 어쩔 수 없어서 혹은 쓴 감정을 가지고 있으면서도 해야 하기에 어쩔 수 없어서 찬양을 드려서는 안 된다.

이 구절은 기계적이 아니라 진심으로 감사하는 마음으로 찬양드리는 것을 말씀한다. 좋은 일이 있을 때만이 아니라, 힘들고 나쁜 일이 있을 때에도 주님을 찬양해야 한다.

모든 일이 협력하여 선을 이룬다(롬 8:28)는 말씀과 같이 괴롭고 힘든 일이 일어나더라도 이는 주님께서 원하시는 선을 이루기 위해서 일어나는 것이다. 그렇기 때문에 하나님을 100% 믿고 찬양해야 하는 것이다.

주님을 100% 믿지 못하면 위에서 언급한 성경적이며 하나님이 기뻐 받으시는 찬양을 드릴 수 없다.

18
섬김과 은사

구원을 받고 난 후 기쁨이 넘치는 삶을 사는 우리는 마치 신세계에서 사는 것처럼 자신을 위한 삶이 아닌 하나님을 섬기는 삶을 살기 원하게 된다. 하나님께 대한 감사와 사랑이 마음에 가득 찬 이 때 어떻게 하나님을 섬겨야 하는지를 모르고 목사나 선교사 등의 특정한 사람들만 하나님의 일을 하는 것이라고 생각하면 신앙생활을 제대로 하지 못하게 된다.

본 과에서는 하나님을 섬기는 것이 무엇인지, 어떻게 하나님을 섬겨야 하는지, 하나님을 섬기는 우리에게 주시는 하나님의 은사가 무엇인지를 알아본다.

하나님께서는 우리를 지옥으로부터 구원해 주셨을 뿐만 아니라 은사를 주셨는데 이는 하나님을 섬기게 하기 위해서라고 성경은 말씀하신다.

섬김이란 무엇인가?

엡 2:10 『우리는 그분의 작품이니 그리스도 예수 안에서 선한 일들을 위하여 창조되었느니라. 이 일들은 하나님께서 미리 정하시어 우리로 그것들 가운데서 행하게 하려 하신 것이라.』

위 구절에서 우리는 구원받은 성도들임을 문맥을 통하여 알 수 있는데, 이 말씀은 구원받은 자들이 하나님의 선한 일들을 위해, 주님을 섬기기 위해 창조되었다는 것이다.

만일 그리스도인이 구원받고 난 후에도 주님 섬기는 일을 하는 것이 아니라 자신만을 위해 산다면 이 세상에 존재할 이유가 없으며 차라리 일찍 하늘나라로 올라가는 것이 복이 될 것이다. 성도들이 육신과 마귀와 악한 세상과 싸우며 이 세상에서 사는 이유는 세상에서 자신을 위한 부나 성공을 이루기 위한 것이 아니라 오직 주님을 섬기기 위해서이다.

구원받은 성도들은 지상 삶을 살면서 자신의 몸을 포함해서 자신이 가진 모든 것들이 자신의 것이 아니라 주님의 것이기에 주님께 모든 것을 드리는데, 이것을 헌신이라 한다.

롬 12:1 『그러므로 형제들아, 내가 하나님의 모든 자비하심으로 너희에게 권고하노니, 너희 몸을 하나님께서 기뻐하시는 거룩한 산 제물로 드리라. 이것이 너희가 드릴 합당한 예배니라.』

'나의 몸은 나의 것이 아닌 주님의 것이며, 주님께서 원하시는 대로 하겠다' 는 각오가 있어야만 헌신할 수 있다.

고전 6:20 『너희는 값을 치르고 산 것이니 그러므로 하나님의 것인 너희 몸과 너희 영으로 하나님께 영광을 돌리라.』

주님께서 값을 치르시고 자신을 사셨기에 의무감과 죄책감으로 하나님을 섬긴다면 그 섬김의 효과는 없다. 물론 섬김은 우리의 의무이고 당연한 것이지만 이러한 동기로만 주님을 섬긴다면 그 사람은 언젠가는 낙담하게 되고 믿음생활을 포기하게 되기 때문이다.

하나님을 사랑하기에 즐겁고 감사하는 마음으로 섬겨야 하나님께 영광을 돌릴 수 있고 자신의 인생 또한 영적으로 풍요한 삶이 된다.

신 11:13 『내가 오늘 너희에게 명령하는 나의 계명들에 너희가 열심히 경청하고, 주 너희 하나님을 사랑하며 너희 마음을 다하고 너희 혼을 다해 그를 섬기면』

우리는 외형적으로 구약 때와 같이 섬길 수 있으나, 주님께서는 외형적이고 형식적으로가 아니라 신실한 마음으로 섬기기를 원하신다.

롬 1:9 『내가 그의 아들의 복음 안에서 나의 영으로 섬기는 하나님께서 나의 증인이시니 나의 기도에 쉬지 않고 항상 너희를 말하며』

이 구절에서 알 수 있는 것은 몸과 마음뿐 아니라 영으로도 주님을 섬겨야 한다는 것이다. 우리는 온 몸과 마음과 영으로 주님을 섬겨야 한다(마 22:37, 막 12:30,33, 눅 10:27).

이렇게 주님을 섬기기 위해서는 은사들이 필요한데, 은사는 노력으로 얻어지는 것이 아니며, 목사를 비롯한 다른 사람들이 주는 것도 아니고, 오직 주님께서 주시는 것이다.

주님께서는 섬김을 위하여 성도들에게 은사를 주신다

롬 12:3-8,10,11 『내게 주신 은혜로 인하여 너희 중 각 사람에게 말하노니 자신에 대하여 마땅히 생각할 그 이상의 생각을 품지 말고 다만 하나님께서 각 사람에게 나누어 주신 믿음의 분량에 따라 건전하게 생각하라. 우리가 한 몸에 많은 지체를 가졌으나 모든 지체들이 다 같은 기능을 가진 것이 아니니 이와 같이 우리 많은 사람이 그리스도 안에서 한 몸이 되어 각 사람이 서로의 지체가 되었느니라. 그러므로 우리에게 주어진 은혜에 따라 가진 은사들이 다르니 예언이면 믿음의 분량대로 예언하고 또 섬김이면 섬기는 일로, 또 가르치는 자는 가르치는 일로, 또 권면하는 자는 권면하는 일로, 구제하는 자는 성실함으로, 지도하는 자는 근면함으로, 자비를 베푸는 자는 즐거움으로 할 것이니라. … 형제애로 서로 다정하게 사랑하며 서로 존경하기를 먼저 하라. 일에는 게으르지 말고 영 안에서 열심을 내며 주를 섬기라.』

구원받은 우리는 그리스도의 몸의 각 지체가 되었는데, 지체들은 각기 다른 기능을 가졌고, 그 중 어떤 하나가 그 기능을 못하면 몸은 병이 나거나 죽게 된다. 그러므로 구원받은 사람은 구원받은 것으로 끝나는 것이 아니라 각자의 기능을 능력에 따라 사용해야 한다. 그렇지 않으면 결국 그리스도의 몸이 상하게 되어 죽는다는 것을 알아야 한다.

또한 각자의 은사가 다르며, 이 은사(기능)는 우리가 스스로 찾아서 갖게 되는 것이 아니라 주님께서 주시는 것이다. 은사의 목적은 섬김을 위한 것이며, 각자가 얼마나 뛰어나고 지혜로운지에 따라서가 아니라 그 사람의 신실함을 보시고 주님께서 나누어 주시는 것이다.

엡 4:7,8,11 『그러나 우리 각자에게 그리스도의 은사의 분량대로 은혜를 주셨으니, 그러므로 말씀하시기를 "그가 위로 올라가실 때에 사로잡힌 자를 사로잡아갔고 사람들에게는 은사들을 주셨다." 고 하셨느니라. … 그가 어떤 사람들은 사도로, 어떤 사람들은 선지자로, 어떤 사람들은 복음 전도자로, 어떤 사람들은 목사와 교사로 주셨으니』

예수 그리스도께서 승천하시면서 구원받은 사람들 각자에게 은사들을 주셨다. 사도와 선지자로, 복음 전도자로, 또 목사와 교사로 섬김의 분량을 따라 은혜를 주신 것이다.

대표적인 예로, 사도 바울은 구원받기 전에는 예수 그리스도를 따르는 사람을 박해하는 사람이었지만 구원받고 난 후 완전히 다른 사람이 되어 사도의 은사를 받게 되었다. 이처럼 은사는 개인의 노력에 의해서 또는 사람에 의해서 주어지는 것이 아니라 주님께서 주시는 것이다.

교회에 다니는 사람들은 흔히 '저 사람은 책도 많이 읽었고 학식이 풍부하니까 목사 감이다,' '말을 잘하고, 설득력이 있으니 목사가 되어야 한다,' '풍채나 목소리 등을 볼 때 목사의 재능이 있다' 등의 말을 한다. 많은 사람들이 하나님이 주신 은사에 의해서가 아니라 인간적인 생각으로, 누가 시켜서, 또는 자신이 원해서 목사가 된다. 이는 하나님께서 주시는 은사를 바르게 이해하지 못한 것이며, 오늘날 잘못된 교회들이 생겨나는 원인이 된다.

바이블 빌리버인 인도의 마크 퍼남 선교사는 구원받기 전 마약으로 살던 사람이었으나, 구원받고 난 후 그는 인도에 선교사로 나가 복음을 전하며 신학교를 세우고 현지 목사들에게 신학을 가르치고 있다. 이런 열매들은 하나님께서 주시지 않으면 절대로 일어날 수 없는 일이다.

또 코로나에 있는 한 목사는 영어의 알파벳도 제대로 쓸 줄 모르는 형제였는데 그가 펜사콜라 신학교에 재학 중일 때에 그를 위해 영어 과목 강의가 만들어졌다는 일화도 있다. 그러나 그 한 사람이 수많은 목회자와 선교사를 가르치고 배출했다. 이 목사의 은사는 개인의 타고난 은사가 결코 아닌 것이다.

또 한 예로 성경 번역도 각국의 예를 볼 때 하나님께서 그 번역자를 쓰시고 그에게 은사를 주셔야만 할 수 있는 일이다. 영적인 일들은 영적인 은사를 받아야만 할 수 있는 것이다.

이렇듯 은사는 구원받고 난 후 하나님께서 성도들에게 주시는 것임을 알고, 우리는 주님께서 주시는 은사로 주님을 섬겨야 한다.

사도 바울도 "언변에 있어서 서툰 자" (고후 11:6)였으나 하나님이 주신 은사로 수많은 사람들을 구원으로 이끌고 많은 열매를 맺었다. '나는 무엇 무엇이 부족해서 못한다' 고 말하는 사람은 은사를 잘못 알고 있는 것이다.

은사는 하나님께서 주시는 은혜의 선물이기 때문에 성도들은 은사를 받는 대로 솔직하게 행하기만 하면 되는 것이다.

엡 4:12,13 『이는 성도들을 온전케 하며 섬기는 일을 하게하고 그리스도의 몸을 세우게 하여 우리 모두가 믿음의 하나 됨과 하나님의 아들을 아는 지식의 하나 됨에 도달하게 하고 온전한 사람이 되어 그리스도의 충만하심의 장성한 분량에까지 이르게 하려 하심이라.』

이 구절은 은사를 주신 이유를 말씀하고 있다. 하나님께서 우리 각자를 100% 맞춤형으로 빚으시는데, 각인의 성격, 환경, 재능,

마음가짐을 특별하게 만드셔서 하나님의 일들을 하게 하신다.

각자에게 주신 은사에 만족하라

롬 9:20,21 『이 사람아, 네가 누구기에 하나님께 대꾸하느냐? 지음을 받은 것이 지은 이에게 "어찌하여 나를 이같이 만들었느냐?" 고 말할 수 있겠느냐? 토기장이가 같은 진흙덩이로 하나는 귀히 쓸 그릇을, 하나는 천하게 쓸 그릇을 만들 권한이 없겠느냐?』

주님께서는 우리를 만드신 분이며 우리를 빚어가시는 분이다. 주님께서 만드신 그릇에는 귀한 그릇이 있고 천히 쓸 그릇이 있으며, 이 그릇들을 용도에 맞게 사용하시기에 각자가 가진 재능, 은사, 환경에 만족해야 한다.

하나님께서는 우리의 신실함에 따라 은사들을 나누어 주시며, 우리 자신도 주신 은사를 신실함으로 행해야 한다. 받은 은사를 하찮은 일 또는 크고 중요한 일로 구별하여 다른 사람의 은사를 시기하는 것은 결국 하나님을 대적하는 일이 된다(롬 12:3-11).

그러한 태도는 하나님께서 은사를 잘못 주셨다고 하나님께 따지는 것이며, 또 반대로 자신이 받은 은사를 다른 사람의 은사와 비교하여 하찮게 여기고 무시하는 행동도 잘못되고 위험한 행동이다. 성도들 각자에게 주신 은사는 그리스도의 몸의 유익을 위하여 주님께서 주신 것이기에 자신이 받은 대로 신실하게 사용하여야 한다.

갈 6:4,5 – 자신의 일을 살피라. 『각 사람은 자신의 일을 살피라. 그리하면 자기 혼자에게만 자랑할 것이 있게 되고 다른 사람에게는 없으리라. 각 사람은 자기 자신의 짐을 질 것이니라.』

자신의 은사를 남들과 비교하다가는 육신적인 일들이 나타나게 되고 교회 분열을 가져온다. 이 구절을 통해 우리는 자신의 일을 살피는 자가 되고, 다른 사람과 비교하지 않으며 자신의 은사에 만족하는 자가 되어야 할 것이다.

고후 10:12 『우리는 우리 자신을 감히 자기를 칭찬하는 어떤 사람들과 같은 부류로 나누거나 비교하지 않으나 그들은 자기들 가운데서 스스로를 측정하고 자기들끼리 비교하니 현명하지 못한 것이라.』

고전 3:4 『어떤 사람은 말하기를 "나는 바울에게 속한다." 하고 또 다른 사람은 "나는 아폴로에게 속한다." 하니 너희가 육신적이 아니냐?』

고전 3:21–23 『그러므로 아무도 사람들을 자랑하지 말라. 이는 모든 것이 너희의 것이기 때문이니라. 바울이나, 아폴로나, 게바나, 세상이나, 생명이나 사망이나, 현재의 것들이나 장래의 것들이나, 모든 것이 너희의 것이요, 너희는 그리스도의 것이요, 그리스도는 하나님의 것이로다.』

각자의 은사를 비교하는 어리석은 자들이 고린도 교회에 있었다. 육신적인 사람들이 사역자들을 비교한다. 하나님께서는 바울과 게바, 아폴로 등 각 사역자의 성격, 재능, 환경에 맞게 지역의 교회를 맡게 하시는데 이를 외형적으로만 보고 비교하게 되면 육신적인 일을 범하게 된다는 것이다.

만약 사역자가 잘못된 교리를 가르치는 것이면 따라가서는 안 되는 것이지만, 고린도전서 3장은 그러한 내용이 아니라 '자기들끼리 비교하는 육신적인 일' 에 관한 문제를 다룬다. 이러한 육신적인 행위는 현명하지 못한 어리석은 행동이며, 그 결과로 여러 문제들이 발생한다.

예를 들어 IQ가 좋은 A라는 사람이 있다고 하자. A는 학교에서 늘 1등이었기에 본인이 잘났다고 생각하다가 자신보다 IQ가 더 높은 사람들을 만나면 자신이 이들보다 무능력하다고 느껴져 낙담하고 절망하게 된다. 반대로 자기보다 못한 사람과 비교하게 되면 상대를 무시하여 교만해지게 된다. 이처럼 은사를 비교하는 것은 잘못된 길로 가는 이유가 된다.

하나님께서는 각자의 가진 것들로 하나님의 사역에 사용하신다

성도들은 각자 타고난 재능과 경험과 환경이 있는데 하나님께서는 이것들을 하나님의 사역에 사용하신다. 하나님께서는 절대 낭비하지 않으시며 각 개인이 구원받기 전에 어렵고 힘든 환경을 통과했을지라도 하나님의 사역에 사용하신다는 것이다. 각 개인들이 구원받기 전에 겪은 모든 일들을 하나님의 영광을 위해서 사용하시는데, 그와 같은 경험은 어려운 환경, 나쁜 환경에 처해 있는 사람들을 섬기고 도와줄 때 매우 효과적이다.

또한 하나님께서는 성도들이 어떠한 은사들을 가졌는지 알 수 있도록 인도해 주신다. 성령님께서 교회 사역을 인도하시고 주관하시는데, 성령님의 인도하심에 따라 사역에 참여하다 보면 각 개인들은 어떤 일에 관련되게 되고 또 여러 종류의 일들을 하면서 자신이 가진 은사를 알게 된다.

이때 어떤 성도가 어떤 특별한 은사를 갖고 있으며, 하나님께서 그 성도에게 특별한 재능을 주신 것을 알 수 있게 된다. 그 재능을 무시한 채 인간적 방법으로 직책을 나누어 주다 보면 육신적 일들을 가져오게 된다. 은사는 하나님께서 인도하시는 대로 따라갈 때 알 수 있고, 자신뿐만 아니라 모든 주위의 성도들이 알게 되고 인정하게 된다.

우리는 받은 은사를 최선을 다하여 사용해야 한다. 하나님께서 섬기라고 주신 은사를 사용하지 않고 방치하거나 육신을 위해 사용한다면 그 은사는 무용지물이 되어버린다. 그러므로 각자 최선을 다해 주님을 섬기는 데 사용해야 한다.

이런 이유로 우리는 최선을 다하고, 그 다음 하나님께 '최상의 은사를 간구' 해야 하며, 이 간구가 하나님의 뜻에 합당하면 들어주신다. 다른 성도가 하니까 자신도 한다며 무리하게 은사를 흉내 낼 필요가 없으며, 자신이 갖고 있는 그대로를 가지고 섬겨야 한다.

하나님께서는 이러한 우리들에게 유업을 상으로 주신다. 이때 하나님을 섬기며 얻어지는 상인 유업과 면류관도 소중하고 영광스러운 것이나, 이 세상에서 우리들이 해야 할 일들을 함으로써 얻어지는 여러 가지 유익도 있다는 것을 명심해야 한다.

19
선교

선교, 영어로 'mission'의 어원은 라틴어 'mittere'라는 단어이며 그 뜻은 '파견하다, 보내다'이다. 선교의 사전적 의미는 '종교를 선전하여 알린다'라는 것이다. 또한 선교사란 파송된 자, 보냄을 받은 자를 뜻한다.

성경에는 선교, 선교사라는 단어는 없지만, 마태복음 28장에 따르면 선교는 하나님께서 구원받은 자들에게 명령하신 일이다.

마 28:18-20 『그후에 예수께서 그들에게 오셔서 일러 말씀하시기를 "하늘과 땅에 있는 모든 권세를 나에게 주셨도다." "그러므로 너희는 가서 모든 민족들을 가르치고, 아버지와 아들과 성령의 이름으로 침례를 주며 내가 너희에게 명령한 모든 것을 가르쳐 지키게 하라. 보라, 내가 세상 끝까지 너희와 항상 함께 있으리라." 고 하시더라. 아멘.』

위 구절은 주님께서 승천하시면서 제자들에게 하신 말씀이다.

이 세상의 모든 사람들에게 하나님의 말씀을 가르치고 지키게 하라는 하나님의 명령으로, 선교의 사역을 담당하는 자들에게 세상 끝까지 항상 함께 계신다는 말씀은 우리에게 위로가 되고 용기를 준다.

행 1:8 『그러나 성령께서 너희에게 임하시면 너희가 능력을 받으리니 그러면 예루살렘과 온 유대와 사마리아와 땅 끝까지 이르러 내게 증인이 되리라." 고 하시니라.』

이 구절은 오순절날 교회가 시작되기 전 주님께서 구원받은 자들에게 해야 할 일에 대해 남기신 말씀으로, 이 시대를 살고 있는 우리 그리스도인들이 잊어서는 안 될 주님의 명령이다. 그렇다면 우리가 그 명령(말씀 전파)을 지키지 않으면 어떻게 되는가?

전파하는 자가 없이는 들을 수 없다

롬 10:13-15,17 『누구든지 주의 이름을 부르는 자는 구원을 받으리라. 그런즉 그들이 믿지 아니한 이를 어찌 부르리요? 듣지도 못한 이를 어찌 믿으리요? 전파하는 자가 없이 어찌 들으리요? 파송되지 아니하였는데 어찌 전파하리요? 기록된 바와 같으니 "화평의 복음을 전하며 좋은 일들의 기쁜 소식을 가져오는 자들의 발이 얼마나 아름다운가!" 라고 하였느니라. … 그러므로 믿음은 들음에서 나오며 들음은 하나님의 말씀에 의해서니라.』

위의 말씀처럼 누구든지 주의 이름을 부르는 자는 구원을 받을 수 있다. 구원은 복음을 전하는 사람이 있어서 이를 듣거나, 성경을 읽음으로써 예수 그리스도를 믿고 영접할 때 가능한 것이다. 여러 지역으로 파송되어 복음을 전파할 자가 없다면 복음이 전파될 수 없고, 그 지역에 있는 사람들은 구원을 받을 수 없다.

복음을 전하고 가르치는 일은 구원받은 모든 사람들이 할 수 있다. 파송하는 것이 곧 'mission'이며, 복음과 말씀을 전하는 것(preaching)은 남자들만이 아니라 구원받은 자들이라면 남녀 모두 반드시 따라야 하는 소명이다.

행 8:1-4 『사울은 그를 죽이는 것에 찬동하더라. 그 때에 예루살렘에 있는 교회에 큰 박해가 가해졌으니 사도들을 제외한 모든 사람이 유대와 사마리아 전지역으로 흩어지더라. 경건한 사람들이 스테판을 장사하고 그를 위하여 크게 슬퍼하니라. 그러나 사울은 교회를 파괴하고 집집마다 들어가서 남자들과 여자들을 끌어내어 감옥에 넘겨주더라. 그러므로 널리 흩어진 사람들이 가는 곳마다 말씀을 전하더라.』

스테판이 순교한 후 예루살렘 교회에 박해가 더욱 심해지자 모든 성도들이 박해를 피하여 각 지역으로 흩어지게 되고, 흩어진 사람들은 머무는 곳에서 말씀을 전파하게 되었다.

여기서 주목해야 할 것은 이 전파하는 자들은 1절에서 보듯이 사도들을 제외한 모든 사람으로서 목사나 복음전도자가 아닌

'성도들' 이다. 그들이 자신들이 있는 지역에서 말씀을 전하고 있는 것이다.

아마도 이 전파된 지역들에서 교회들이 시작되었을 것이고 이 교회들에 의하여 복음이 점점 더 확산되었을 것이다. 결국 복음과 말씀의 전파는 모든 구원받은 사람들이 해야 할 일이라는 것이다.

행 13:1-3 『당시 안티옥에 있는 교회에는 몇 명의 선지자들과 교사들이 있었는데 즉 바나바와 니겔이라고 하는 시므온과 쿠레네 사람 루키오와 영주 헤롯과 함께 자란 마나엔과 사울이라. 그들이 주를 섬기며 금식하고 있을 때 성령께서 말씀하시기를 "내가 불러 시키는 일을 위하여 바나바와 사울을 내게 따로 구별해 놓으라." 하시니라. 그러므로 그들이 금식하고 기도한 후에 그들에게 안수하여 떠나 보내니라.』

성도들을 박해하던 사울이 극적으로 구원받고 선교사로 활동하는데, 성령께서 안티옥 교회에 있던 바나바와 사울을 부르셔서 복음전파를 위해 선교지로 보내신다. 여기서 선교사를 파송하는 곳이 선교 단체나 교단, 특정 단체나 개인이 아니라 지역교회인 것을 알 수 있다.

행 11:19-21,25,26 『그때에 스테판에게 일어난 박해로 인하여 널리 흩어진 사람들이 멀리 페니케와 쿠프로와 안티옥까지

가서 오직 유대인들에게만 말씀을 전파하더라. 그 사람들 가운데는 쿠프로와 쿠레네 사람 몇 명이 있었는데 그들이 안티옥에 와서는 그리스인들에게 주 예수를 전파하니라. 주의 손이 그들과 함께하시니 많은 수가 믿고 주께로 돌아서니라. … 그 후에 바나바가 사울을 찾으러 타소에 가서 그를 만나 안티옥으로 데리고 오니라. 그리하여 그들이 일 년 내내 교회와 함께 있으면서 많은 무리를 가르치니 안티옥에서 제자들이 처음으로 '그리스도인' 이라고 불리더라.』

사도행전 8장에서는 예루살렘 교회에서 각 지역으로 퍼져 나갔던 사람들이 안티옥에서 쿠프로섬, 페니케(크레테 섬), 쿠레네(리비아)까지 말씀을 전파하는데, 이 일이 지속적으로 이어져 2,000년이 지난 오늘날 성경적 믿음을 지닌 우리들까지 내려온 것이다.

이 구절로 인해 하나님의 말씀을 전파하는 선교사역이 갑자기 생겨난 것이 아니라는 것을 알 수 있다. 오늘날 난립하고 있는 미혹하는 종파의 지도자나 신도들이 말하듯, '지리산, 계룡산, 기도원' 등에서 기도하다 무엇을 뜨겁게 받아서 세상에 나와 하나님의 말씀을 전파한다고 하는 이들은 미혹의 영에 사로잡힌 것이다.

또한 바나바가 사울을 찾아 안티옥으로 데리고 오면서 안티옥이 파송 교회가 된 것을 알 수 있는데, 여기서 모든 교회는 어떤 교회로부터 파송되어 나간 사람들(선교사)에 의해 시작되는 것

임을 볼 수 있다. (예루살렘교회에서 안티옥, 타소, 에베소, 갈라디아, 밀레토, 그리스까지)

딤후 1:11 『이를 위하여 내가 이방인들의 전도자와 사도와 교사로 임명을 받았느니라.』

대표적인 복음전파자 사도 바울은 자신을 전도자, 사도, 교사라고 소개하고 있으며, 동역자들에게 당부하는 말에서도 동일한 직분을 사용한다.

딤후 4:5 『그러나 너는 모든 일에 정신을 차리고, 고난을 견디며, 전도자의 일을 하고 네 직무를 완수하라.』

디도에게도 전도자(evangelist, 복음전파자)로서의 직무를 완수하라고 당부하고 있다. 전도자, 선교사들이 자신의 나라뿐만 아니라 외국에까지 나가서 복음을 전파하는 모습에서 우리는 각자가 해야 할 일이 무엇인지를 배워야 한다.

딛 1:5 『내가 너를 크레테에 남겨 놓은 이유는 너로 부족한 일들을 바로잡고, 내가 명한 대로 각 성읍에 장로들을 세우게 하려 함이니』

선교사는 선교지에서 복음을 전파하여 사람들을 구원으로

이끌고, 그 구원받은 성도들 중 양육된 사람을 목사(다른 말로는 장로)로 임명하여 교회(구원받은 성도들의 모임)를 세우며, 교회가 설립되면 다른 지역으로 옮겨 새로운 지역에서 복음을 전파하는 것이 성경적인 순서이다.

이렇게 하나님의 선교 사역은 질서있게 진행되는 것이며 어느 날 갑자기, 즉흥적으로 '내가 선교사로 부름을 받았다' 든지, 교단의 프로그램 등을 거친다고 해서 선교사로 임명되는 것이 아니다 (선교사는 부르심의 확신이 있어야 하고, 선교지의 언어와 선교에 필요한 준비가 갖추어져야 보냄을 받을 수 있다).

부름받은 선교사가 되려면 어떻게 해야 하는가?

시 126:5,6 『눈물로 씨를 뿌리는 자들은 기쁨으로 거두리로다. 귀한 씨를 가지고 나가서 우는 자는 정녕 기쁨으로 그의 단들을 가지고 돌아오리로다.』

먼저, 잃어버린 혼들에 대한 열정이 있어야 한다. 자신의 직업, 외국 여행, 경험, 봉사 활동 등을 하기 위해 지원하여 파송되는 것은 선교사가 아니다(이러한 사람들은 선교사의 자격이 없는 자들이다). 이러한 자들은 인본주의 사랑, 인간애를 말하면서 예수 그리스도를 증거한다고 하는데, 이들은 정작 인간의 죄의 문제는 간과하고 문화 전파, 문맹과 기아 및 질병 퇴치, 전쟁 종식 등에 중점을 두며 혼을 위해 가장 중요한 그리스도의 복음은 전하지 않는다.

예수 그리스도를 믿으면 이 세상에서 잘 먹고 잘 살게 된다는 것이 그들의 선교 활동의 핵심이다.

지구상의 75억 가량의 많은 인구 중 이슬람, 불교, 힌두교, 카톨릭, 각종 이단, 미신 등을 믿는 잃어버린 많은 혼들에 대한 안타까움이 동기가 되어 이 혼들을 주님께 이겨오려는 것이 선교사로 나가는 목적이 되어야 한다. 사람들에게 세상에서의 안위를 주기 위해서 선교지로 나가는 것은 하나님의 뜻이 아니다.

고후 5:14,15 『그리스도의 사랑이 우리를 강권하시느니라. 이는 한 사람이 모든 사람을 위하여 죽으면 모든 사람이 죽은 것이라고 우리가 판단하기 때문이라. 그가 모든 사람을 위하여 죽으신 것은 산 자들이 이제부터는 더 이상 자신들을 위하여 살지 않고 자기들을 위하여 죽었다가 다시 살아나신 그분을 위하여 살게 하려는 것이라.』

위 구절은 주님께서 자신을 위하여 죽으셨기에 잃어버린 혼에 대한 순수한 열정과 주님께 대한 사랑을 가지고 위대한 선교사가 된 사도 바울이 가진 사역의 동기와 목적을 말해준다.

눅 14:16-23 『그때 주께서 그에게 말씀하시기를 "어떤 사람이 성대한 저녁을 마련하고 많은 사람을 초대하였더니, 식사 시간이 되어 초대한 사람들에게 자기 종을 보내어 말하기를 '오소서, 이제 모든 것이 다 준비되었나이다.' 라고 하였으나 그들이 모두 하나같이 변명하기 시작하더라. 첫 번째 사람이 그에게 말하기를 '내가 밭을 샀는데 가서 그것을 보아야 하니 나를 용서해 주게.' 하고 … 그러므로 그 종이 와서 이런 일을 주인에게 보고하니, 그 집주인이 화가 나서 그 종에게 말하기를 '빨리 성읍의 거리와 골목에 가서 가난한 사람들과, 불구자들과 저는 자들과 소경들을 이리로 데려오라.' 고 하더라. 그러자 종이 말하기를 '주여, 당신께서 명령하신 대로 하였으나 아직도 자리가 남아 있나이다.' 라고 하니 주인이 종에게 말하기를 '대로와 산간마을로 가서 사람들을 억지로라도 오게 하여 내 집을 채우도록 하라.』

주님께서 많은 사람들을 성대한 잔치에 초대하셨는데, 초대받은 많은 사람들이 갖은 변명을 하며 주님의 초대에 응하지 않자, 노하신 주님께서는 모든 사람을 억지로라도 데리고 와서 그 자리를 채우라고 명령하신다. 오늘날 우리는 아직 남아 있는 자리들을 채우기 위하여 사람들에게 하나님의 말씀대로 강권하여서라도 주님의 잔치에 데리고 가야 하는 선교사, 전도자의 사명을 갖고 있는 것이다.

영국 침례교회 선교사였던 윌리엄 케리는 현대 선교사의 선구자라 불린다. 자신이 인도에 선교사로 가겠노라고 선언했을 때(1793년) 많은 사람들이 '네가 가지 않아도 갈 사람들이 많이 있다' 며 말렸지만 그는 누가복음 14장의 말씀과 같이 남아 있는 자리를 채우기 위하여 인도로 떠나 힌두어로 성경을 번역하고,

많은 사람들을 주님께 인도했다.

아도니람 저드슨은 1812년 미국 침례교 선교사로서 버마로 떠났다. 6년 동안의 사역 중 구원받은 사람이 한 사람도 없었으나, 버마어로 성경을 번역하였으며 딸과 아내, 재혼한 아내까지 잃었음에도 이에 굴하지 않고 많은 버마인들을 구령했다.

선교사로 나간다는 것은 바로 이들과 같이 자신의 모든 것을 버려두고 그리스도의 사랑만을 가지고 복음을 증거하여 혼들을 이겨 오는 일이다. 앞에서 보았듯이 인본주의 사랑으로 질병 치료, 빈곤 퇴치, 문화 활동 등을 벌이는 것은 인간의 죄 문제를 해결하신 예수 그리스도의 복음을 전파하는 선교의 첫 번째 목적을 저버린 것이다.

잘못된 선교의 열매를 철저히 거두는 좋은 예를 안타깝게도 오늘날의 한국 교회들에서 찾아볼 수 있다. 처음부터 변개된 성경과 구원없는 '사회복음'으로 시작되어 문화 발전과 병원, 학교 설립에 주력했으나 정작 순수한 성경적 복음은 전하지 않았기에 오늘날 많은 문제들이 발생하고 있는 것이다.

선교는 그 지역 사람들이 구원받고 하나님의 뜻에 맞게 살게 하는 것이 목적인데, 이 시대 교회들의 현실은 구원에 대한 확신도 없이 교회만 다니는 사람들 대부분이 구원받지 못하고 종교적인 외적 행위만을 보여주고 있는 것이다.

한편 주님께서는 선교사로 나가려는 사람을 시험하신다. 선교사들은 사역을 나가기 전 아래의 말씀으로 자기 자신을 점검해 보아야 한다.

눅 9:57-62 『그들이 길을 가고 있을 때, 어떤 사람이 주께 말씀드리기를 "주여, 주께서 어디로 가시든지 내가 따르겠나이다." 라고 하니, 예수께서 그에게 말씀하시기를 "여우들도 굴이 있고 공중의 새들도 보금자리가 있지만 인자는 자기 머리 둘 곳조차 없노라." 고 하시며 다른 사람에게 말씀하시기를 "나를 따르라." 고 하시더라. 그러나 그가 말씀드리기를 "주여, 나로 먼저 가서 내 아버지를 장사지내게 하옵소서." 라고 하니 예수께서 그에게 말씀하시기를 "죽은 자들로 그들의 죽은 자를 장사지내게 하고, 너는 가서 하나님의 나라를 전파하라." 고 하시니라. 또 다른 사람도 말씀드리기를 "주여, 내가 주를 따르겠나이다. 그러나 먼저 내 집에 있는 가족에게 작별을 고하게 하여 주소서." 라고 하니, 예수께서 그에게 말씀하시기를 "손에 쟁기를 잡고 뒤를 돌아보는 자는 하나님의 나라에 적합하지 아니하노라." 고 하시니라.』

주님을 따르기 전에 먼저 다른 일들을 하고 오겠다고 하자, 주님께서 그들을 시험하시면서 위와 같이 말씀하셨다. 이렇게 주님께서 말씀하시듯 선교사로 파송받아 나가려고 하는 자들은 세상의 일들을 염려해서는 사역을 감당할 수 없다.

눅 14:26-33 『"누구든지 자기 아버지나 어머니나, 아내나 자식이나 형제나 자매나, 정녕, 자기 목숨까지도 미워하지 않은 채 내게로 오면 그는 나의 제자가 될 수 없느니라. 또 누구든지 자기 십자가를 지지 않고 나를 따라오는 자는 나의 제자가 될 수 없느니라. … 이와 같이 너희 가운데 누구든지 자기가 가진 모든 것을 버리지 않는 사람은 나의 제자가 될 수 없느니라.』

선교의 사역을 감당하고자 하는 사람들은 자신의 모든 것, 심지어 목숨까지도 주님을 위해 드릴 수 있는지 위의 말씀으로 자신을 점검하고 확인해야 한다.

그 다음으로는, 부르심과 말씀에 근거한 확신을 가지고 선교지로 나간 사람들을 경제적으로, 영적으로(기도로써) 책임져 주는 일이 남아 있다.

누가 선교와 선교사를 후원하는가?

고후 8:1-4 『형제들아, 우리는 마케도니아 교회들에게 주신 하나님의 은혜를 너희에게 알게 하노라. 큰 환난의 시련 가운데서도 그들의 기쁨이 넘치고 그들의 심한 궁핍에도 풍부한 연보를 넘치게 하였느니라. 내가 증거하노니 그들은 자기들의 능력에 따라 하였고 또 능력 이상으로 자원하여 하였으며 우리가 은혜를 받을 것과 성도들을 섬기는 일에 동참할 것을 많은 애원으로 우리에게 간청하였느니라.』

마케도니아 교회들은 풍부한 연보를 하였는데, 그들은 먹고 살기가 힘들 정도인 처지에서도 넘치게 드렸다고 한다. 능력에 따라, 또 능력 이상으로 자원하여 드렸고, 간절한 마음으로 동참하며 바울을 포함한 동역자 선교사들을 자원하여 섬겼다. 이렇듯 선교사들이 하나님의 사역에 전념할 수 있도록 지역교회에서 그들을 후원해야 한다.

딤후 1:16-18 『주께서 오네시포로의 집에 자비를 베푸시기를 원하노라. 이는 그가 종종 나에게 생기를 돋워 주고, 나의 사슬에 매인 것을 부끄러워하지 아니하였으며, 오히려 그가 로마에 있을 때 매우 열심히 나를 찾아 만났음이라. 그 날에 주께서 그로 하여금 주의 자비를 얻게 하시기를 원하노라. 그가 에베소에서 얼마나 많은 것들로 나를 섬겼는지 네가 잘 아느니라.』

오네시포로는 바울을 후원하고 섬겼다. 선교사들이 복음을 순수하게 전파하려면 그들이 생활을 할 수 있도록 후원이 있어야 한다. 그렇지 못하면 하나님의 말씀을 증거하기가 힘들어진다.

빌 2:25-30 『또한 나는 에파프로디도를 너희에게 보내는 것이 필요하다고 생각하였노라. 그는 나의 형제요, 동역자이며, 전우이고, 너희의 사자이며, 나의 필요를 공급해 주는 일꾼이라. 이는 그가 너희 모두를 그리워하고 그가 아프다는 것을 너희가 들었으므로 심히 근심하였음이라. 그가 정녕 병들어 죽게 되었으나 내가 슬픔 위에 슬픔을 당하지 않도록 하나님께서 그에게 자비를 베푸셨으니 그에게뿐만 아니라 나에게도니라. 그러므로 내가 더욱 서둘러서 그를 보낸 것은 너희로 그를 다시 보고 기뻐하게 하며 또 나도 슬픔을 덜려 함이라. 그러므로 주 안에서 그를 기쁨으로 영접하고 또 그와 같은 사람들을 귀하게 여기라. 그가 그리스도의 일을 위하여 거의 죽게 되었으나 자기 생명을 돌보지 아니하였으니 이는 나에 대한 너희 섬김의 부족함을 그가 채우려 함이라.』

바울은 빌립보 교회에게 에파프로디도에 대하여 이야기하면서 빌립보 교회를 책망하고 있다. 파송된 선교사를 책임져주지 못할 때 에파프로디도와 같은 사람은 다른 사람의 부분까지 채우는 책임을 대신 져야 했기에 죽음에까지 이르는 고난들을 겪기도 한다. 이러한 빌립보 교회는 나중에 자신들의 잘못을 깨닫고 다시 책임을 감당한다.

빌 4:15-19 『빌립보인들아, 너희도 알거니와 복음의 초기에 내가 마케도니아에서 나올 때에 나와 더불어 주고 받는 일에 참여한 교회가 너희밖에 없었느니라. 이는 데살로니가에 있을 때에도 너희가 한두 번 나의 쓸 것을 보내 주었음이라. … 내게는 모든 것이 있고 또 풍부하니라. 나는 너희가 보낸 것을 에파프로디도로부터 받아서 풍족하게 되었노라. 이는 향기로운 냄새요, 받으실 만한 희생제요, 하나님을 참으로 기쁘시게 하는 것이라. 그러나 나의 하나님께서 그리스도 예수를 통하여 영광 가운데서 그의 풍요함을 따라 너희의 모든 필요를 채워 주실 것이라.』

우리들이 선교사를 후원하는 것은 "향기로운 냄새요, 하나님께서 받으실 만한 희생제" 이고 "하나님을 기쁘시게 하는" 일로 이러한 자들에게 하나님께서는 "모든 필요를 채워 주실 것" 이라고 성경은 말씀한다.

이렇듯 해외로 나가 직접 복음전파 사역에 참여하지 못하는 성도들은 선교사들을 재정적으로, 또 기도로써 후원해야 한다. 우리 교회는 현재 수십 명의 선교사들을 물질과 기도로써 후원하고 있으며, 주님께서 오실 때까지 더욱 더 많은 선교사를 후원할 수 있기를 바라며 기도하고 있다.

20

생명과 죽음과 부활

인간의 생명은 어떻게 시작되었을까? 이 질문에 대한 답은 성경에서 찾아볼 수 있다.

창 2:7 – 인간 생명의 시작 『주 하나님께서 땅의 흙으로 사람을 지으시고 그의 콧구멍에다 생명의 호흡을 불어넣으시니, 사람이 살아 있는 혼이 되었더라.』

말씀 그대로 하나님께서 흙으로 사람을 지으시고, 생명의 호흡을 주셔서 살아 있는 혼이 되게 하시면서 인간의 생명은 시작되었다(변개된 개역한글판성경은 '살아 있는 혼' 을 '생령' 으로 번역하여 무슨 말인지 해석할 수 없게 만들었다).

이 구절은 인간이 흙으로 된 '몸' 과, 호흡을 불어넣어 주신 '영' 과, 살아 있는 '혼' 으로 이루어진 '삼위일체' 의 존재임을 말씀하시는 구절이다.

하나님께 지음을 받아 인간이 탄생했는데, 이 때 육체적 생명만 나온 것이 아니라 영적 생명도 있었으나 창세기 3장에서 하나님께 불순종하는 죄를 지음으로, 이 영적 생명이 죽게 되었다. 후에 에베소서 2장에서는 이 영적 생명이 다시 살아났다고 말씀하신다.

엡 2:1,5-7 『허물과 죄들 가운데서 죽었던 너희를 그가 살리셨으니 … 죄들 가운데서 죽었던 우리를 그리스도와 함께 살리셨으니 (너희가 은혜로 구원을 받은 것이니라.) 또 함께 일으키사 그리스도 예수 안에서 천상에 함께 앉히셨으니 이는 그리스도 예수를 통하여 하나님께서 우리를 향한 그의 인자하심 가운데 그의 은혜의 지극히 풍요함을 오는 시대들에 보여주시려 함이니라.』

아담과 이브의 불순종으로 모든 인간은 영이 죽어서 태어나지만 예수 그리스도를 구주로 영접하면 하나님께서 죄들 가운데 죽었던 우리를 그리스도와 함께 살리신다. 이 때 살아나는 것이 인간의 영이며, 이것이 '거듭남' 이다.

성경은 죄인인 인간이 믿음으로 예수 그리스도를 구세주로 받아들였을 때 영적 생명이 시작되고 영원한 생명을 얻는다고 말씀하는 것이다

영원한 생명은 누가 가질 수 있을까?

요일 5:10-13 『하나님의 아들을 믿는 자는 자기 안에 그 증

거가 있고, 하나님을 믿지 아니하는 자는 하나님을 거짓말쟁이로 만드나니 이는 하나님께서 그 아들에 관하여 주신 증거를 믿지 아니하기 때문이라. 또 증거는 이것이니, 하나님께서 우리에게 영생을 주신 것과, 이 생명이 그의 아들 안에 있다는 것이라. 그 아들이 있는 자는 생명이 있고 하나님의 아들이 없는 자는 생명이 없느니라. 내가 하나님의 아들의 이름을 믿는 너희에게 이런 것들을 씀은 너희에게 영생이 있음을 알게 하려 함이며, 또한 너희가 하나님의 아들의 이름을 믿도록 하려 함이라.』

하나님의 아들 예수 그리스도를 믿는 자에게는 증거가 있다. 이 증거는 영생이고, 이 생명은 예수 그리스도 안에 있을 때만 받을 수 있다. 하나님의 아들을 믿은 자는 영원한 생명을 가진 것이며, 이 말씀으로 구원을 받은 후 죄를 지으면 영생을 잃어버린다고 하는 것은 잘못되었음이 증명된다.

창세기 2:17에서 하나님께서 최초의 인간에게 선과 악의 지식의 나무에서 나는 것을 먹는 날에 반드시 죽으리라 하셨는데 아담과 이브는 육신적으로 그 날 바로 죽지 않았다. 이 열매를 먹음으로써 죽은 것은 영적인 생명이고, 육신적 생명도 결국 서서히 죽게 된 것이다. 결국 이 열매를 먹고 인간은 영적, 육신적 생명을 잃었고, 영원한 생명까지도 잃어버렸다.

인간 육신의 생명은 끝이 있으며, 인간의 수명은 시대가 지나면서 점차 줄어들었다.

창세기 5:1에서 "아담의 세대들에 관한 책이라" 로 시작해서 5장 전체는 아담의 후손들의 연수가 나오는데 이 연수의 평균치를 계산해 보면 846세 정도이다. 그 다음 육체의 생명이 줄어든 것이 창세기 6,7장인데, 이는 인간의 죄로 인해 하나님께서 노아의 홍수로 심판하신 후 홍수 뒤에 자연 환경의 변화가 있고 나서이다 (600–601세).

그후의 인간의 평균 수명이 창세기 11장에서는 셈의 후대가 약 393세이며, 이때의 평균 수명은 창세기 5장의 평균 수명과 비교했을 때 약 450세가 줄어들었다. 인간의 줄어든 수명에 대해 창세기의 저자 모세가 쓴(BC 1500년) 시편 90편의 기도에서도 알 수 있다.

시 90:10 『우리의 연수가 칠십이요, 강건하면 팔십이어도 그 연수의 힘은 수고와 슬픔이니, 그것이 곧 끊어지면 우리가 멀리 날아가나이다.』

인간의 평균 수명이 창세기 5장에서 창세기 11장 홍수 뒤 점점 줄어들어 모세 때에는 70–80세가 되었고, 이 수명이 현재까지 약 3,500년 동안 지속되었다. (물론 중간에 줄기도 하고 늘기도 했지만 평균 수명은 70–80세이다.)

시편 90:9에 인간의 인생이 "한갓 이야기처럼 지나가는 것"이라고 표현되는 것과 같이 우리 인간의 육체적 생명은 빨리 지나가는 것이다.

그렇다면, 육체적 생명에 대하여 성경은 무엇이라 말씀하는가? 성경을 통해 깨닫게 되는 사실은 육체적 생명이 '짧고 험악하다' 는 것이다.

창 47:9 『야곱이 파라오에게 말하기를 "내 순례길 세월이 일백삼십 년이니이다. 내 생애의 세월이 짧고 험악하였으나 내 조상들의 순례의 날들, 곧 그들의 생애의 세월에는 미치지 못하였나이다." 하고』

130년의 생을 살았던 야곱은 순례길과 같았던 인생의 세월이 짧고 험악했다고 토로하고 있다. 이는 육체적 생명에 모든 것을 투자하는 것이 헛된 일임을 우리에게 알게 해 준다.

전 6:12 『그림자처럼 허비한 헛된 인생의 모든 날인 이 생애에서 인간에게 무엇이 좋은지 누가 알며, 해 아래서 사람의 뒤에 무슨 일이 있을지 누가 그에게 말해 줄 수 있으리요?』

어리고 젊은 시절에는 인생이 영원히 갈 것처럼 삶의 끝은 생각하지 않는다. 그러나 나이가 들어서 조금이라도 몸에 이상이 있으면 죽음을 생각하고 두려워지는 것이 우리 인간들의 모습인데, 이렇게 있다가 없어지는 그림자 같은 인생을 위해서 '죽기 살기로 싸우는 삶' 은 헛된 것이라는 말씀이다.

우리의 인생은 영원한 생명을 위해 싸우는 것이지, 그림자와 같이 있다가 없어질 육체적 생명만을 위한 것이 아니다. 그리스도인들은 영적 전쟁을 하는 자들로서, 지옥으로 떨어질 혼들을 하나라도 더 건지기 위해 싸움을 하는 군사들이다.

아래의 구절은 많은 사람들이 영생에 관한 일과는 상관없이 그림자 같은 덧없는 인생을 위해서 육신적인 것만을 추구하며 사는 것을 지적하고 있다. 물론 삶을 살기 위해 일을 하는 것은 당연하나, 그것이 인생의 전부가 아니라는 것이다.

약 4:13,14 『이제 오라, "오늘이나 내일 우리가 어느 성읍으로 가서 거기서 일 년쯤 지내며, 사고 팔아 수익을 올리리라." 하는 자들이여, 너희가 내일 일어날 일을 알지 못하나니 너희 생명이 무엇이냐? 잠깐 보이다가 사라지는 안개니라.』

삼하 14:14 『우리는 마침내 죽어야만 하며, 땅에 물을 쏟아 다시 끌어모을 수 없는 것같이 되나이다. 하나님은 어떤 사람도 존중하지 않으시나, 방책을 강구하시어 내쫓긴 자도 그에게서 버림받지 않게 하시나이다.』

욥 14:1,2 『여자에게서 태어난 사람은 날수가 적고 고통으로 가득 찼도다. 그는 꽃같이 나와서 잘려져 버리고 그는 또한 그림자처럼 사라지고 머물지 아니하도다.』

이렇듯 성경은 육체적 생명은 잠깐 보이는 안개나 그림자와도 같고, 땅에 물을 쏟아버려 다시 끌어모을 수 없는 상태 같으며,

꽃이 언젠가는 시들고 지는 것처럼 인간의 생명이 그러하다고 말씀하고 있다. 하지만 인간은 죽는 순간까지 자신의 육체적 생명에 소망을 갖고, 욕심과 정욕을 채우려 살고 있는 것이다.

그렇다면 우리는 우리의 얼마 남지 않은 귀중한 시간을 어떻게 사용해야 할까? 여기서 우리의 질문은 '우리는 영원한 생명을 소유할 수 있을까? 그렇다면 어떻게 해야 하는가?' 이다. 은혜로우신 하나님께서는 이러한 인간들을 위해서 방책을 강구하시어 버림받지 않게 하셨다.

그리스도인의 인생의 목적은 이생에서의 부와 영화를 추구하며 사는 것이 아니라 땅에서의 짧은 인생을 주님의 뜻 안에서 사는 것이다. 이 목표를 삶에서 가장 중요한 목표로 삼는 것이 육체적 생명을 바로 알고 있는 성도의 자세이다.

죽음에 대해서 성경은 무엇이라 말씀하는가?

사람들은 죽음을 심장 박동과 호흡의 정지, 뇌가 죽은 상태, 생명 활동의 정지 등으로 표현한다.

창 35:16-18 『그들이 벧엘에서 이동하여 길을 가다가, 에프랏에 조금 못미쳐서 라헬이 산고로 진통을 당하는데 산고가 심하였으니, 그녀가 심한 산고를 겪고 있을 때, 산파가 그녀에게 말하기를 "두려워 말라. 네가 이 아들도 낳게 되리라." 하더라. 그녀의 혼이 떠나려 할 때, (이는 그녀가 죽었음이라.) 그녀가 그 아이의 이름을 베노니라 불렀으나 그의 아비가 그를 베냐민이라 불렀더라.』

야곱의 아내 라헬의 모습에서 죽으면 혼이 몸에서 떠나는 것을 알 수 있다. 인간은 자신의 생각과 지식으로 인생과 죽음을 말하며 무엇인가 깨달은 것처럼 아는 체하는 철학자, 종교가들은 갖가지 말로써 깨달음을 논하지만, 성경은 죽음에 대해서 확실하고 명확하게 제시하고 있다. 죽음은 혼이 떠나는 것이고 또 몸(흙)은 땅으로(창 3:19), 영은 하나님께로 가는 것이다.

전 12:7 『그때에 흙은 예전에 있던 대로 땅으로 돌아가고 영은 그것을 주셨던 하나님께로 돌아가리라.』

몸을 떠난 혼은 어디로 가는가?

누가복음에서 예수님께서 죽어서 가는 곳에 대해 아주 자세히 설명해 주신다.

눅 16:19-26 『어떤 부자가 있었는데, 그는 자색옷과 고운 베옷을 입고 매일 호화로운 생활을 하고 있더라. 또 나사로라고 하는 어떤 거지가 있었는데 온몸에 헌데가 난 채 그 부자의 문전에 누워서 부자의 식탁에서 떨어진 부스러기로 배를 채우기를 바라니, 심지어 개들이 와서 그의 헌데를 핥더라. 그러다가 그 거지가 죽었는데 천사들이 그를 아브라함의 품으로 옮겼고 그 부자도 죽어서 장사되었더라. 부자가 지옥에서 고통받는 중에 눈을 들어 저 멀리 아브라함을 보았더니 나사로가 그의 품에 있는지라. 그가 소리질러 말하기를 '아버지 아브라함이여, 저를 불쌍히 여기셔서 나사로를 보내시어 그가 자기 손가락 끝에 물을 적셔 내 혀를 식히게 하소서. 내가 이 불꽃 가운데서 고통을 받고 있나이다.' 라고 하니 아브라함이 말하기를 '아이야, 너는 네 생전에 좋은 것을 받았고 나사로는 나쁜 것을 받았음을 기억하라. 그러나 이제 그는 위로를 받고 너는 고통을 받느니라. 이 모든 것 외에도 우리와 너희 사이에는 커다란 구렁이 놓여 있어서 여기에서 너희에게로 건너가고자 하여도 갈 수 없고 거기에서 우리에게로 건너오고자 하여도 올 수 없느니라.' 고 하더라.』

위 구절에서 두 사람이 죽는데 한 사람은 그 혼이 아브라함의 품에, 다른 사람의 혼은 지옥에 있다. 몸을 떠나 지옥에 간 그 혼이 눈이 있어서 보고, 입이 있어 소리를 지르고, 손가락이 있어 가리키고, 혀가 있고 갈증을 느끼며 지옥의 불꽃에서 고통을 받고 있다.

흔히 사람들은 혼이란 공기와 같다고 하고 어떤 에너지 같은 존재라고 하지만, 혼은 이들의 말과는 다르게 사람의 형태를 지니고 있고, 썩지 않고 소멸되지 않으며 죽어서 하늘나라에 가거나 아니면 불꽃 가운데 있는 지옥에 가서 영원히 고통을 받아야 하는 것이다.

눅 23:42,43 『예수께 말씀드리기를 "주여, 주께서 주의 왕국에 임하실 때 나를 기억하소서." 라고 하니 예수께서 그에게 말씀하시기를 "진실로 내가 너에게 말하노니, 오늘 네가 나와 함께 낙원에 있으리라." 고 하시니라.』

주께서 십자가에서 돌아가시기 전 다른 행악자 두 명과 함께 있었는데, 위 구절은 이들 중 한 사람이 예수 그리스도를 주라 시인하여 죽음 직전에 구원을 받은 뒤 주님께서 그에게 하신 말씀이다. 이 말씀에서도 죽으면 혼이 몸을 떠나 낙원으로 간 것을 알 수 있다.

예수 그리스도께서 십자가에 돌아가시기 전에는 사람이 죽으면 땅 속에 있는 낙원 또는 지옥으로 갔는데, 주님께서는 부활하신 후 낙원에 있던 구약 성도들을 데리고 올라가셨고, 이 때 낙원이 셋째 하늘로 옮겨졌다.

엡 4:8,9 『그러므로 말씀하시기를 "그가 위로 올라가실 때에 사로잡힌 자를 사로잡아갔고 사람들에게는 은사들을 주셨다." 고 하셨느니라. (따라서 그가 올라가셨다는 것은 그가 땅의 더 낮은 부분들로 먼저 내려가셨다는 것이 아니고 무엇이냐?)』

이렇듯 성경에 의하면 인간의 죽음은 끝이 아니며 육체는 썩어 흙이 되고 혼은 육체를 떠난다. 십자가 사건 후, 곧 주님의 부활 후에 혼은 지옥 또는 낙원(셋째 하늘)으로 가는 것이다.

고후 5:1-8 『우리가 아는 것은 만일 땅에 있는 우리의 장막 집이 무너지면 하나님께서 지으신 큰 집, 즉 손으로 짓지 아니한 하늘들에 있는 영원한 집이 있다는 것이라. 정녕 우리가 여기에서 신음하며 하늘에서 오는 우리의 집으로 옷입게 되기를 간절히 바라나, 만일 우리가 옷입고 있다면 벗은 채로 발견되지 아니하리라. 이 장막 집에 있는 우리가 짐을 지고 신음하는 것은 벗으려는 것이 아니라 옷입혀지고자 함이니 이는 죽을 것이 생명에 의해서 삼켜지는 것이라. 이제 이것을 위해 우리를 만드신 분은 하나님이시며 그분께서는 또한 우리에게 성령의 보증을 주셨느니라. 그러므로 우리는 몸에 있는 집에 거할 때 주로부터 멀리 떨어져 있다는 것을 알면서도 항상 자신에 차 있으니 (이는 우리가 믿음으로 행하고 보는 것으로 하지 아니함이라.) 우리가 자신에 차 있으니 정녕 몸에서 떠나 주와 함께 있는 것을 오히려 더 원하노라.』

사도 바울은 죽음에 대해서, 우리의 몸이 집이며, 죽음을 집이 무너지는 것으로 표현한다. 우리는 죽은 후 혼이 하늘에 있는 영원한 집에서 주와 함께 있는 것을 원한다. 구원받은 사람은 몸을 떠나면, 즉 죽으면 그 혼은 주님과 함께 있게 된다.

주님은 어디에 계시는가?

고후 12:1-4 『정녕 자랑하는 것이 나에게 유익하지 못하나 내가 주의 환상들과 계시들을 말하리라. 내가 십사 년 전에 그리스도 안에서 한 사람을 알았는데 (그가 몸 안에 있었는지 나는 말할 수 없고 몸 밖에 있었는지 나는 말할 수 없지만 하나님께서는 아시느니라.) 그 사람이 셋째 하늘로 끌려 올라갔느니라. 내가 이런 사람을 아노라. (그가 몸 안에 있었는지 몸 밖에 있었는지 나는 말할 수 없지만 하나님께서는 아시느니라.) 그가 낙원으로 끌려 올라가서 말로 다 설명할 수 없는 말을 들었는데 그것은 사람들에게 말하도록 허락되지 않은 것이로다.』

사도 바울은 고린도후서에서, 그가 몸 안에서인지 아니면 몸을 떠난 혼으로인지 모르지만 셋째 하늘로 끌려올라 갔었던 자신의 경험을 3인칭을 사용해 말한다. 그는 하늘나라에 대한 위대한 계시에 대해 설명하면서 거기에서 들은 말을 사람들에게 말하도록 허락되지 않았다고 한다(반면 사도 요한은 계 4장에서 바울과 같은 경험을 하였는데 그는 이를 계시록에 기록했다).

우리는 이제 죽으면 구약 때와 같이 낙원에서 쉬는 것이 아니라(눅 16장, 엡 4장) 바로 셋째 하늘로 가게 되는 것을 성경을 통해 알게 되었다. 그러나 여러 이단들 중 특히 안식교, 여호와의 증인들은 구약에서 쉰다는 말을 인용하여 혼은 죽음 후에 잠자는 것이라고 말한다. 이는 구약과 신약의 차이를 모르기 때문이다.

죽음의 종류에는 육신의 죽음(창 3장의 아담의 죄로 인해 모든 사람이 죽어서 흙으로 돌아가는 것)과 영적인 죽음(아담과 이브의 죄로 죽은 영, 눅 9:60에서 '죽은 자들은 죽은 자들로 장사지내게 하라' 고 하신 말씀 참조), 그리고 영원한 죽음이 있다(죄로 인한 지옥의 형벌, 절대 빠져나오지 못하는 곳).

성경에서 죽음은 잠을 잔다, 혼을 취하신다, 땅에서 장막이 무너진다(고후 5장), 장막에서 벗어난다(벧후 1장), 돌아오지 못할 곳으로 간다(욥), 숨을 거둔다(행 5장) 등 다양한 표현으로 묘사되고 있다.

그렇다면 죽음을 해결할 수 있는 방법은 있을까? 죽음을 해결할 수 있는 것은 영원한 생명을 얻는 것으로 부활이며 휴거이다.

부활과 휴거는 언제 일어나는가?

요 5:24 『진실로 진실로 내가 너희에게 말하노니, 내 말을 듣고, 또 나를 보내신 분을 믿는 자는 영생을 얻고, 정죄에 이르지 아니할 것이며, 사망에서 생명으로 옮겨지느니라.』

예수 그리스도를 믿으면 영생을 얻는다고 말씀한다.

거듭남으로써 우리는 영원한 죽음을 면하고 아담에 의해 죽은 영이 다시 살아나게 된다. 구원을 받았어도 죄의 삯은 사망이기에 모든 인간은 그 육신이 죽어야 하지만 우리가 살아있는 동안 주께서 공중에 재림하시면 몸이 구속을 받아 죽음을 맛보지 않고 휴거된다.

살전 4:13-17 『형제들아, 잠든 자들에 관해서는 너희가 모르게 되는 것을 원치 아니하노니 이는 너희가 소망이 없는 다른 사람들과 같이 슬퍼하지 않게 하려는 것이라. 예수께서 죽었다가 다시 살아나신 것을 우리가 믿는다면 그와 같이 하나님께서는 예수 안에서 잠든 자들도 그와 함께 데리고 오시리라. 우리가 주의 말씀으로 너희에게 이것을 말하노니 주께서 오실 때까지 살아남아 있는 우리가 잠들어 있는 자들보다 결단코 앞서지 못하리라. 주께서 호령과 천사장의 음성과 하나님의 나팔 소리와 함께 하늘로부터 친히 내려오시리니 그러면 그리스도 안에서 죽은 자들이 먼저 일어나고 그리고 나서 살아남아 있는 우리도 공중에서 주와 만나기 위하여 그들과 함께 구름 속으로 끌려 올라가리니, 그리하여 우리가 영원히 주와 함께 있으리라.』

죽은 몸을 잠든 자라고 표현한 것은 몸이 부활할 것이기 때문이다. 이렇게 영생의 약속을 얻어 영이 거듭나고 잠들었던 자들은 위의 구절에서 보듯이 셋째 하늘에 있던 혼(주님이 다시 오시기 전까지 죽은 자들의 혼)이 몸을 입고(부활) 공중에서 주님을 만나는 것이다.

그리고 지금 우리들의 소망인 주님께서 다시 오실 때 살아 있는 자들은 죽지 않는 새로운 몸으로 변모되어 영생을 소유하게 된다(휴거). 성경은 휴거가 "눈깜짝하는 순간" 에 일어날 것이라고 말씀한다.

고전 15:51-53 『보라, 내가 너희에게 한 가지 신비를 말하노니 우리가 다 잠잘 것이 아니요 오히려 우리가 모두 변화될 것이니 마지막 나팔 소리에 눈깜짝하는 순간에 그러하리라. 나팔 소리가 나면 죽은 자들이 썩지 아니하는 몸으로 일으켜지며 우리도 변화되리라. 그리하여 이 썩을 몸이 반드시 썩지 아니할 몸을 입고 이 죽을 몸이 반드시 죽지 아니할 몸을 입으리라.』

그리스도인의 죽음은 주님께서 다시 오실 때 부활로, 휴거로 해결되는 것이다.

21
지옥과 하늘나라

사람들은 지옥이라는 단어를 매우 싫어한다. 미국에서 지옥에 대해 여론조사를 했는데 약 90% 정도의 사람들이 지옥은 실제적 장소가 아니라고 대답했다고 한다.

미국은 청교도들이 성경 말씀을 기초로 세운 국가로서 그리스도인이 제일 많은 나라이다. 그러나 여론조사 결과는 교회에 다니는 대부분의 사람들이 지옥에 대해 믿지 않는 것으로 나왔다.

그런데 이상한 것은 교회에 다니면서 지옥을 믿지 않는 사람들이 하늘나라는 믿는다는 것인데, 뭔가 앞뒤가 맞지 않는 이런 이상한 현상의 원인은 지옥이란 말을 싫어하는 교인들의 취향(?)에 맞추어 목사들이 지옥에 대한 설교를 하지 않기 때문이다.

한국의 유명 목사들이 불교, 천주교, 개신교를 동시에 인정하면서, 다른 종교와 타협하며 종교통합운동을 하는 것도 성경이 말씀하시는 지옥을 믿지 않기 때문이다. 지옥을 믿는다면 그런 운동에 참여할 수가 없으며, 이런 거짓 목사들이 믿는 지옥은 '비유적인 상상의 장소'에 불과하다.

성경은 지옥이 있다고 말씀한다. 그렇다면 과연 지옥은 누구를 위하여 만들어진 곳인가?

지옥은 마귀와 그의 천사들을 위해 마련된 곳

마 25:41 『그때에 왕이 왼편에 있는 자들에게도 말하기를 '너희 저주받은 자들아, 내게서 떠나 마귀와 그의 천사들을 위하여 준비한 영원한 불 속으로 들어가라.』

지옥은 교만으로 인해 하나님의 자리를 탐내 하나님을 대적한 사탄(사 14:12-15)과 그를 따르는 천사들을 위하여 하나님께서 준비하신 곳이며 "영원한 불 속" 이다. 문제는 지옥은 원래 인간들이 가야 할 곳이 아니라는 것이다. 그러나 예수 그리스도의 복음을 거절하는 쪽을 택한 인간들은 마귀의 자녀로서 불구덩이로 따라 들어가고 있다.

이 구절을 보면서 우리가 주목해야 할 것은 "영원한 불 속" 이라는 것인데 영원하신 하나님이 존재하시는 한 지옥도 영원히 존재한다는 것이다.

이러한 성경의 말씀이 사람들을 괴롭게 하기 때문에 인간은 성경에서 지옥이라는 단어와 지옥에 대한 사실들을 자신들이 원하는 대로 변개시키거나 삭제했다. 그러나 지옥에 대한 경고가 없었다면 우리는 구원받지 못했을 것이기에 구원받은 자들에게는 지옥에 대한 경고는 사랑의 편지이다.

지옥은 어디에 있는가

지옥은 사람들이 말하듯이 상상의 장소인가, 아니면 실질적인 장소인가? 이 물음에 대하여 성경은 지옥이 '지구의 중심부' 에 있다고 답한다.

겔 32:27 『그들은 할례 받지 않은 자들 가운데서 엎드러진 용사들, 즉 그들의 전쟁 무기를 가지고 지옥에 내려간 자들과는 함께 눕지 아니할 것이니 그들은 칼을 자기들의 머리 밑에 두었으나 그들이 산 자들의 땅에서는 용사들의 공포가 되었을지라도 그들의 죄악들은 그들의 뼈 위에 있으리라.』

사람이 죽으면 땅에서 더 "내려가는" 것이라고 성경은 말씀한다. 지옥은 우리의 발 밑, 저 아래에 있다.

사 14:9 『아래로부터 지옥이 너로 인하여 움직여서 네가 올 때 너를 맞이하려 하는도다. 그것이 너로 인하여 죽은 자들을 움직이니 곧 땅의 모든 지도자들이라. 또 그것이 민족들의 모든 왕들을 그들의 보좌에서 일어서게 하였도다.』

잠 27:20 『지옥과 멸망은 결코 가득 차지 않으며, 사람의 눈도 결코 만족함이 없느니라.』

사 5:14 『지옥은 스스로를 확장하였고 한없이 입을 벌렸으니 그들의 영광과 그들의 많은 무리와 그들의 허영과 기뻐하는 자가 그곳으로 내려가리라.』

지옥은 아래에 있으며, 또 움직인다. 지옥에는 지금까지 수많은 사람들이 갔고 또 지금도 가고 있는데, 꽉 차서 더이상 들어갈 곳이 없지 않을까 (지옥은 상상의 장소라고 하면서…) 걱정하는 사람들이 있으나 전혀 걱정할 필요는 없다. 지옥은 "스스로를 확장" 하기 때문이다(사 5:14). 그래서 어떤 신학자들은 '지진이 일어나는 것은 지옥이 확장되는 과정에서 발생하는 것' 이라고 말하기도 한다.

화산, 지진이 일어나는 것은 지구의 중심부에 불이 있어서 일어나는 것이다. 현대에 와서 과학자들은 지구의 중심부에 뜨거운 것이 있다는 것을 발견했으며, 얼마 전 인도양 심해 탐사선은 수심 3,000m 심해에 용암이 분출되는 활화산 지형이 있음을 증명했다. (탐사 면적 폭은 약 10km, 길이는 약 7,000km) 이러한 과학자들의 발견은 성경이 말씀하신 땅의 심장 속, 즉 중심부(마 12:40)에 "지옥" 이 있다는 것을 증명하는 것이다.

또한 지옥에는 단계가 있다. 즉 지옥에서 받는 형벌에 차이가 있다는 것이다. 우선, 가장 낮은 지옥이 있다.

신 32:22 『내 진노중에 불이 붙어서 가장 낮은 지옥까지 사를 것이며, 땅을 그 소산과 더불어 소멸할 것이며, 산들의 기초에도 불을 놓으리라.』

시 86:13 『이는 나를 향하신 주의 자비가 크시며 주께서 내 혼을 가장 낮은 지옥으로부터 구하셨음이니이다.』

마 23:14,15 『위선자인 서기관들과 바리새인들아, 너희에게 화 있으리라! 이는 너희들이 과부들의 집을 삼키며 남들에게 보이고자 길게 기도하기 때문이라. 그러므로 너희는 더 큰 심판을 받으리라. 위선자인 서기관들과 바리새인들아, 너희에게 화 있으리라! 이는 너희가 한 사람의 개종자를 얻으려고 바다와 육지를 두루 다니다가 얻고 나면 그를 너희보다 두 배나 더 악한 지옥의 자식으로 만들기 때문이라.』

서기관들과 바리새인들이 더 큰 심판을 받을 것이라고 주님께서 말씀하시는데, "두 배나 더 악한 지옥의 자식"이라고 하신 말씀에서 지옥이라고 해서 다 같은 곳이 아니라 단계가 있으며, 그 단계에 따라서 형벌이 다름을 알 수 있다.

구약의 요나서에서도 땅의 밑 지옥을 얘기한다.

욘 2:6 『내가 산들의 밑바닥까지 내려갔더니 땅이 그 빗장들로 영원토록 나를 막았나이다. 그러나 오 주 나의 하나님이여, 주께서 내 생명을 부패함에서 건져내셨나이다.』

지옥에는 또한 문이 있고 그 열쇠는 예수님께서 갖고 계신다. 카톨릭에서는 교황이 이 열쇠를 가지고 있다고 하지만 이는 전혀 성경과 맞지 않는 말이다.

마 16:18,19 『나도 너에게 말하노니, 너는 베드로라. 그리고 이 반석 위에 내가 나의 교회를 세우리니, 지옥의 문들이 그것을 이기지 못하리라. 그리고 내가 천국의 열쇠들을 너에게 주리니, 네가 무엇이든지 땅에서 묶으면 하늘에서도 묶일 것이요, 또 네가 무엇이든지 땅에서 풀면 하늘에서도 풀릴 것이니라." 하시니라.』

계 1:18 『나는 살아 있는 자며, 죽은 자였으나, 보라, 영원무궁토록 살아 있노라. 아멘. 또한 내가 지옥과 사망의 열쇠들을 가졌노라.』

누가 지옥으로 가는가 - 구약시대

시 9:17 『악인은 지옥으로 돌려질 것이요, 하나님을 잊어버린 모든 민족들도 그러하리라.』

이 말씀에 따라 악인이 지옥에 가는 것이고 의인이면 지옥에 가지 않는 것인데, 여기서 우리는 이 악인과 의인에 대하여 알아야 한다. 구약시대에는 행위로써 의인과 악인이 나누어진다. (신약 때 의인이 되는 것은 예수 그리스도를 믿으면 되는 것이지만 구약 때는 행위로 의인과 악인이 구별된다.)

겔 18:4,5,9 『보라, 모든 혼들은 내 것이라. 아비의 혼이 그렇듯이 자식의 혼도 내 것이라. 범죄하는 혼은 죽으리라. 그러나 만일 사람이 의로워서 합법적이고 옳은 것을 행하고 … 내 규례대로 행하고 내 명령을 지켜 진실하게 행한다면 그는 의인이니 그가 반드시 살리라. 주 하나님이 말하노라.』

규례대로 행하고, 명령을 지키면 의인이다. 행위로 악을 행한 자는 악인이고, 행위로 하나님의 계명을 지킨 자는 의인이다. 그러나 만일 신약시대에 이런 구절로 의인이 된다고 가르치면 그것은 행위에 의한 구원이 되기 때문에 성경이 경고하는, 저주받을 "다른 복음"이 된다.

또한 구약시대에는 어떻게 죽는지가 중요하다. 평생을 의인으로 살다가도 죽을 때 악한 짓을 하게 되면 악인이 되는 것이다.

겔 18:18-20 『그의 아비로 말하면 잔인하게 억압하고 폭력으로 그의 형제를 착취하며 그의 백성 가운데서 선하지 않은 일을 행하였으니, 보라, 그가 그의 죄악 가운데서 죽으리라. 그런데 너희는 말하기를 "왜 그 아들이 아비의 죄악을 담당하지 않겠느냐?" 하는도다. 아들이 합법적이고 옳은 것을 행하고 나의 모든 규례들을 지켜 그것들을 행하면 그는 반드시 살리라. 범죄하는 혼은 죽으리라. 아들이 아비의 죄악을 지지 아니할 것이며 아비도 아들의 죄악을 지지 아니할 것이니 의인의 의는 그에게 있고 악인의 악도 그에게 있으리라.』

겔 18:21-27 『그러나 만일 악인이 자기가 범한 모든 죄들로부터 돌이켜서 나의 모든 규례들을 지키고 합법적이고 옳은 것을 행하면 그는 반드시 살 것이며 죽지 아니하리라. … 그러나 의인이 돌이켜 자기 의에서 떠나 죄악을 범하여 악인이 행한 모든 가증함대로 행하면 그가 살겠느냐? 그가 행한 그의 모든 의는 언급되지 아니할 것이며 그가 범한 그의 허물과 그가 지은 그의 죄 가운데서 죽으리라. 그런데 너희는 말하기를 "주의 길이 공평하지 않다." 하는도다. 이제 들으라, 오 이스라엘 집아, 내 길이 공평치 아니하냐? 너희 길이 불공평한 것이 아니냐? 의인이 돌이켜 자기 의에서 떠나 죄악을 범하여 그 안에서 죽을 때 그가 행한 그의 죄악으로 인하여 죽을 것이라. 또 악인이 돌이켜 그가 범한 악에서 떠나 합법적이고 옳은 것을 행할 때 그는 자기 혼을 구원하리라.』

자기 자신들의 의와 악을 아버지와 아들의 예로 말씀하시는데, 죄악 가운데 죽으면 악인이요 옳은 것을 행하고 하나님의 규례들을 지키고 행하면 의인이 됨을 말씀하신다. 결국 죽기 직전 어떤 상태인지에 따라 의인과 악인이 결정된다.

구약에는 의인에게 여러 가지 물질적 복이 주어지지만 구원의 영원한 보장으로 인한 확신 등 신약적 의미의 영적 복은 없다. 반면 교회시대 구원받은 자들은 구약 때 주어졌던 것과 같은 물질적인 복은 없지만 죽을 때까지 구원을 위해 선한 일을 하며 의인인지 아니면 악인인지를 걱정할 필요가 없다.

위의 말씀과 같이 구약 때 자신의 혼을 구하는 것은 하나님의 계명을 지키는 것이지만, 오늘날 우리들의 혼의 구원은 예수 그리스도를 믿음으로써 지옥으로부터 구해냄을 받는 것이다.

성경은 분명하게 구약시대의 구원과 신약시대의 구원이 다르다는 것을 말씀하시는데, 오늘날 은혜 시대에 많은 교회들이 구약시대의 행위구원을 가르치며 이를 실천하려 하고 있다. 성경의 말씀을 있는 그대로 믿는다면 구약과 신약의 구원교리는 같다고 하는 것이 잘못된 것임을 알게 될 것이다.

누가 지옥으로 가는가 - 신약, 즉 교회시대

살후 1:8,9 『하나님을 알지 못하는 자들과 우리 주 예수 그리스도의 복음에 순종치 아니하는 자들을 불길 가운데서 벌하시리니 이런 자들은 주의 임재와 그의 능력의 영광으로부터 떠나 영원한 멸망의 형벌을 받게 될 것이라.』

구약시대 때 지옥에 가는 자는 악인과 하나님을 잃어버린 민족이지만, 신약 시대에는 하나님을 알지 못하는 자들과 복음에 순종하지 않는 자들은 영원한 멸망의 형벌, 즉 지옥에 간다는 것을 잘 알 수 있다.

불순종한 사람들뿐만 아니라 천사들도 지옥에 간다.

벧후 2:4 『하나님께서는 죄를 지은 천사들조차 아끼지 않으시고 지옥에 던져서 흑암의 사슬에 내어주어 심판 때까지 가두어 두셨으며』

지옥은 미래에 어떻게 되는가?

계 20:11-14 – 천년왕국 후 지옥에 있던 자들이 심판을 받음 『또 내가 큰 백보좌와 그 위에 앉으신 분을 보니, 그의 면전에서 땅과 하늘이 사라졌고 그들의 설 자리도 보이지 않더라. 또 내가 죽은 자들을 보니, 작은 자나 큰 자나 하나님 앞에 서 있는데, 책들이 펴져 있으며 또 다른 책도 펴져 있는데 그것은 생명의 책이라. 죽은 자들은 자기들의 행위에 따라 그 책들에 기록된 대로 심판을 받더라. 바다도 그 안에 있던 죽은 자들을 넘겨주고 또 사망과 지옥도 그들 안에 있던 죽은 자들을 넘겨주니 그들이 각자 자기들의 행위에 따라 심판을 받으며 사망과 지옥도 불못에 던져지니 이것이 둘째 사망이라.』

인류 역사상 죽어서 지옥에서 고통받던 모든 혼들이 지옥에서 일시적으로 풀려나 백보좌 심판에서 자신들의 행위에 따라 마지막 심판을 받는다. 그때까지는 지옥이 불못이 아니며 이때 이 지옥도 불못으로 던져진다. 현재 우리가 복음을 전할 때 불못을 지옥으로 말하는데, 지옥과 불못은 엄격히 구분되나 종국에는 지옥이 불못으로 던져지기 때문에 잘못 전하는 것은 아니다.

결국 지옥은 구원받지 못한 사람이 죽으면 죽은 즉시 그 혼이 가는 곳이며, 천년왕국이 끝나고 백보좌 심판 후에는 불못으로 던져진다.

또한 불못은 사탄과 타락한 천사들이 가는 곳이며, 이것이 둘째 사망이다.

계 21:8 『"그러나 두려워하는 자들과 믿지 아니하는 자들과 가증스런 자들과 살인자들과 음행하는 자들과 마술하는 자들과 우상 숭배하는 자들과 모든 거짓말하는 자들은 불과 유황이 타는 못에 참여하리니 이것이 둘째 사망이라." 고 하시더라.』

하늘(heaven)

사 57:15 『영원에 거하시는 높고 우뚝 솟은 분, 그의 이름이 거룩이신 분이 이같이 말하노라. 나는 높고 거룩한 곳에 거하며 또한 통회하고 겸손한 영을 지닌 자와 함께 거하여 겸손한 자의 영을 소생케 하고 통회하는 자의 마음을 소생케 하는도다.』

하나님께서 계시는 곳이 하늘나라다. 그곳은 높고 거룩한 곳이며 영원이다. 하나님은 영원 가운데 거하시고, 영원하다는 것은 시간 개념이 없는 것이다.

요 14:2 – 아버지 집 『나의 아버지 집에는 많은 저택들이 있느니라. 그렇지 아니하면 내가 너희에게 말하였으리라. 나는 너희를 위하여 처소를 마련하러 가노라.』

눅 12:33,34 『너희가 가진 것을 팔아서 구제하고, 너희 자신을 위하여 해어지지 않는 돈주머니를 만들라. 고갈되지 아니하는 하늘들의 보물이니, 거기에는 도둑도 접근하지 못하고 좀도 손상시키지 못하느니라. 너희 보물이 있는 곳에 너희 마음도 있느니라.』

고후 12:2-4 『내가 십사 년 전에 그리스도 안에서 한 사람을 알았는데 (그가 몸 안에 있었는지 나는 말할 수 없고 몸 밖에 있었는지 나는 말할 수 없지만 하나님께서는 아시느니라.) 그 사람이 셋째 하늘로 끌려 올라갔느니라. 내가 이런 사람을 아노라. (그가 몸 안에 있었는지 몸 밖에 있었는지 나는 말할 수 없지만 하나님께서는 아시느니라.) 그가 낙원으로 끌려 올라가서 말로 다 설명할 수 없는 말을 들었는데 그것은 사람들에게 말하도록 허락되지 않은 것이로다.』

하늘은 사도 바울이 일시적으로 다녀온 곳으로, 셋째 하늘이라 하고 낙원이라고도 한다(엡 4:8).

눅 16:22 『그러다가 그 거지가 죽었는데 천사들이 그를 아브라함의 품으로 옮겼고 그 부자도 죽어서 장사되었더라.』

구약시대에 이 낙원은 땅 속에, 지옥의 건너편에 있었는데, 예수 그리스도께서 십자가에서 죽으시고 내려가셔서 구원받아 낙원에 있던 구약 성도들을 데리고 올라가셨기 때문에 지금 이 낙원은 하늘에 있다.

계 21:10-12,13-26 – 새 예루살렘 『그가 영 안에서 나를 이끌어 크고 높은 산으로 가서 그 큰 도성 거룩한 예루살렘이 하나님께로부터 하늘에서 내려가는 것을 내게 보여주니, 하나님의 영광이 있어 그 도성의 광채가 가장 귀한 보석 같고, 벽옥 같으며, 수정같이 맑고 또 크고 높은 성벽도 있으며, 열두 대문이 있고 그 문에는 열두 천사와 이름들이 기록되어 있는데 그것은 이스라엘 자손 열두 지파의 이름이더라.』

이 하늘은 요한복음 14장에서 예수님께서 말씀하신, 우리를 위하여 처소를 준비하러 가신 곳이고, 사도 바울이 다녀온 곳이다(고후 12장).

이곳의 크기는 요한계시록 21:16에 기록된 것처럼 한 쪽 길이가 일만이천 스타디온(5스타디온 = 1km) 즉 약 1,500마일에 이른다. 그곳에는 밤이 없고 빛이 있는 곳이며(23절) 순금과 아름다운 각종 보석으로 이루어진 곳(18-21절)이다.

우리 구원받은 이들은 예수님께서 말씀하신 대로 이 처소를 갖게 될 자들이다. 땅에서의 방식으로 말한다면 하늘나라의 집문서를 가진 자들인 것이다.

하늘은 신약시대에는 구원받은 이들이 죽으면 곧바로 가는 곳이다. 구약시대에는 성도가 죽으면 땅 밑 아브라함의 품으로 갔지만 십자가 사건 후에는 곧바로 하늘로 가게 된다.

고후 5:6-8 『그러므로 우리는 몸에 있는 집에 거할 때 주로부터 멀리 떨어져 있다는 것을 알면서도 항상 자신에 차 있으니 (이는 우리가 믿음으로 행하고 보는 것으로 하지 아니함이라.) 우리가 자신에 차 있으니 정녕 몸에서 떠나 주와 함께 있는 것을 오히려 더 원하노라.』

혼이 몸을 떠나면 주님과 함께 있게 되고, 주님이 계신 곳은 셋째 하늘이기 때문에 그리스도인이 죽으면 셋째 하늘로 가게 된다.

빌 1:23 『내가 그 둘 사이에 끼여 있으니 내가 떠나서 그리스도와 함께 있을 욕망을 갖는 그것이 훨씬 좋으나』

사도 바울은 "그 둘 사이" 즉, 죽음과 삶 사이에 끼여 있으나, 자신이 한 번 다녀왔던 주님이 계신 곳인 셋째 하늘에 하루라도 빨리 가기를 소망했다.

신약시대이든 구약시대이든, 구원받지 못한 사람이 죽으면 가는 곳은 같은 장소인 지옥이다. 반면 성도가 가는 곳은 구약 때는 지하세계에 있는 낙원이었지만 (눅 16장), 십자가 사건 후에는 하나님이 계신 셋째 하늘이다(고후 12장).

22
천사

구원받은 사람들이 믿음 생활을 하는 가운데 눈에 보이는 것들을 이해하는 것은 쉽지만 눈에 보이지 않는 것들을 이해하기는 힘들 수 있다. 그러나 "믿음은 바라는 것들에 대한 실상이요, 보이지 않는 것들에 대한 증거" 라는 말씀을 우리가 알 듯이 보이지 않는 것들, 영원한 것들에 대해 성경은 말씀하신다. 이번 과에서는 눈에 보이지 않는 영적 존재들 중 천사에 대한 성경의 말씀을 공부할 것이다.

성경에서 천사가 처음으로 나오는 곳은 창세기 18장이며, 성경은 천사의 존재를 약 270군데 이상에서 말씀한다.

창 18:1-5 『주께서 마므레 평지에서 그에게 나타나셨더라. 그가 그 날 더울 때에 장막 문에 앉았다가, 눈을 들어 보았더니, 보라, 세 사람이 자기 곁에 서 있더라. 그가 그들을 보자, 장막 문에서 뛰어나가 그들을 맞으며 몸을 땅에 굽혀 절하고 말하기를 "내 주여, 내가 이제 주가 보시기에 은총을 입었사오면, 간구하오니 주의 종에게서 지나쳐 가지 마소서. 내가 간구하오니, 물을 조금 가져오게 하여 당신들의 발을 씻으시고 나무 아래서 쉬소서. 내가 빵을 조금 가져오리니, 당신들의 마음을 위로하신 후에 길을 계속 가소서. 이는 당신들께서 당신들의 종에게 오셨음이니이다." 하니, 그들이 말하기를 "네가 말한 대로 그리하라." 하더라.』

위 구절에서 아브라함이 천사들을 알아보고 맞이하며 음식을 대접한다. 그 후 천사들은 자식이 없던 아브라함에게 그와 그의 후대가 앞으로 받을 복에 대해 예언하는 말씀이 나온다. 이처럼 구약 때는 천사들이 육신의 몸을 입고 나타나는 것을 여러 구절에서 볼 수 있으며, 신약에서의 대표적 관련구절은 히브리서 13:1,2이다.

히 13:1,2 『형제 사랑하기를 계속하고, 나그네 대접하는 일을 잊지 말라. 이렇게 하다가 자기도 모르는 사이에 천사들을 대접한 사람들도 있었느니라.』

구약에는 하나님의 사람들이 천사들을 만나 대접한 경우가 여러 번 언급된다. 한편 욥기에서는 이 천사들이 "하나님의 아들들" 로 불린다.

욥 1:6 『하루는 하나님의 아들들이 와서 주 앞에 섰고 사탄도 그들 가운데 왔더라.』

욥 2:1 『하루는 또 하나님의 아들들이 와서 주 앞에 섰고, 사탄도 그들 가운데 와서 주 앞에 섰더라.』

이렇게 욥기 1,2장에서 하나님의 보좌 앞에 또다른 영적 존재인 사탄과 천사(하나님의 아들들)가 선 것을 볼 수 있으며, 또한 성경의 많은 부분에서도 천사가 등장한다. 우리가 눈으로 보지 못한다고 해서 천사들의 존재를 믿지 못하는 것은 성경을 올바로 공부하지 못한 것이다.

마 4:11 『마귀가 주를 떠나고, 보라, 천사들이 와서 주를 섬기니라.』

예수 그리스도께서 광야에서 사탄에게 시험을 받으시고 난 후 천사들이 나타나 주님을 섬겼다고 말씀한다.

골 2:18 『아무도 자의적인 겸손과 천사들을 숭배함으로 너희의 상을 속여 빼앗지 못하게 하라. 그는 보지 않은 것을 억지로 주장하고 자기 육신의 생각으로 헛되이 과장하며』

사도 바울은 영적 존재인 천사들과 연관된 신비주의에 대해 경고하고 있다. 천사들은 하나님께서 창조하신 피조물인데 많은 사람들이 그들을 숭배하기 때문에 그에 대해 경고하는 것이다.

요한계시록 19:10에서 요한은 자신 앞에 나타난 천사에게 경배하려 했는데, 그 천사는 자신도 요한과 같은 동료 종이라고 하면서 경배를 거절하고 오직 하나님께 경배하라고 한다. 경배는 오직 하나님 한 분만이 받으실 수 있다는 것을 천사가 사도 요한에게 말하고 있는 것이다.

골 1:16 『이는 만물이 그에 의하여 창조되되 하늘에 있는 것들과 땅에 있는 것들과 보이는 것들과 보이지 않는 것들과 보좌들이나 주권들이나 정사들이나 권세들이나 만물이 그에 의하여 또 그를 위하여 창조되었기 때문이라.』

성경에 의하면 눈에 보이는 것들뿐만 아니라 눈에 보이지 않는 천사를 포함한 영적 존재들이 있으며, 예수 그리스도께서 이들을 창조하셨다.

시 103:20 『능력이 뛰어나고 주의 말씀의 음성에 경청하여 그의 계명들을 행하는 너희 그의 천사들아, 주를 송축하라.』

시 148:1,2 『너희는 주를 찬양하라. 너희는 하늘들에서부터 주를 찬양하며 높은 곳들에서 그를 찬양하라. 그의 모든 천사들아, 너희는 그를 찬양하라. 그의 모든 군대들아, 너희는 그를 찬양하라.』

히 12:22 『그러나 너희는 시온 산과, 살아 계신 하나님의 도성인 하늘의 예루살렘과, 무수한 천사들과,』

또한 천사들은 하나님의 군대이며 능력이 뛰어나고 주의 명령을 행하는 이들이며, 주를 송축하고 찬양하는 자들이요, 그 수는 셀 수 없이 많다는 것을 말씀을 통해 잘 알 수 있다.

하나님께서는 이렇게 수많은 천사들을 군대와 같이 조직체로 만드셨으며 그들에게는 이름이 있고 또 최고통치자, 천사장 등 위계질서 내의 직책도 있다.

단 10:13 『그러나 페르시아 왕국의 통치자가 이십일 일 동안 나를 가로막았도다. 그러나 보라, 최고 통치자들 중의 하나인 미카엘이 나를 도우러 왔고, 내가 페르시아의 왕들과 함께 거기 있었노라.』

단 12:1 『그때에 미카엘이 일어서리니, 이는 네 백성의 자손을 위하여 일어서는 위대한 통치자라. 또 고난의 때가 있으리니, 그것은 민족이 생긴 이래로 그 때까지 결코 없었던 것이라. 그 때에 네 백성이 구제될 것이니, 곧 그 책에 기록되어 발견될 모든 자들이라.』

유 1:9 『그러나 천사장 미카엘도 모세의 몸에 대하여 마귀와 더불어 다투며 논쟁할 때 감히 그를 모독하는 비난을 하지 아니하고 오직 “주께서 너를 책망하시느니라.” 고 말하였느니라.』

천사 미카엘은 최고통치자 중의 하나이며 천사장으로서, 그는 이스라엘 백성을 위해 대환란 때 나타나 하나님의 사역을 담당하는데, 이때의 일에 대한 말씀이 요한계시록 12장에 기록되었다.

계 12:7 『또 하늘에 전쟁이 있으니 미카엘과 그의 천사들이 용을 대항하여 싸우고 용과 그의 천사들도 싸우나』

또한 가브리엘이라는 이름의 천사도 있다.

눅 1:19 『그 천사가 대답하여 그에게 말하기를 “나는 하나님의 면전에 서 있는 가브리엘이라. 이 기쁜 소식을 네게 말하여 전하라고 보내심을 받았느니라.』

천사 가브리엘은 누가복음 1:26-38에서 마리아와 요셉에게 나타나 예수 그리스도의 탄생에 대해 알려주면서 그분이 하나님의 아들이라 불리리라고 말한다. 구약에서 가브리엘은 다니엘에게 나타나 환상을 깨닫게 해주고 있다.

단 8:15,16 『나, 곧 나 다니엘이 환상을 보고 그 의미를 찾는데, 보라, 그때에 내 앞에 한 사람의 모습 같은 것이 섰더라. 내가 울래 강둑 사이에서 한 사람의 음성을 들었더니, 불러 말하기를

"가브리엘아, 이 사람에게 그 환상을 깨닫게 해주라." 하더라.』

단 9:21 『곧 내가 기도로 말하고 있을 때 내가 처음에 환상에서 보았던 그 사람 가브리엘이 빨리 날아와서 저녁 예물을 드릴 즈음에 나를 어루만지더라.』

천사들은 영으로서 하나님을 섬기는 존재들이며, 또한 특별히 주님의 현현으로서(the angel of the LORD) 주님께서 직접 천사의 모습으로 나타나시기도 한다.

창 16:7-13 – 하갈이 주의 천사를 보고 주님을 뵈었다고 고백하는 장면 『주의 천사가 광야의 샘물 곁, 곧 술로 가는 길에 있는 샘 곁에서 그녀를 만나 말하기를 "사래의 여종 하갈아, 네가 어디서 왔으며, 어디로 가느냐?" 하니 그녀가 말하기를 "나는 내 여주인 사래의 면전에서 도망하나이다." 하더라. 주의 천사가 그녀에게 말하기를 "네 여주인에게 돌아가서 그녀의 손 아래서 복종하라." 하고 주의 천사가 그녀에게 말하기를 "내가 네 씨를 심히 번성케 하리니, 그 수가 많아 셀 수 없게 되리라." 하더라. 또 주의 천사가 그녀에게 말하기를 "보라, 네가 아이를 가졌으니, 아들을 낳을 것이요, 그의 이름을 이스마엘이라 하라. 이는 주께서 네 고통을 들으셨음이라. 그가 거친 사람이 되리니, 그의 손이 모든 사람을 대적할 것이요, 모든 사람의 손이 그를 대적할 것이라. 그가 그의 모든 형제들 면전에서 거할 것이라." 하니라. 그녀가 자기에게 말씀하신 주의 이름을 부르기를 "주 하나님이 나를 보고 계시나이다." 하였으니, 이는 그녀가 말하기를 "나도 여기서 나를 보고 계신 그분을 뵈었는가?" 함이라.』

위는 사래의 여종 하갈과 대화하는 주의 천사가 "주 하나님"께서 직접 나타나신 경우이다. 신학자들은 그분이 그리스도께서 성육신하시기 전 예수 그리스도의 모습이라고 말한다.

창 22:9-14 『그들이 하나님께서 그에게 말씀하신 그곳에 와서, 아브라함은 그곳에서 제단을 쌓고 나무를 가지런히 놓고 그의 아들 이삭을 묶어서 제단의 나무 위에 올려 놓고 아브라함이 그의 손을 내밀어 칼을 잡고 그의 아들을 죽이려 하는데 주의 천사가 하늘에서 그를 불러 말하기를 "아브라함아, 아브라함아." 하니, 그가 말하기를 "내가 여기 있나이다." 하더라. … 아브라함이 그곳의 이름을 여호와이레라 불렀더니, 오늘까지도 말하여지기를 "주의 산에서 그것이 보여지리라." 하더라.』 아브라함이 이삭을 번제로 드리려 할 때 나타나신 "주의 천사"에 관한 구절이다.

이처럼 구약시대에 천사들은 육신의 몸을 입고 나타나기도 하는데, 그들에게는 또한 다스리는 권세도 있다. (엡 6장에 나오는 "권세들"이란 세상의 권세자가 아닌 영적인 존재들을 말한다.)

엡 6:12 『이는 우리의 싸움이 혈과 육에 대항하는 것이 아니라 정사들과 권세들과 이 세상 어두움의 주관자들과 높은 곳들에 있는 영적 악에 대항하는 것이기 때문이니라.』

우리의 싸움, 곧 영적 전쟁은 보이지 않는 영적 악에 대항하는 것이다. 이 권세를 가진 천사들(사탄을 따르는 천사들)과 싸우려면 영적으로 깨어 있어야 하는데(벧전 5:8), 이는 우리의 대적 마귀는 능력이 있는 권세자이기 때문이다.

히 2:6-8 『누군가가 어느 곳에선가 증거하여 말하기를 "사람이 무엇이기에 주께서 그를 마음에 두시며, 인자가 무엇이기에 주께서 그를 돌보시나이까? 주께서 그를 천사들보다 조금 낮게 지으셨고 그를 영광과 존귀로 관을 씌우셨으며, 주의 손으로 하신 일들을 그에게 넘겨주셨고 만물을 그의 발 아래 복종케 하셨나이다." 라고 하였느니라. 이는 만물을 그에게 복종케 하심에 있어서 그에게 복종하지 않는 것은 아무것도 남기지 않으셨음이라. 그러나 지금 우리는 아직 만물이 그에게 복종하는 것을 보지 못하노라.』

우리는 비록 천사들보다 조금 낮게 창조되었으나, 앞으로 오는 세상은 천사들이 지배하는 것이 아니라 성도들이 지배하는 것으로 순위가 바뀔 것이다(히 2:5, 고전 6:3 – 미래에 천사들을 심판하는 그리스도인들).

예수 그리스도께서 육신의 몸으로 태어나셨기에(죽음의 고난 때문에) 천사들보다 낮아지셨고(히 2:9 이하 구절) 미래에는 영광과 존귀로 관을 쓰실 것이다. 그때 우리들도 예수 그리스도로 말미암아 세상을 지배하는 권세와 영광을 갖게 된다(히 2:9–13).

예수님께서 태어나셨을 때 천사들보다 낮아지셨으나(히 2:7,16), 부활 후에는 천사들보다 월등하게 되실 것이다(히 1:3,4).

히 1:4–6 『그는 이처럼 천사들보다 더 월등하게 되셔서 그들보다 훨씬 뛰어난 이름을 유업으로 받으셨느니라. 하나님께서 어느 때에 천사들 중 어느 누구에게 "너는 내 아들이라, 오늘 내가 너를 낳았노라." 고 말씀하신 적이 있으며, 또다시 "나는 그에게 아버지가 되고 그는 나에게 아들이 되리라." 고 하신 적이 있느냐? 또다시, 그분께서 첫째로 나신 분을 세상으로 데려오실 때에 말씀하시기를 "하나님의 모든 천사들은 그에게 경배하라." 고 하셨으며,』

엡 3:10,11 『이는 이제 교회를 통하여 천상에 있는 정사들과 권세들에게 하나님의 다양한 지혜를 알게 하려는 것이라. 이것은 하나님께서 그리스도 예수 우리 주 안에서 계획하신 영원한 목적에 따른 것이니라.』

그리고 영적 존재들 중에는 하나님께 속한 존재들도 있지만, 에베소서에서 보았듯이 하나님께 대항하는 '어두움의 세력들' 도 있다. 이 두 세력이 싸우고 대치하는 장면이 다니엘서에 잘 나타나 있다.

단 10:12,13 『그때에 그가 내게 말하기를 "다니엘아, 두려워 말라. 네가 깨닫고 네 하나님 앞에 스스로 겸손하기로 마음을 정한 첫날부터 네 말이 들린 바 되었기에 내가 네 말들로 인하여 왔느니라. 그러나 페르시아 왕국의 통치자가 이십일 일 동안 나를 가로막았도다. 그러나 보라, 최고 통치자들 중의 하나인 미카엘이 나를 도우러 왔고, 내가 페르시아의 왕들과 함께 거기 있었노라.』

위에서 말하는 "페르시아 왕국의 통치자"는 역사적인 인물로 해석할 수 없음을 다니엘 10장 문맥에서 알 수 있다. 이 페르시아 왕은 눈에 보이는 지상 왕국의 왕이 아니라 영적인 존재이다. 하늘에는 보이지 않는 권세들이 있는데, 이 권세들 중에는 하나님을 섬기는 영들인 천사들도 있고 사탄을 섬기는 영적 존재들도 있어서 서로 싸우는 것이다. 지상에서도 그리스도인들이 주님을 위해 싸우는 영적 전쟁이 있듯이 보이지 않는 하늘에서도 영적 전쟁이 일어나고 있다.

이 천사들은 중요한 사건이 있을 때에 나타난다. 주님의 초림 때나 재림 때도, 중요한 사건이 있을 때마다 천사들이 나타났으며, 그들은 세상을 창조하셨을 때도 있었다.

욥 38:6,7 『그 기초들은 무엇 위에다 고정시켰으며 모퉁잇돌은 누가 놓았느냐? 언제 새벽별들이 함께 노래했으며 하나님의 아들들이 모두 기뻐서 소리쳤느냐?』

성경에는 천사, 사탄 이외에도 다른 영적 존재들이 있는데, 바로 그룹과 스랍이다. 그룹과 천사는 다르다. 천사는 구약에서 남성으로 나타나고 그룹처럼 날개를 갖지 않는다.

겔 1:4-11 『내가 보았더니, 보라, 북쪽에서 회오리바람과 큰 구름과 불덩어리가 나오는데 그 주위에 광채가 있으며 그 가운데 불 한가운데서 나온 것은 황갈색 같더라. 또 그 가운데서 네 생물의 모습이 나오는데 그들의 생김새는 이러하더라. 그들은 사람의 모습을 가졌으며 각기 네 얼굴을 가졌고 각기 네 날개를 가졌더라. 그들의 발은 곧은 발이며, 그들의 발바닥은 송아지의 발바닥 같고 그들은 광택나는 놋쇠의 색깔처럼 번쩍이더라. 그들의 사면에 있는 날개 아래에는 사람의 손들이 있고 그들 넷은 얼굴들과 날개들을 가지고 있더라. 그들의 날개들은 서로 연결되어 있으며 그들이 갈 때면 회전하지 않고 각기 앞으로 곧장 가더라. … 그들의 얼굴 모습을 보면 그들 넷은 오른편에 사람의 얼굴과 사자의 얼굴을 지녔고, 그들 넷은 왼편에 황소의 얼굴을 지녔으며, 그들 넷은 또한 독수리의 얼굴도 지녔더라. 그들의 얼굴들은 이러하고 그들의 날개들은 위로 폈으며 각기 두 날개는 서로 연결되어 있고 둘은 그들의 몸체들을 덮었더라.』

많은 사람들은 천사와 그룹 등 모든 영적 존재를 단지 '천사'로만 알고 있으며, 그룹들이 날개가 있기 때문에 천사도 날개가 있다고 오해한다. 그러나 성경 전체를 보면 이들을 잘 구분

할 수 있다.

그룹에 대해서는 에스겔 10장에서 다시 나오는데, 에스겔 10:1-4에서는 주의 영광이 그룹으로부터 올라온다는 표현이 나오고, 에스겔 10:8-14에서는 그룹의 모습에 대해 설명하는데 1장의 바로 그 생물이다. 이 생물들은 그룹으로서 네 얼굴을 하고 있다. 황소의 얼굴과 사람, 사자, 독수리의 얼굴이다.

에스겔 10:14에서 말씀하는 '그룹의 얼굴'은 에스겔 1:10에 의하면 황소의 얼굴이다. 따라서 사탄, 용의 얼굴은 황소 얼굴처럼 두 뿔을 가진 모습인 것이다.

겔 28:13-17 – 기름부음을 받은 덮는 그룹 『네가 하나님의 동산 에덴에 있어 모든 귀한 돌인 홍보석과 황옥과 금강석과 녹보석과 얼룩마노와 벽옥과 사파이어와 에메랄드와 홍옥과 금으로 덮여 있었고 네 북들과 관악기들이 만들어짐이 네가 창조되던 날에 네 안에 예비되었도다. 너는 기름부음을 받은 덮는 그룹이라. 내가 너를 그렇게 세웠더니 네가 하나님의 거룩한 산 위에 있었고 네가 불의 돌들 가운데를 위아래로 걸었도다. 네가 창조된 날로부터 죄악이 네게서 발견되기까지 너는 네 길에 완벽하였도다. 네 상품이 풍부함으로 그들이 폭력으로 네 가운데를 채워서 네가 죄를 지었느니라. 그러므로 내가 너를 더럽게 여겨 하나님의 산에서 쫓아내리라. 오 덮는 그룹아, 내가 불의 돌들 가운데로부터 너를 멸하리라. 네 마음이 너의 아름다움으로 인하여 높아졌고 너는 네 지혜를 네 찬란함으로 인하여 변질시켰도다. 내가 너를 땅에다 던질 것이며 내가 너를 왕들 앞에 두어 그들로 너를 보게 하리라.』

이사야서(14:9−15)와 에스겔서를 연결해서 보면 하나님의 보좌의 동서남북 사면에는 네 그룹이 있고 하나님의 보좌 위에 덮는 그룹이 있었는데, 이 덮는 그룹이 요한계시록 4:6−8에서는 나오지 않는다.

이 덮는 그룹이 하나님의 보좌를 넘보다가 사탄이 된 것이다. 그를 붉은 용이라고 하는데, 세상 사람들은 이 '용'의 모습을 황소의 얼굴에 몸은 파충류의 비늘로 덮여 있고, 발은 소의 갈라진 발로 그리고 있다. 이는 모두 성경에서 인용한 것이며, 후에 이 짐승은 용의 모습이 아닌 빛의 천사로 나온다(고후 11:14).

사 6:1−3 − 스랍 『웃시야왕이 죽던 해에 내가 또 보았는데, 주께서 높게 들린 보좌에 앉으시고, 그의 옷자락은 성전을 가득 채웠더라. 그 위에는 스랍들이 서 있어 각기 여섯 날개를 가졌는데 그 둘로는 그의 얼굴을 가리고 또 둘로는 발을 가리며 둘로는 날았더라. 그리고 서로 소리쳐 말하기를 "거룩하시도다, 거룩하시도다, 거룩하시도다, 만군의 주여, 온 땅이 그의 영광으로 충만하도다." 하였더라.』

이렇게 성경에서는 우리의 눈에는 보이지 않으나 하나님께 속한 천사, 사탄에게 속한 천사가 있고, 그룹과 스랍과 같은 영적 존재들이 있음을 알 수 있다.

23
사탄과 마귀들

앞서 살펴본 천사들과 영적 존재들에 이어서 이번에는 사탄과 마귀들에 대해 알아보고자 한다. 우리가 사는 세상에는 눈에 보이는 것뿐만 아니라 보이지 않는 선과 악의 영적 존재들이 존재하는데, 특히 악한 영적 존재들은 우리 그리스도인의 삶을 방해한다. 이 악한 영적 존재들에 대해 바로 앎으로써 우리의 믿음 생활이 방해받지 않도록 해야 한다.

먼저 위에서 언급했던 사탄에 대해 성경에서 어떻게 말씀하는지 다시 한번 자세히 살펴보자.

사탄의 기원

먼저, 사탄은 천사가 아니다. 에스겔 28:12-18을 보면 사탄의 정체에 대해서 알 수 있다.

겔 28:12-18 『인자야, 투로 왕에게 애가를 지어 그에게 말하라. 주 하나님이 이같이 말하노라. 너는 완전한 규모를 확정하는 자라. 지혜가 충만하고 아름다움이 완벽하도다. 네가 하나님의 동산 에덴에 있어 모든 귀한 돌인 홍보석과 황옥과 금강석과 녹보석과 얼룩마노와 벽옥과 사파이어와 에메랄드와 홍옥과 금으로 덮여 있었고 네 북들과 관악기들이 만들어짐이 네가 창조되던 날에 네 안에 예비되었도다. 너는 기름부음을 받은 덮는 그룹이라. 내가 너를 그렇게 세웠더니 네가 하나님의 거룩한 산 위에 있었고 네가 불의 돌들 가운데를 위아래로 걸었도다. 네가 창조된 날로부터 죄악이 네게서 발견되기까지 너는 네 길에 완벽하였도다. 네 상품이 풍부함으로 그들이 폭력으로 네 가운데를 채워서 네가 죄를 지었느니라. 그러므로 내가 너를 더럽게 여겨 하나님의 산에서 쫓아내리라. 오 덮는 그룹아, 내가 불의 돌들 가운데로부터 너를 멸하리라. 네 마음이 너의 아름다움으로 인하여 높아졌고 너는 네 지혜를 네 찬란함으로 인하여 변질시켰도다. 내가 너를 땅에다 던질 것이며 내가 너를 왕들 앞에 두어 그들로 너를 보게 하리라. 너는 네 죄악이 많음으로 인하여, 즉 네 거래의 죄악으로 인하여 네 성소들을 더럽혔느니라. 그러므로 내가 네 가운데로부터 불을 일으키리니 그 불이 너를 삼킬 것이요, 내가 너를 보는 모든 자들의 목전에서 너를 땅 위에 재가 되게 하리라.』

여기서 투로 왕은 "에덴의 동산에 있었던 자로서…" 라는 말씀을 통해 그가 역사적인 인물인 지상의 왕이 아님을 알 수 있다. 그는 하나님께서 완전하며, 지혜가 충만하고 아름다움이 완벽한 자로 창조한 피조물이었음을 알 수 있다. 특히 13절에서는 사탄을 각종 보석으로 덮여 있는 아름다운 피조물로 묘사한다. 창조된 때부터 그 안에 북들과 관악기들이 만들어져 있었던 그는 음악을 관장하여 하나님을 찬양하기 위해 창조된 자임을 알 수 있다.

음악은 주님을 찬양하기 위해 만들어진 것이며, 음악을 관장하던 자가 타락함으로써 하나님을 찬양하는 음악과 사탄을 찬양하는 음악으로 나뉘게 되었다. 오늘날 교회 안에서 들리는 것은 세상의 음악과 다를 바 없이 인간의 감정을 고조시키며 혼을 자극하는 록 음악을 이용한 CCM 등의 음악이다. 이는 하나님께서 받으실 수 없는 음악이며 이를 통해 하늘의 찬양 인도자였던 타락한 사탄에게 경배하는 꼴이 되어 버렸다.

사탄의 정체

사탄은 "기름부음을 받은 자"로서, 히브리어로는 마쉬아크, 헬라어로는 크리스토스, 곧 그리스도이다. 그는 예수 그리스도와 같이 기름부음 받은 자라는 뜻의 그리스도로, 대환란 때 나타나는 적그리스도는 사탄의 삼위일체(사탄, 적그리스도, 거짓 선지자)에 속한 자이다.

(그리스도의 히브리어인 "메시아"는 오늘날 세 가지 뜻으로 사용된다. 유대교에서 말하는 다윗 왕과 같은 통치자, 일반적으로 이야기하는 세상의 구주, 기독교에서 말하는 예수 그리스도이다.)

사탄은 예수 그리스도를 모방하는 자이기에 앞에서 언급했듯이 배교한 교회에서 찬양하는 것은 사탄에게 하는 것이다. “그리스도”라고 해서 전부 우리가 믿는 구주 예수 그리스도가 아님을 알아야 한다. 교만한 사탄이 본래 품었던 목적은 하나님보다 높아지려는 것이었고, 자신이 불못에 던져지기까지 경배받기 위하여 하나님을 대적하여 싸우는 것이다. 그는 대환란 기간 중 “적그리스도”(미혹하는 자)가 되어 나타나 잠시 동안 온 세상 사람들의 숭배를 받게 된다(살후 2:4, 계 13:4).

사탄은 예수 그리스도가 하시는 것을 모두 모방하는 자이며 예수 그리스도와 가장 비슷한 것들로 사람들을 속이는 자이다. 예수 그리스도의 종이 있는가 하면 사탄도 자기의 종이 있고, 예수 그리스도의 목자(성경적으로 사역하는 목사)가 있는가 하면 사탄도 거짓 목사들을 가지고 있다.

겔 10:12-15 『그들의 온 몸과 등과 손과 날개와 바퀴들 즉 그들 넷이 가진 바퀴들 사면이 눈으로 가득하더라. 바퀴들에 관해서는 내가 들으니 바퀴들에게 외쳐 부르기를 “오 바퀴야.” 하더라. 각기 네 얼굴을 가졌는데 첫째 얼굴은 그룹의 얼굴이고 둘째 얼굴은 사람의 얼굴이며 셋째는 사자의 얼굴이고 넷째는 독수리의 얼굴이더라. 그 그룹들이 올라가는데 이것은 내가 크발 강가에서 보았던 생물이더라.』

하나님의 보좌 주위에는 사방에 그룹들이 있고 보좌 위를 덮는 그룹이 있었는데, 사탄은 그 덮는 그룹으로서 기름부음을 받은 자였다. 현재 이 그룹은 셋째 하늘에서 쫓겨난 상태인데, 에스겔 1,10장, 요한계시록 4장을 통해서 이 사실에 대해 알 수 있다.

겔 1:10 『그들의 얼굴 모습을 보면, 그들 넷은 오른편에 사람의 얼굴과 사자의 얼굴을 지녔고, 그들 넷은 왼편에 황소의 얼굴을 지녔으며, 그들 넷은 또한 독수리의 얼굴도 지녔더라.』

요한계시록 4장은 이 그룹들이 주의 보좌 주위에 있다고 말씀한다.

계 4:6-8 『보좌 앞에는 수정과 같은 유리 바다가 있고, 그 보좌 가운데와 그 보좌 주위에는 앞뒤로 눈이 가득한 네 짐승이 있더라. 첫째 짐승은 사자 같고, 둘째 짐승은 송아지 같으며, 셋째 짐승은 사람과 같은 얼굴을 가졌고, 넷째 짐승은 날아다니는 독수리 같더라. 네 짐승들은 각각 자기 주위에 여섯 개의 날개를 가졌고 안쪽에는 눈들로 가득하더라. 또 그들은 밤낮 쉬지 않고 말하기를 "거룩하시도다, 거룩하시도다, 거룩하시도다, 전에도 계셨고, 지금도 계시며, 앞으로 오실 전능하신 주 하나님이여!" 하더라.』

에스겔 10:14에서 첫째 얼굴은 그룹의 얼굴, 둘째 얼굴은 사람, 셋째는 사자, 넷째는 독수리의 얼굴로 그룹의 네 얼굴이 언급된다. 이를 에스겔 1장과 비교해 보면 덮는 그룹이 황소의 얼굴을 가졌음을 알 수 있다. 이 그룹들이 재림 때에는 하나님의 보좌를 들고 이 땅에서 운행할 것이다. 덮는 그룹은 다섯째 그룹이었으나 지금은 없고, 현재 네 그룹만이 보좌 주위에 있다.

그룹의 얼굴에 대해서, 사자는 짐승의 대표, 황소는 가축의 대표, 독수리는 조류의 대표이다. 여기서 빠져 있는 그룹은 양서류와 파충류를 대표하는데, 이는 사탄이 타락했을 때 보좌 위에서 쫓겨났기 때문에 하늘에는 파충류를 대표하는 것이 없다. 세상 사람들이 상상의 동물인 용을 그릴 때 황소의 얼굴, 뱀의 몸, 독수리의 날개, 소의 갈라진 발을 그리는데, 이것은 우연에서 나온 것이 아니라 성경에 기인한 것임을 알 수 있다.

사 14:12-14 『오 아침의 아들 루시퍼야, 네가 어찌 하늘에서 떨어졌느냐! 민족들을 연약하게 하였던 네가 어찌 땅으로 끊어져 내렸느냐! 이는 네가 네 마음속에 말하기를 "내가 하늘에 올라가서 내가 내 보좌를 하나님의 별들보다 높일 것이요, 내가 또한 북편에 있는 회중의 산 위에 앉으리라. 내가 구름들의 높은 곳들 위로 올라가, 내가 지극히 높으신 분같이 되리라." 하였음이라.』

가장 아름다운 하나님의 피조물이었던 루시퍼가 교만으로 인해 사탄이 되었음을 알게 해 주는 구절이다. 하나님의 보좌를 넘봄으로써 사탄이 된 그는 하나님의 피조물들에게 경배를 받으려다가 타락했으며, 이로 인해 우리 인류의 역사는 하나님을 대적하는 선과 악이 싸우는 전쟁터가 된 것이다.

한편 개역한글판성경을 비롯한 변개된 성경들에는 루시퍼란 단어가 없다. 루시퍼라는 이름을 예수 그리스도의 명칭인 새벽별, 즉 "계명성" 으로 변개하여 사탄을 예수님으로 바꿈으로써 사탄의 정체를 가리고 있다.

루시퍼는 '빛을 가져오는 자' 라는 뜻인데 지금 이 자는 '빛의 천사' 로 나타난다. 뿔이 달린 용의 모습이나 악마와 같이 인간들이 볼 때 무서운 존재가 아닌 빛의 천사로 가장하고 자신을 예수 그리스도로, 성령 하나님으로 속여 인간들을 미혹하는 것이다.

고후 11:14 『이것은 놀랄 일이 아니니 이는 사탄도 자신을 빛의 천사로 가장하기 때문이라.』

오늘날 많은 사람들이 산 속 기도원이나 교회에서 거짓 방언으로 기도하다가 혼미한 상태에서 보았다고 하는 것이 '빛' 이다. 그들은 사탄을 보고서 예수 그리스도를 본 것으로 속고 있는 것이다.

루시퍼 이외에도 그의 이름은 사탄, 용, 마귀, 옛 뱀, 미혹하는 자, 고소자 등으로 불린다.

계 12:9,10 『그리하여 그 큰 용이 쫓겨나니 그는 마귀라고도 하고 사탄이라고도 하는 옛 뱀, 곧 온 세상을 미혹하던 자라. 그가 땅으로 쫓겨나고 그의 천사들도 그와 함께 쫓겨나더라. 또 내가 들으니, 한 큰 음성이 하늘에서 말하기를 "이제 구원과 능력과 우리 하나님의 나라와 그의 그리스도의 권세가 임하는도다. 이는 우리 형제들을 우리 하나님 앞에서 밤낮 고소하던 그 고소자가 쫓겨났기 때문이니라.』

사탄은 대적자, 적대자라는 뜻이다. 사탄은 하나님을 대적하고, 하나님의 백성을 대적하여 자기의 종들로 만들며, 구원받은 자까지도 공격한다. 성경에 의하면 'Devil' (마귀, 사탄)이 있고, 'devils' (마귀들)인 사탄의 종들이 있다.

또 그는 '미혹하는 자' 이기도 한데, 만일 구원받은 자가 미혹을 당하였다면 그 배후에 누가 있는지 잘 알 수 있다. '마귀' 의 뜻은 '고소자' 로 그는 그리스도인들이 죄를 지으면 하나님께 우리를 고소한다. 그럴 때마다 우리 주 예수 그리스도, 성령께서 우리의 신실하고 자비로운 중보자가 되어 주시니, 이 얼마나 큰 은혜인가(롬 8:26,27,34, 히 7:25).

또한 하나님께서 삼위일체이시듯 사탄도 삼위일체를 이루고 있다. 바로 짐승, 예수님처럼 육신을 입고 나타나는 적그리스도, 그리고 성령의 역할을 하는 더러운 영들인 거짓 선지자가 그것이다.

사탄의 종말

계 19:20,21 『그러나 그 짐승이 잡히고, 짐승 앞에서 기적들을 행하던 거짓 선지자도 그와 함께 잡혔으니 그는 짐승과 더불어 그 짐승의 표를 받은 자들과 그의 형상에 경배한 자들을 속이던 자라. 이 둘이 유황으로 불타오르는 불못에 산 채로 던져지더라. 그리고 그 남은 자들은 말 위에 앉으신 분의 칼, 즉 그의 입에서 나오는 칼로 살해되니 모든 새들이 그들의 살로 배를 채우더라.』 성경은 사탄이 어떻게 붙잡히는지를 말씀한다.

계 20:1-3,7-10 『또 내가 보니, 한 천사가 하늘에서 내려오는데, 그의 손에는 끝없이 깊은 구렁의 열쇠와 큰 사슬을 가졌더라. 그가 그 용을 잡으니, 곧 마귀요 사탄인 옛 뱀이라. 그를 천 년 동안 묶어 두니 그를 끝없이 깊은 구렁에 던져서 가두고 그 위에 봉인하여 천 년이 찰 때까지는 민족들을 다시는 미혹하지 못하게 하더라. 그후에는 그가 반드시 잠시 동안 풀려나게 되리라. … 그 천 년이 끝나면 사탄이 그의 감옥에서 풀려나, 땅의 사방에 있는 민족들, 곧 곡과 마곡을 미혹하려고 나가서 그들을 함께 모아 전쟁을 일으키리니 그 수가 바다의 모래 같으리라. 그들이 땅의 넓은 데로 올라가서 성도들의 진영과 사랑하시는 도성을 포위하니, 하늘에서 불이 하나님께로부터 내려와 그들을 삼켜 버리더라. 그들을 미혹하던 마귀가 불과 유황 못에 던져지니 그곳에는 그 짐승과 거짓 선지자도 있어 영원무궁토록 밤낮 고통을 받으리라.』

대환란이 끝나고 예수 그리스도께서 재림하셔서 온 땅을 심판하신 후, 주님께서 다윗의 보좌에서 천 년 동안 다스리실 때 사탄은 일시적으로 끝없이 깊은 구렁에 갇혀서 천년왕국 동안은 사람들을 미혹하지 못하게 된다. 그러나 천년왕국 동안 주님께 직접 통치를 받았음에도 불구하고 천 년 끝에 잠시 풀려난 사탄에게 미혹당한 많은 민족들이 모여 하나님을 대적하여 전쟁을 일으킨다.

사탄과 대적자들이 예루살렘을 포위하고 대적하지만 하나님의 영원한 심판으로 영원무궁토록 불못에 던져지는 종말이 온다. 이 종말을 늦추기 위해서 사탄은 최선을 다해 수많은 사람들을 미혹하여 구원받지 못하도록 하고 있는 것이다.

사탄의 영향력

고후 4:3,4 – 이 세상의 신 『그러나 만일 우리의 복음이 가려졌다면 그것은 구원받지 못한 자들에게 가려진 것이라. 그들 가운데 이 세상의 신이 믿지 않는 자들의 마음을 어둡게 하여 하나님의 형상이신 그리스도의 영광스러운 복음의 광채가 그들에게 비치지 못하게 하느니라.』

이 세상의 신인 사탄은 믿지 않는 자들의 마음을 어둡게 하여 빛이신 주님을 알지 못하고 믿지 못하도록 방해함으로써 사람들의 구원을 막는 일을 한다.

엡 2:2 – 공중권세의 통치자 『전에는 너희가 그것들 가운데서 이 세상의 풍조를 따르고 공중 권세의 통치자, 곧 지금 불순종의 자녀들 안에서 역사하는 영을 따라 행하였으니』

엡 6:12 – 악한 영적 존재들의 주관자 『이는 우리의 싸움이 혈과 육에 대항하는 것이 아니라 정사들과 권세들과 이 세상 어두움의 주관자들과 높은 곳들에 있는 영적 악에 대항하는 것이기 때문이니라.』

이 세상에는 정사들과 권세들, 어두움의 주관자들 등 악한 영적 존재들이 있는데, 인간뿐 아니라 이러한 영적 존재들까지도 사탄에게 종노릇하고 있다. 우리들은 사탄의 조종을 받는 그들과 영적 전쟁을 하는 것이며, 하나님께서도 이 세상의 신, 권세자인 사탄의 권세를 당분간은 인정하신다.

욥 41:34 – 모든 교만의 자식들을 다스리는 왕 『그가 모든 높은 것들을 바라보니 그는 모든 교만의 자식들을 다스리는 왕이니라." 하시니라.』

욥기 41장은 사탄의 다른 이름인 리비야단의 모습을 자세히 알려 주는 말씀인데 그는 "모든 교만의 자식들을 다스리는 왕" 이라 불리고 있다. 세상의 권세를 가진 자들은 사탄과 계약을 맺고 자신의 혼을 세상의 권세와 바꿔버린 것이다.

사탄은 예수님을 시험할 때에도 세상의 모든 나라들을 보여주며 자신에게 경배하면 권세와 영광을 주겠노라고(눅 4:5–7)

하며 자신의 세상 권세에 대한 권리를 과시했다.

마 12:26 『그러므로 사탄이 사탄을 쫓아내면 그 자체가 갈라지는 것이니, 그러면 어떻게 그의 왕국이 서겠느냐?』 하나님의 왕국이 있듯이 사탄의 왕국이 있다.

벧전 5:8 – 울부짖는 사자 『정신을 차리고 깨어 있으라. 이는 너희의 대적 마귀가 울부짖는 사자처럼 삼킬 자를 찾아 두루 다니기 때문이니라.』

예수 그리스도께서 유다 지파의 사자(계 5:5)이신 것처럼 사탄도 사자로 묘사된다. 사탄은 오늘날 교회시대에도 울부짖는 사자처럼 성도들 사이에서 삼킬 자를 찾아다니고 있다. 많은 그리스도인들이 구원받고 나서 마귀의 미혹에서 벗어났다고 생각하지만, 깨어 있지 못하면 사탄에게 미혹당하고 그의 지배 하에 놓여 도리어 구원받지 않은 사람들보다 하나님의 사역을 더 방해할 수가 있다.

고후 11:14 – 빛의 천사 『이것은 놀랄 일이 아니니 이는 사탄도 자신을 빛의 천사로 가장하기 때문이라.』

빛의 천사인 사탄의 종들은 그리스도의 사도들, 즉 의의 종들로 가장한 거짓 사도들이요, 기만하는 일꾼들이다. 사탄도 자신의 종들을 사용해서 일한다. 사탄은 현 시대에 짐승, 용의 얼굴이 아닌, 빛의 천사의 모습으로 나타난다. 마지막 때에는 빛을 보는 자가 많은데 그 이유는 사탄이 빛으로 사람들을 속이기 때문이다.

요 14:30 – 이 세상의 통치자 『이후로는 내가 너희에게 많이 말하지 아니하리니 이는 이 세상의 통치자가 오나, 그는 내 안에 아무것도 가지고 있지 아니함이라.』

그 밖에도 사탄은 흑암의 권세(골 1:13), 큰 용, 옛 뱀(계 12:9), 리비야단(욥 41:1), 끝없이 깊은 구렁의 천사, 다스리는 왕(계 9:11) 등으로 불린다.

마귀의 정체와 마귀들린 자들의 특성들에 대해서는 마가복음 5:2–15의 예수님께서 마귀들을 쫓아내시는 장면에 잘 나타나 있다. 마귀들린 자는 더러운 영을 지닌 자로서 성도들을 공격하기도 하며 인간의 능력으로 이길 수 없는 괴력을 소유하기도 한다.

마귀는 산을 좋아하고 시체가 있는 무덤을 좋아한다. 오늘날 산에 가 보면 기도원, 기도굴들이 많다. 이런 곳에서 빛을 보았다든지, 가슴에 뜨거운 것을 느꼈다고 하거나, 아니면 몸에 자해를 하기도 하고 울며 소리지르는 등 자기 자신을 통제 못하는 이상한 일들이 일어나기도 하는데, 바로 이런 사람들이 마귀 들린 자들이다.

또한 마귀는 종교적이다. 특히 거짓 목사들이나 카톨릭 사제, 교황 등 겉으로만 종교적이고 거룩한 체하는 것도 마귀들린 자의 특성이다.

한 사람에게 1,000–2,000마리의 마귀들이 들어갈 수 있다(눅 8:30). 구원받은 사람에게도 마귀가 들어갈 수 있는데 정신 차리고 깨어 있지 못하면 베드로전서 5:8과 같이 마귀에게 삼켜지게 되는 것이다. 그렇기 때문에 베드로도 주님께 사탄이라는 말을 들어야 했다(마 16:23).

또 마태복음 13장에서 예수님께서는 천국의 신비들 중 씨 뿌리는 자에 대해 비유로 설교하시면서 13:4의 '새' 를 19절에서 '악한 자' 라고 풀이해 주신다. 그리고 요한계시록 18:2에서는 '더럽고 가증한 새' 의 소굴에 대해 마귀들의 거처, 더러운 영의 소굴이라 말씀한다.

마귀는 더러운 영을 지닌 자, 더러운 영 등으로도 불리는데, 무덤, 더러운 곳, 동물의 육체, 물, 산 등을 좋아한다. 우리가 사역하고 있는 캘리포니아 LA나 플로리다는 마귀가 집합되어 들끓는 장소이다. 이 곳은 은사주의자들이 처음 나온 곳이고, 지금도 왕성하게 활동하고 있는 곳이기도 하다.

또한 마귀들린 사람 중에 주로 몸에 아무것도 걸치지 않는 자들도 많은데, 오늘날 사람들이 옷 입는 것을 보면 몸을 노출시키는 것이 주된 패션이다. 모두 마귀의 영향력 하에서 하는 일들이다.

지금까지 열거한 여러 가지 상황들이 마귀의 특성이다. 마귀는 우리를 공격하는 자인데, 한글로 된 여러 가지 성경에는 '마귀, 마귀들' 을 '귀신, 귀신들' 이라 변개시킴으로 김기동 같은 자들이 '귀신 들렸다, 귀신 쫓는다' 하며 귀신론을 만들어내게 되었다. 그들은 구원받지 못한 자의 혼이 떠돌아다니는 것이 귀신이라는 이교도적 신앙을 교회 안으로 들여와서 마귀의 실체를 가리고 있으며, 결국 사람들이 마귀의 계략에 속게 만들고 있다.

사탄의 종으로 활동하는 이 마귀들은 인간에게 질병을 줄 수도 있고, 미치게 만들 수도 있으며, 갖은 방법으로 우리를 공격할 수 있음을 잘 알아야 한다.

24

마지막 일들 - 휴거

성경의 예언의 말씀들은 지금까지 성취되어 왔고, 지금도 성취되고 있다. 이것을 안다면 아직 성취되지 않은 일들도 앞으로 100% 성취될 것임을 알 수 있다. 인류 역사상 전무후무한 기적적인 일들이 앞으로 일어날 것을 성경은 기록하셨는데, 교회시대 2,000년이 끝나고 주님이 재림하시기 전에 일어날 일들을 순서적으로 공부해 보기로 한다.

휴거

앞으로 곧 있을 일들 중 첫 번째로 휴거가 있다. 어느 날 갑자기 교회 성도들은 이 땅에서 하늘로 들림을 받게 되는데 이것을 휴거라고 한다. 휴거란 라틴어로 'harpazo,' 영어로는 'rapture' 로 '낚아채어 올라가는' 이라는 의미이다. 한자로는 끌 휴(携), 들어올린 거(擧)이다.

성경은 휴거의 날을 알 수 없다고 하는데도 많은 이단들과 세

칭 '휴거파' 가 나와서 자신들이 계시를 받았다며 휴거의 날짜를 정해서 사람들을 속이고 있다. 그 일로 인해 사람들의 가정 생활, 직장 생활이 파괴되고 사회적 혼란이 야기되는 일들이 일어나고 있다. 이 때문에 교회에 다니는 사람들을 비롯해 많은 사람들이 아예 휴거를 믿지 않게 되었다. 마귀는 이런 일들을 사용하여 사람들이 결국 하나님의 말씀을 믿지 못하도록 만드는 것이다.

하지만 이러한 이단들이 날짜를 잘못 짚었다 해서 성경에 기록되어 있는 휴거가 없어지는 것은 아니다. 휴거는 앞으로 일어날 일이라고 성경은 말씀하시기 때문이다. 2,000년 전 사도 바울이 사역하던 시대에서도 성도들은 휴거를 기다리고 있었다.

고전 15:51-53 『보라, 내가 너희에게 한 가지 신비를 말하노니 우리가 다 잠잘 것이 아니요 오히려 우리가 모두 변화될 것이니 마지막 나팔 소리에 눈깜짝하는 순간에 그러하리라. 나팔 소리가 나면 죽은 자들이 썩지 아니하는 몸으로 일으켜지며 우리도 변화되리라. 그리하여 이 썩을 몸이 반드시 썩지 아니할 몸을 입고 이 죽을 몸이 반드시 죽지 아니할 몸을 입으리라.』

어느 날 갑자기 특별한 일이 일어날 것이다. 52,53절에 죽은 자들이 썩지 않을 몸으로 변화되고 일으켜지는 일을 성경은 "신비"라고 말씀한다. 구원받은 자들이 썩어질 몸을 갖고 영원세계에 들어가는 것이 아니라 변화된 몸으로 들어가는 것이다.

살전 4:13-17 『형제들아, 잠든 자들에 관해서는 너희가 모르게 되는 것을 원치 아니하노니 이는 너희가 소망이 없는 다른 사람들과 같이 슬퍼하지 않게 하려는 것이라. 예수께서 죽었다가 다시 살아나신 것을 우리가 믿는다면 그와 같이 하나님께서는 예수 안에서 잠든 자들도 그와 함께 데리고 오시리라. 우리가 주의 말씀으로 너희에게 이것을 말하노니 주께서 오실 때까지 살아남아 있는 우리가 잠들어 있는 자들보다 결코 앞서지 못하리라. 주께서 호령과 천사장의 음성과 하나님의 나팔 소리와 함께 하늘로부터 친히 내려오시리니 그러면 그리스도 안에서 죽은 자들이 먼저 일어나고 그리고 나서 살아남아 있는 우리도 공중에서 주와 만나기 위하여 그들과 함께 구름 속으로 끌려 올라가리니, 그리하여 우리가 영원히 주와 함께 있으리라.』

"잠든 자들" 이란 예수 그리스도를 믿고 죽은 자들을 말하는 것이다. 이들의 몸은 예수께서 재림하시기 전에는 무덤 속에 있다가 휴거 때에 예수 그리스도와 같은 부활된 몸으로 변모된다. 빌립보서 3:21, 요한일서 3:2, 로마서 8:29은 이를 영광스러운 몸을 입는 것, 주님과 같이 되는 것, 아들의 형상과 일치되는 것이라고 말씀하며, 이러한 이유로 성경은 주님을 믿고 죽은 이들이 잠들었다고 말씀한다.

성도들이 죽음을 슬퍼하지 않는 이유는, 구원받은 자들이 죽어서 혼이 몸을 떠나면 예수 그리스도와 같이 셋째 하늘에 있게 된다는 것을 믿고, 주님이 오실 때 우리가 부활된 몸을 입는다는 것을 성경을 통해서 잘 알기 때문이다. 이것이 성도들과 구원받지 못한 사람들의 큰 차이점이다.

사도 바울도 휴거를 기다리고 있었음을 알 수 있다. 바울은 주님이 오실 때, 잠든 자보다 살아남아 있는 자들이 앞서지 못한다고 기록했는데, 이는 잠든 자들이 살아있는 사람보다 먼저 일으켜지기 때문이다.

휴거는 주님께서 눈에 보이게 지상으로 오시는 때가 아니라, 그 전에 먼저 일어나는 것이다. 휴거라는 말 그대로 끌려올라가 공중에서 먼저 주님을 만나는 것이다.

많은 사람들이 이 휴거 때의 공중 재림과 땅으로 오셔서 아마겟돈 전쟁에서 승리하시는 지상 재림을 혼동한다. 이 둘은 서로 다른 것이며 그 사이에 7년 대환란이 있을 것이다. 성경에는 '휴거가 있고 난 후 곧바로 7년 대환란이 있다' 는 말씀은 없으나, 성경을 잘 살펴보면 휴거 후 대환란이 있다는 것이 확실하다.

휴거와 주님의 지상 재림에는 최소 7년 이상의 차이가 있으며, 데살로니가전서 4장의 말씀은 아마겟돈 전쟁이 있기 전 '구원받은 자들을 데려가시는 휴거' 이다. 앞에서 보았듯이 '구원받은 자들과 함께 주님께서 오시는 장면이 지상재림의 장면' 이다(계 19장). 이와 같은 재림과 휴거의 차이를 구별할 줄 알아야 한다.

따라서 이장림파, 헤롤드 캠핑 등 휴거파가 이단인 이유는 첫째, 휴거의 날짜를 정해 놓은 것이고, 둘째, 이들은 교회가 대환란을 통과한다고(환란을 겪는다고) 하고, 교회시대에도 믿음과 행위가 있어야 구원을 받는다고 가르치기 때문이다.

믿음만으로 구원을 받는 예수 그리스도의 은혜의 복음을 가르치지 않음으로써 사람들을 지옥으로 끌고 가고 있는 것이다. 이들은 휴거되기 위해서 인침을 받으라고 하며, 대환란 때 일어날 일들을 교회시대에 잘못 적용한다.

데살로니가전서 4장의 말씀이 이루어지는 때는 구원받은 자들을 위해서 주님이 오시는 때(휴거)이다. 그 후 최소한 7년 뒤인 요한계시록 19장에서 휴거된 교회인 우리들이, 예수 그리스도와 함께 이 땅에 오게 되는데 이것이 주님의 지상재림이다.

주님의 지상 재림

계 19:11-14 『또 내가 하늘이 열린 것을 보니 흰 말이 보이더라. 그 위에 앉으신 분은 신실과 진실이라 불리며 의로 심판하고 싸우시더라. 그의 눈은 불꽃같고 머리에는 많은 왕관이 있고 또 한 이름이 기록되어 있는데 그 자신 외에는 아무도 모르며 피에 적신 옷을 입었는데 그의 이름은 하나님의 말씀이라고 불리더라. 또 하늘에 있는 군대들이 희고 정결한 세마포를 입고 흰 말들을 타고 그를 따르더라.』

예수 그리스도께서 하늘에 있는 세마포를 입은 군대들(휴거된 교회)과 함께 내려오신다. 휴거의 시기에 대해서는 앞에서 말했듯이 그 날짜는 언제인지 모르지만 우리는 그 날이 매우 가까이

왔다는 것을 믿는다. 그 시기에 대한 말씀을 솔로몬의 노래에서 볼 수 있다.

솔 2:10-12 『나의 사랑하는 이가 내게 일러 말하기를 "나의 사랑, 나의 어여쁜 자야, 일어나 떠나자. 보라, 겨울도 지나고 비도 그쳐 사라졌으며, 땅에는 꽃들이 피고 새들이 노래하는 때가 왔도다. 산비둘기의 소리가 우리의 땅에서 들리는도다.』

솔로몬의 노래는 신랑과 신부의 이야기로, 신랑이신 예수 그리스도께서 신부인 교회를 데려오신다는 모형이 제시된 책이다.

"나의 사랑, 나의 어여쁜 자"는 그리스도의 신부, "일어나 떠나자"는 휴거를 의미한다. 휴거의 시기로는 '겨울도 지나고' 즉 1,2월이 지나고 '비도 그쳤으며' 3,4월이 지나고 '꽃이 피고 새들이 노래하는 때' 즉 5,6월인 봄을 휴거의 시기로 보고 있다. 성경적으로 보았을 때 성령님이 오신 때(행 2장)가 오순절이기에 아마도 봄에 휴거가 있을 것이라고 여겨진다.

또한 예수 그리스도의 재림 시기에 관해서 성경에서 제시한 구절을 살펴보자. 7년 대환란 뒤에 오시는 재림의 시기는 '나팔절, 장막절'과 연관되며 주님의 초림 때인 9, 10월이라고 여겨진다.

대환란

대환란에 관한 구절들도 함께 알아보자. 대환란은 예수 그리스도께서 여러 곳에서 말씀하시고 구약의 많은 구절에서 기록하고 있다. 휴거 후에 있을 이 대환란은 인간 역사 초유의 초자연적인 일들이 일어나는 때이다.

마 24:7,12-15 『민족이 민족을 대적하고, 나라가 나라를 대적하여 일어나겠으며, 기근과 역병과 지진이 여러 곳에서 있을 것이니 … 불법이 성행하므로 많은 사람의 사랑이 식어지리라. 그러나 끝까지 견디는 자는 구원을 받으리라. 이 왕국 복음이 모든 민족에게 증거되기 위하여 온 세상에 전파되리니, 그런 후에야 끝이 오리라. 그러므로 너희가 선지자 다니엘을 통하여 말씀하신 멸망의 가증한 것이 거룩한 곳에 선 것을 보리니, (읽는 자는 깨달으라.)』

기근, 역병, 지진이 일어나는 대환란의 상황이다. 이때는 무법천지가 되고, 이런 일은 은사주의와 인본주의가 시작된 1900년경부터 지금까지 가속화되고 있는 중이다.

말씀에서 "끝까지 견디는 자" 라는 구절이 있지만, 이 말씀은 교회 시대에 자신의 생명이 다할 때까지 견뎌야 구원을 받는다는 말씀이 아니라 어느 지정된 시기의 끝, 곧 대환란의 끝까지 주님을 믿는 믿음을 행위로써 지켜야만 구원을 받는다는 것을 말한다.

성경을 올바로 나누지 못하고 이 구절로 오늘날 은혜의 복음 시대에 행위구원을 가르치게 된다면 이는 잘못된 교리로서 교회 시대의 구원을 막는 것이 된다. 또한 "왕국 복음" 이란 대환란 끝에 주님이 지상에 재림하셔서 천년 동안 치리하실 천년왕국에 관한 복음이며, 대환란 때는 이 왕국 복음을 전해야 한다.

대환란 기간 동안 온 세상은 멸망의 가증한 것(적그리스도)을 메시아, 그리스도로 알고 숭배할 것이다(마 24:4,5, 살후 2:4). 그가 나타나기 전에 유대인들은 그로부터 피해야 한다(마 24:16–26). 그 날들에는 적그리스도를 피하지 않고 짐승의 표를 받으면 구원받지 못할 것이다. 대환란 때는 주님께서 오실 때까지 깨어 기다리며 끝까지 견뎌야 구원을 받는다.

마지막 때에 일어날 일들은 이미 시작되었는데, 대환란, 즉 적그리스도를 맞을 준비를 하기 위하여 거짓 목사들이 나타나서 거짓 이적과 표적들을 행하고 있다. 이러한 관련 구절들을 살펴보면 교회가 휴거된 후 어느 시점에서 대환란이 도래하고 이 기간에는 엄청난 사건들이 있게 된다는 사실을 알게 된다.

성경 곳곳에 대환란 기간을 설명하는 구절들이 있다.

렘 30:7 『슬프도다! 그 날이 크므로 어떤 때도 그와 같지 않나니 그 날은 야곱의 고난의 때라. 그러나 그는 그 고난에서 구원을 받으리라.』

주님께서 이스라엘 민족을 자신의 백성으로 삼으시고, 모세를 통하여 율법을 주셨는데, 이 율법에 순종하면 복을 주시고 순종치 않으면 저주를 보내신다고 하셨다. 그러나 이스라엘은 하나님의 말씀에 순종하지 않았고, 예수 그리스도께서 오셨을 때도 영접하지 않았다. 이러한 이스라엘은 바빌론 포로생활부터(BC 660년) 지금까지는 저주받은 상태이다. 그러나 주님께서는 지금 예레미야 때 예언하신 것을 실행하려고 준비하고 계신 것이다.

성경은 대환란 기간을 야곱의 고난의 때라고 하신다. 그 시기가 야곱, 즉 이스라엘의 고난의 때라고 불리는 단순한 진리를 통해 교회가 대환란을 통과해야 한다고 하는 것이 잘못되었음을 지적할 수 있어야 한다. 대환란 때는 앞서 관련구절들에서 보았듯이 예수 그리스도를 구주로 믿는 것만으로는 구원을 받을 수 없다.

이 야곱의 고난의 때는 이스라엘이 하나님께 불복종한 것에 대해 하나님께서 그들을 심판하시는 때이며, 하나님을 알고, 회개하며 말씀을 행하는 남은 자들을 고난에서 구원시켜 주시는 기간이다.

또한 이 기간은 적그리스도가 권력을 갖고, 세상의 모든 악한 자들이 하나가 되어 하나님을 대적하는 때이다. 이 대환란을 통해 하나님께서 하시는 두 가지 일이 있는데, 첫째는 이스라엘 백성을 징계하셔서 회개에 이르게 하시는 것이고, 둘째는 하나님을 대적하는 모든 민족들을 심판하시는 것이다.

대환란 때는 적그리스도가 일시적으로 하나님의 왕국을 차지한다.

계 13:1,5,11-13 『내가 바닷가 모래 위에 서서 보니, 한 짐승이 바다에서 올라오는데, 일곱 머리와 열 뿔을 가졌더라. 그 뿔들에는 열 개의 왕관이 있고 그 머리들에는 하나님을 모독하는 이름이 있더라. … 그 짐승이 큰 일들과 모독하는 말들을 하는 입을 받았으며 또 마흔두 달 동안 활동할 권세를 받았더라. … 또 내가 보니, 다른 짐승이 땅에서 올라오는데 어린양처럼 두 뿔을 가졌으며 용과 같이 말하더라. 그가 자기 앞에 있던 첫째 짐승의 모든 권세를 행사하고 또 땅과 거기에 사는 자들로 하여금 치명적인 상처를 치유받은 그 첫째 짐승에게 경배하게 하더라. 또 큰 이적들을 행하는데 심지어는 사람들 앞에서 불을 하늘에서 땅 위로 내려오게 하더라.』

이 시기는 모든 사람들이 적그리스도를 숭배하는 시기이다. 적그리스도가 표적과 이적을 행하고 예수님처럼 죽었다가 살아나는 기적을 행함으로 사람들은 속아서 이 자를 경배하게 된다.

13절 이후의 말씀에 비추어 볼 때, 표적과 이적은 성령님만이 행하시는 것이 아님을 알 수 있다. 오늘날 거짓 목사들, 무당 등 사탄의 영을 받은 자들도 그러한 기적을 행할 수 있음을 알 때 속지 않을 수 있다.

계 14:1,4 『또 내가 쳐다보니, 보라, 어린양이 시온 산 위에 서 있고 그와 함께 십사만 사천 명이 있는데 그들의 이마에는 그의 아버지의 이름이 쓰여 있더라. … 이들은 여자들과 더불어 더럽혀지지 아니한 자들이니 이는 그들이 동정들임이라. 이들은 어린양이 어디로 가든지 따라가는 자들로 하나님과 어린양께 첫열매들이 되어 사람들 가운데서 구속을 받았느니라.』 십사만 사천 명이 구속을 받는다.

환란 성도의 휴거와 재림의 심판

대환란 끝에 또 한 번의 휴거가 있는데, 바로 끝까지 견딘 환란 성도들의 휴거이다. 구름 위에 앉으신 예수 그리스도께서 땅의 곡식, 곧 하나님의 백성들을 거두시고 그 후 이 땅에 하나님의 진노가 내리게 되는데, 성경은 중동 지방이 피바다가 되는 모습을 말씀한다.

계 14:14–20 『또 내가 쳐다보니, 보라, 흰 구름이라. 그 구름 위에 인자와 같은 이가 앉았는데 그분의 머리에는 금 면류관을 썼고 손에는 예리한 낫을 가졌더라. 그때 다른 천사가 성전에서 나와 구름 위에 앉으신 그분께 큰 음성으로 부르짖기를 "주의 낫을 대어 곡식을 거두소서. 주께서 거두실 때가 되었으니 이는 땅의 곡식이 익었음이니이다." 라고 하더라. 그러자 구름 위에 앉으신 이가 그의 낫을 땅에 대어 땅에서 곡식을 거두시더라. … 그러므로 그 천사가 낫을 땅에 대어 땅의 포도송이를 거두어서 하나님의 진노의 큰 포도즙틀에 던져 넣으니라. 그 포도즙틀이 도성 밖에서 짓밟히니 그 틀에서 피가 흘러 나와 말고삐까지 닿고 일천육백 스타디온까지 퍼지더라.』

재림하신 주님께서는 사람들을 포도송이에 비유하여서 포도를 밟듯이 진노를 부으신다. 이 전쟁(아마겟돈 전쟁)에서 적그리스도(짐승), 거짓 영을 가진 거짓 선지자가 잡혀 불못에 산 채로 던져지며 그들을 따르던 그들의 남은 자들도 모두 죽임을 당한다. 이곳에서는 유사 이래 일어난 모든 전쟁에서 죽은 자들을 합한 숫자보다 더 많은 수가 죽는다.

이 사건들을 간단하게 열거해 보면, 성도들의 휴거(공중재림) – 대환란 – 환란성도의 휴거 – (지상재림) 아마겟돈 전쟁 - 주님의 승리 – 적그리스도와 적그리스도의 영인 거짓 선지자가 불못에 던져짐 – 주님께서 민족들을 심판하심으로 이어진다.

마 25:31–46 『인자가 그의 영광 중에 오고, 또 모든 거룩한 천사들이 그와 함께 오면 그때에 그가 그의 영광의 보좌에 앉으리니 그 앞에 모든 민족들을 모아 놓고 마치 목자가 양들을 염소들에서 갈라놓듯이 그들을 따로 갈라놓으리라.』

천년 왕국

드디어 주님께서 구약에 약속된 다윗의 보좌에 앉으시고, 이방 나라들을 양들과 염소들로 나누시어 양들에게는 왕국을 이어받게 하시고, 염소들에게는 적그리스도와 거짓 선지자가 간 곳인 영원한 불 속으로 들어가도록 명하신다.

이 때 양들과 염소들이란, 예수 그리스도를 믿고 구원받은 자들과 구원받지 못한 자들이 아니다. 이 심판은 대환란 끝에 천년

왕국에 들어가기 전의 일로서, 환란 기간 동안 예수 그리스도의 형제들인 유대인들이 핍박을 받을 때에 이들을 도와준 자들이 양이 되는 것이고, 도와주지 않고 대적한 자들이 염소가 되는 것이다. 이것은 믿음과 그 믿음에 따르는 행위가 있어야만 구원받을 수 있는 대환란 때의 교리이다.

거짓 목사들은 마태복음 25장의 내용을 오늘날 교회시대에 적용하여, 어려운 사람들을 도와주는 일들을 통해 하늘나라에 갈 수 있다는 사회복음을 전하고 있다.

계 20:4,6-12 『또 내가 보좌들을 보니, 그들이 그 위에 앉았는데 심판이 그들에게 주어졌더라. 또 예수에 대한 증거와 하나님의 말씀으로 인하여 목베임을 당한 사람들의 혼들도 보았는데, 그들은 그 짐승에게나 그 형상에게 경배하지 아니하였을 뿐만 아니라 그의 표를 그들의 이마 위에나 손에도 받지 아니하였더라. 그러므로 그들은 살아서 그리스도와 함께 천 년을 통치하더라. … 첫 번째 부활에 참여하는 자는 복되고 거룩하도다. 둘째 사망이 그들을 다스리는 권세가 없고, 오히려 그들이 하나님과 그리스도의 제사장들이 되어 천 년 동안 그와 함께 통치하리라. 그 천 년이 끝나면 사탄이 그의 감옥에서 풀려나, 땅의 사방에 있는 민족들, 곧 곡과 마곡을 미혹하려고 나가서 그들을 함께 모아 전쟁을 일으키리니 그 수가 바다의 모래 같으리라. 그들이 땅의 넓은 데로 올라가서 성도들의 진영과 사랑하시는 도성을 포위하니, 하늘에서 불이 하나님께로부터 내려와 그들을 삼켜 버리더라. 그들을 미혹하던 마귀가 불과 유황 못에 던져지니 그곳에는 그 짐승과 거짓 선지자도 있어 영원무궁토록 밤낮 고통을 받으리라. 또 내가 큰 백보좌와 그 위에 앉으신 분을 보니, 그의 면전에서 땅과 하늘이 사라졌고 그들의 설 자리도 보이지 않더라. 또 내가 죽은 자들을 보니, 작은 자나 큰 자나 하나님 앞에 서 있는데, 책들이 펴져 있으며 또 다른 책도 펴져 있는데 그것은 생명의 책이라. 죽은 자들은 자기들의 행위에 따라 그 책들에 기록된 대로 심판을 받더라.』

그리스도와 함께 천 년을 통치하는 자들이 있는데, 심판이 주어진 자들과 목베임을 당한 자들이다. 심판이 주어진 자들은 교회시대 구원받은 자들이고, 목베임을 당한 자들은 대환란 때 짐승의 표를 받지 않고 순교한 자들이다. 이 두 그룹이 천년왕국 때 주님과 함께 통치에 참여한다.

천년왕국이 끝날 무렵, 천 년 동안 잡혀있던 사탄이 잠시 풀려난다. 그는 사람들을 미혹하여 하나님을 대적하는 마지막 전쟁을 일으킨다. 그러나 이 전쟁은 하늘에서 불이 내려와 사탄과 대적자들을 삼키는 것으로 속결되고, 그 후 결국 사탄도 불못에 던져진다.

백보좌 심판과 영원 세계

이 때 구원받지 못하고 일시적으로 지옥에 있던 모든 자들이 마지막 백보좌 심판에서 심판받고 불못에 던져진다.

이 부분에 대해서 열거하면, 교회시대에 구원받은 자들의 부활 또는 휴거 – 어린양의 혼인식 – 그리스도의 심판석 – 예수 그리스도와 같이 이 땅에 내려옴 – 아마겟돈 전쟁에서 승리 – 천년왕국에서 주님과 함께 통치 – 천년왕국이 끝난 후 있을 백보좌 심판으로 이어진다.

이 백보좌 심판 때에는 교회시대에 구원받지 못한 자들과 그 외 시대의 구원받지 못한 자들, 대환란 때와 천년왕국 때 구원받은 자들이 심판을 받는데, 여기서 생명의 책에 기록되지 않은 자는 둘째 사망(불못)에 들어가게 된다(계 20:13–15).

천년왕국 뒤에는 모든 것이 불로써 사라지고 하나님께서 영원세계를 시작하신다. 새 예루살렘은 하나님의 거처이자(계 21:3) 성전이 없는 곳으로(계 21:22) 교회시대 구원받은 자들이 살 곳이다(계 21:2 - "마치 신부가 자기 남편을 위하여 단장한 것같이 예비되었더라.")

이처럼 우리는 성경을 통해 앞으로 일어날 마지막 일들을 알 수 있다.

하나님의 구원계획

성경은 인류의 조상은 하나님의 형상을 따라 창조된 아담이라고 말씀하고 있습니다. 아담이 죄를 지음으로써 죄가 이 세상에 들어왔습니다. "이런 연유로 한 사람에 의하여 죄가 세상으로 들어오고 그 죄에 의하여 사망이 왔으니, 그리하여 모든 사람이 죄를 지었으므로 사망이 모든 사람에게 전달되었느니라" (롬 5:12).

이 사망은 우리의 육체가 죽어 땅에 묻혀 흙으로 돌아가는 것뿐만 아니라, 죽은 사람의 몸을 떠난 혼이 영원한 지옥에 있게 되는 것을 말하는 것입니다. "보라, 모든 혼들은 내 것이라. 아비의 혼이 그렇듯이 자식의 혼도 내 것이라. 범죄하는 혼은 죽으리라" (겔 18:4). 혼은 물질이 아니기 때문에 지옥 불에서 금방 타 없어지지 않고 영원히 고통받습니다. 당신이 만일 구원받지 못했다면 이것은 매우 심각한 문제입니다. 만일 지금 불행한 일로 죽는다면 무섭도록 뜨거운 지옥 불로 떨어지기 때문입니다. 이것은 거짓말하실 수 없는 하나님께서 하신 말씀입니다.

그러나 하나님께서는 당신을 사랑하시기 때문에 지금 이 시간에 당신을 지옥으로부터 구원해 주시기를 원하십니다. “하나님께서는 모든 사람이 구원을 받고 진리의 지식에 이르기를 원하시느니라” (딤전 2:4). 하나님께서는 어린 아이들까지도 다 이해하고 구원받을 수 있도록 쉽게 구원받을 수 있는 방법을 마련하셨습니다.

먼저 자신이 죄인임을 깨달아야 합니다. 성경은 말씀하십니다. “모든 사람이 죄를 지었으므로 하나님의 영광에 이르지 못하다가” (롬 3:23) “죄의 삯은 사망이요” (롬 6:23) “그러나 두려워하는 자들과 믿지 아니하는 자들과 가증스런 자들과 살인자들과 음행하는 자들과 마술하는 자들과 우상숭배하는 자들과 모든 거짓말하는 자들은 불과 유황이 타는 못에 참여하리니 이것이 둘째 사망이라” (계 21:8).

이 구절들은 우리가 죄인이기 때문에 죽는 것이고 죽음 뒤에 지옥에 간다는 사실을 경고하고 있습니다. 그러나 하나님께서는 당신을 너무나 사랑하셨기 때문에 독생자이신 예수님을 보내 주셔서 당신의 죄값을 치르기 위해 대신 죽게 하셨습니다. 이것이 하나님께서 인류의 죄를 용서하고 구원하기 위해 마련하신 방법입니다. “우리가 아직 죄인이었을 때 그리스도께서 우리를 위하여 죽으심으로써 하나님께서는 우리를 향한 그의 사랑을 나타내셨느니라” (롬 5:8). 당신이 아무리 좋은 일을 많이 한다고 해도, 열심히 교회에 나간다 해도, 침례를 받는다고 해도 예수님을 통해서 죄 사함을 받지 못하면 구원을 받을 수 없습니다.

그 이유는 "피흘림이 없이는 죄 사함이 없느니라." (히 9:22) "그 안에서 우리가 그의 보혈을 통하여 구속, 곧 죄들의 용서함을 받았느니라." (골 1:14)고 성경이 말씀하기 때문입니다. 하나님께서는 "…이제는 어디에 살고 있는 어떤 사람에게도 회개하라고 명령하고 계시니라" (행 17:30). 이 말은 거룩하신 하나님 앞에서 자신이 죄인인 것을 인정하고 죄에서 돌이켜 주님께 돌아오는 것을 말합니다.

하나님께서는 죄인인 것을 인정하고 회개하며 그분께 나아가는 자는 로마서 10장 말씀에 의하여 구원받을 수 있도록 자비를 베풀어 주셨습니다. "네가 네 입으로 주 예수를 시인하고 또 하나님께서 그를 죽은 자들로부터 살리신 것을 네 마음에 믿으면 구원을 받으리라. 이는 사람이 마음으로 믿어 의에 이르고 입으로 고백하여 구원에 이르기 때문이라" (롬 10:9,10).

이 말씀은 첫째, 예수님께서 육신으로 오신 창조주 하나님이신 것을 믿고 입으로 시인하라는 것이며, 이것은 디모데전서 3장 16절에 잘 나타나 있습니다. "경건의 신비는 논쟁의 여지없이 위대하도다. 하나님께서는 육신으로 나타나셨고 성령으로 의롭게 되셨으며, 천사들에게 보이셨고 이방인들에게 전파되셨으며, 세상에서 믿은 바 되셨고 영광 가운데로 들려 올라가셨음이라."

둘째, 주님께서 우리의 죄를 위하여 십자가에서 피흘려 죽으시고 장사되셨다가 부활하신 사실을 마음으로 믿으면 구원을 받는다고 하나님께서는 말씀하셨습니다. 불가능한 것이 없으신 하나님께는 부활도 엄연한 사실입니다. 당신이 이 정확무오한 하나님의 말씀을 믿고 지금 구원받기를 원하면 다음과 같이 기도하여 예수님을 구주로 받아들이십시오.

"위대하신 하나님 아버지, 저는 지옥에 갈 수밖에 없는 죄인입니다. 죄를 회개하오니 용서하여 주십시오. 저는 예수님께서 하나님이시며, 저의 모든 죄를 위하여 십자가에서 피 흘려 죽으시고 장사되셨다가 다시 부활하신 사실을 믿습니다. 저는 주 예수 그리스도를 저의 구주로 영접하오니, 지금 제 안에 들어오셔서 저를 구원하여 주십시오. 저를 지옥으로부터 구원해 주셔서 감사드리며, 주 예수 그리스도 이름으로 기도드립니다. 아멘."

축하드립니다! 영적 성장에 필요한 자료들을 원하시는 분은 연락 주시면 최대한 도와드리겠습니다.

김경환 목사 저서 목록

<하나님의 사랑>

<올바른 성경 공부법>

<적그리스도의 표 666 때문에 걱정하십니까?>

향후 출간 계획 저서

<교회 개혁을 위하여 바른 성경으로 돌아가자>

<교회 개혁을 위하여 바른 믿음으로 돌아가자>

<구원에 관한 문제의 구절들>

<성경을 나누면 보이는 진리들>

<구원 이후의 삶>

<그리스도인의 성품>

<하나님의 경륜> (가제)

<한국 목사들이 모르는 진리> (가제)

<야고보서 주석> (가제)

무료 책자 링크

올바른 성경공부법

기초성경공부 2
Basic Bible Doctrine

2024년 1월 30일 1판 1쇄 발행

지은이 김경환

펴낸곳 BBCI(Bible Believing Christian, Inc.)
주소 8504 Firestone Blvd. #148 Downey, CA 90241
이메일 LDM@realbible1611.com

ISBN 978-1-956936-03-2 (52200)

가격 22,000원